YALE LANGUAGE SERIES

L'italiano con l'opera

Lingua, cultura e conversazione

DANIELA NOÈ
Barnard College, Columbia University

FRANCES A. BOYD
Columbia University

YALE UNIVERSITY PRESS · NEW HAVEN AND LONDON

Copyright © 2003 by Yale University.
Publisher: Mary Jane Peluso
Production: Maureen Noonan
Marketing Manager: Mary Coleman
Editorial Assistant: Emily Saglimbeni

Set in New Baskerville and Meta types by Achorn Graphic Services, Inc., Worcester, Massachusetts.

Printed in the United States of America by Data Reproductions Corporation, Auburn Hills, Michigan.

Library of Congress Cataloging-in-Publication Data
Noè, Daniela, 1951–
L'italiano con l'opera : lingua, cultura e conversazione / Daniela Noè, Frances A. Boyd.
   p. cm. — (Yale language series)
ISBN 0-300-09154-0
1. Italian language—Textbooks for foreign speakers—English. 2. Opera—Italy. 3. Italy—Civilization. I. Boyd, Frances Armstrong. II. Title. III. Series.
PC1129.E5 N64 2002
458.2′421—dc21   2001006294

A catalogue record for this book is available from the British Library.

The paper in this book meets the guidelines for permanence and durability of the Committee on Production Guidelines for Book Longevity of the Council on Library Resources.

10   9   8   7   6   5   4   3   2   1

To my parents,

Maria Giovanna Perone and

Domenico Cavalieri, for teaching

me the pleasure of storytelling

—D.N.

To my parents,

John W. and Jean M. Boyd,

for sharing their love of things

Italian

—F.A.B.

❧ Contents ❧

PART THREE: GRAN FINALE

✥ Acknowledgments ✥

We acknowledge with gratitude the following people and organizations who supported the book with their time, treasure, and talent.

The husbands: William LeSassier, Carlos Velázquez

Special thanks to: The Consortium for Language Learning and Teaching, for funding the first version of this project; Sisa Noè, for her unending support and libretto collection; Mirella Scriboni, for her careful preliminary reading and invaluable suggestions

The illustrator: Tobias Gittes, for lending his imagination and drawing skill

The opera people: Tony and Sally Amato, Maria Donaldi, Irene Frydel Kym, Dottie Kish, Leonardo Mucci, Marc Scorca, Roger Smyth

The advisers: Patrick Aquilina, Caterina Borelli, James Crapotta, Fiorenza Weinapple

The visual people: Winnie Klotz, Federico Pagni, Carol Rosegg

Teachers and students: Colleagues, teaching assistants, and students in the Italian department at Barnard College and Columbia University; colleagues in the American Language Program at Columbia University

The academic reviewers: Vincenzo Binetti, University of Michigan; Romana Capek-Habekovic, University of Michigan; Andrea Fedi, State University of New York, Stonybrook; Simonetta May, Pasadena City College; Elizabeth Mazzocco, University of Massachusetts; Concettina Pizzuti, University of Georgia; Walter Stephens, Dartmouth College; and Fiorenza Weinapple, Princeton University

The editors: Mary Jane Peluso, publisher, for spurring us on and bringing this book into the light of day after a long gestation; and Susan Laity, senior manuscript editor, for encouraging us with her enthusiasm and for fine-tuning the manuscript with her invaluable suggestions

❧ Introduction ☙

OVERVIEW

L'italiano con l'opera is a supplementary Italian language textbook for the second through sixth semesters of college-level study. The book introduces students to the extravagance and fun of traditional Italian opera as a means of learning the language and appreciating the culture of Italy. The six masterworks of the Italian opera tradition — *Il barbiere di Siviglia, La bohème, Pagliacci, Otello, Tosca,* and *La traviata* — offer culturally authentic contexts for the study of language. Students learn about the operas: their characters, plots, settings, and themes. At the same time, they acquire the vocabulary, grammatical structures, and fluency to express their ideas, opinions, and appreciation of these multifaceted works.

The six operas presented here are known and enjoyed the world over; in the United States they are regularly presented by professionals, amateurs, and students in cities and towns and on college campuses. To facilitate study, we urge students and teachers to take advantage of the many high-quality recordings available with English subtitles in both video-cassette and digital video disc (DVD). Excellent recordings can also be found on audiotape and compact disc (CD). *However, no previous knowledge of opera is required for successful use of this book.*

Each unit is intended to be used with an English-subtitled opera video chosen by the instructor. Students will assimilate visual and cultural information as they listen to the opera and read the subtitles. Seeing the drama as it unfolds onstage is key to understanding not only the complicated twists and turns of the plot but the development of character and the play of emotion as well. However, with the exception of the aria exercise, the activities in this book do not use the opera videos for listening comprehension.

The book is organized in three parts. Part I, the introductory unit on opera and opera houses, allows students to articulate what they already know or think about opera. Part II, the bulk of the book, includes units on the six masterworks of the Italian opera repertoire. Here study of each opera is carefully balanced with language study. As they follow the story, students acquire the vocabulary and grammar that allow them to discuss and analyze it. Through exercises involving listening, speaking, reading, and writing, students learn about the history, plot, characters, and themes of these great works. In creative activities, they use the language to assume the personalities of the characters, predict how the opera will turn out, relate the themes to their own lives, and explore the various historical and cultural issues raised in each opera. Part III contains a selection of characters, settings, and situations that allow students to produce their own mini-operas (no singing required!). An appendix provides translations for the arias and duets. The glossary, organized by chapter, includes all the key words used in the opera units. Finally, an answer key is provided at the back.

The opera units can be studied in any order the instructor wishes. However, they are arranged by increasing level of complexity and difficulty. The material is flexible: it can be geared to small or large groups, or even be used for independent study. Each unit may take eight or more hours of classroom instruction. The instructor might choose one or two opera units during a semester. In specialized courses, however, such as those given in conservatories of music or adult-education programs, the whole volume could be used.

PRINCIPLES UNDERLYING THE APPROACH

L'italiano con l'opera grows out of our experience as language instructors, current research in second-language acquisition and pedagogy, and our beliefs about language teaching and learning in general. The book is intended to help students practice language and develop critical thinking skills in an intellectually stimulating, a culturally appropriate, and an enjoyable context. It is based on three main principles.

Content matters Because language is part of a whole culture, language study can offer an opportunity to develop both linguistic skills and cultural understanding. The challenge is to offer sophisticated materials with a simple level of language. *L'italiano con l'opera* offers serious fun for students of Italian. It allows them to become acquainted with some of the world's great operas and introduces them to the familiar characters — rogues, clowns, and star-crossed lovers — who people them. In our experience, students are intrigued, touched, and amused by these characters and their stories. They want to know more about them; thus the content motivates their language learning.

Form and content work together The lively, sophisticated material provides the context in which students can practice all language skills, including grammar and vocabulary. In addition, this material will sustain the students' interest as they study form. By working simultaneously on the opera form and its content, instructors can accommodate a wide range of learning styles.

In *L'italiano con l'opera,* the seven sections of each opera unit move back and forth between what students are expressing and how they are expressing it. The opera videos create a rich context for the eye and ear. The exercises help students get into the story, step back to focus on vocabulary and grammar, then reenter it again, as they interview the characters, predict the ending, and imagine themselves in various roles, all using the language they have practiced. The alternation between a focus on form and a focus on content occurs throughout the units.

Active learning leads to mastery Students must practice what they are trying to learn, and their higher-order thinking skills must be engaged. Activities in *L'italiano con l'opera* focus on encouraging students to speak and, to a lesser extent, to read and write Italian. The many interactive exercises use both personal and opera-related contexts to motivate students to talk with one another in pairs, in small groups, and as a class. Other activities call for them to synthesize information and opinions. In still others students gather data outside class, then report back to the group in Italian.

WORKING WITHIN A TYPICAL SYLLABUS

Overall Organization

Instructors can integrate opera units into the syllabus of both quarter- and semester-length courses in a number of ways. If the syllabus is organized by grammatical structure, the instructor could choose an opera unit based on one or more grammatical focuses. The instructor might substitute this unit for a coursebook chapter or use it as a supplement. An opera unit could be employed to review and recycle major grammatical points that were studied earlier in the term.

We have organized the opera units to focus on grammatical issues in an ascending order of difficulty: *Il barbiere di Siviglia* and *La bohème* provide practice in grammatical points typically studied in the first and second semesters of college-level Italian; *Pagliacci* and *Otello* concentrate on issues studied in more depth in the third semester; and *Tosca* and *La traviata* provide practice for grammatical points usually studied in the fourth semester or later.

If the syllabus is organized thematically, the instructor might choose an opera whose themes mesh with — or provide the most startling contrast to — those studied in the course. In addition to the highly emotional stories, we have mined the operas for social, historical, and literary themes. Such material occurs throughout the units in discussion questions, vocabulary and grammatical exercises, and writing and research topics.

Regardless of the organizing feature of the syllabus, an opera unit can be placed strategically to add fun and variety and to renew motivation. An opera unit breaks the routine, adding music and drama to classwork and generally engaging students on an emotional as well as an intellectual level.

Design of the Units

Each unit contains eight or more hours of instructional material and is organized around a single opera, offering a wide variety of activities in language, culture, and conversation. For ease and clarity of use, the units are divided into seven sections:

1. Presentazione dell'opera (Introduction to the opera)
2. La trama (The plot)
3. Parole, parole, parole (Words, words, words)
4. Grammatica (Grammar)
5. I personaggi in carne ed ossa (The characters in the flesh)

6. Famose arie e duetti (Famous arias and duets)

7. Attività di esplorazione (Activities for further study)

Instructors can tailor the units by showing selected excerpts of the video rather than whole acts, by assigning some exercises as homework, and by omitting sections. Sections 1–5 are essential to comprehension of the opera, but instructors may want to select among the activities in sections 6 and 7. In each section, key vocabulary words appear in italics. In addition, the glossary contains all the key words for easy reference.

Suggested Weekly Schedule

The following opera-unit syllabus covers two to three weeks of instruction, during which the regular textbook would serve as the source for the grammatical structures. *La traviata* covers material found in a typical fourth-semester Italian class. The unit could fit into the syllabus after the midterm, when students study the subjunctive. The teacher could use the entire unit or select specific exercises for study; they need not follow the order of the exercises in the units. (In particular, grammar topics can be studied throughout the unit.) Below, we suggest a unit discussion in which selected exercises are performed slightly out of order.

Hour 1

In class

1. Presentazione dell'opera (Introduction to the opera)

   Quello che sapete già (What you already know)

   Il contesto (The context) (The teacher can assign part of this exercise as homework, if desired.)

   Domande di comprensione (Comprehension questions)

Hour 2

In class

2. La trama (The plot)

   Primo atto (Act I)

   Guardate e rispondete (Watch and respond)

   Guardate tutto il primo atto (Watch the whole of act 1)

   Vero o falso (True or false)

   Descrivete i personaggi (Describe the characters)

At home

Ripassate la trama (Review the plot)

Leggete il riassunto del primo atto (Read the summary of act 1)

Domande di comprensione sul primo atto (Comprehension questions on act 1)

Pensate all'atto (Think about the act)

Ricostruite quello che è successo (Map out what happened)

Hour 3

In class

Check the answers to the comprehension questions on act 1 and to Ricostruite quello che è successo (Map out what happened)

Analizzate i rapporti fra i personaggi (Analyze the relationships among characters)

At home

Secondo atto (Act 2)

Leggete e rispondete (Read and respond)

Leggete il riassunto del secondo atto (Read the summary of act 2)

Domande di comprensione sul secondo atto (Comprehension questions on act 2)

Hour 4

In class

Check the answers to the comprehension questions on act 2

Discutete quello che è successo (Discuss what is going on)

At home

4. Grammatica (Grammar)

Hour 5

In class

Guardate e rispondete (Watch and respond)

Guardate il secondo atto, o parti di esso (Watch act 2, or excerpts from it)

La cronologia (The chronology)

Vero o falso (True or false)

At home

Analizzate quello che è successo (Analyze what happened)

Immaginate e rispondete (Imagine and respond)

Terzo atto (Act 3)

Leggete e rispondete (Read and respond)

Leggete il riassunto del terzo atto (Read the summary of act 3)

Domande di comprensione sul terzo atto (Comprehension questions on act 3)

Hour 6

In class

Discutete quello che è successo (Discuss what happened)

Guardate e rispondete (Watch and respond)

Guardate il terzo atto, o parti di esso (Watch act 3 or excerpts from it)

Vero o falso (True or false)

Le vostre reazioni e le vostre opinioni (Your reactions and opinions)

At home

3. Parole, parole, parole (Words, words, words)

Parole utili (Useful words)

Grammatica (Grammar)

Hour 7

In class

Esplorazione linguistica (Linguistic exploration)

Variazioni sul tema (Variations on the theme)

Frasi del libretto (Expressions from the libretto)

At home

Ripasso di parole (Vocabulary review)

Grammatica (Grammar)

Hour 8

In class

Grammatica (Grammar)

At home

Grammatica (Grammar)

5. I personaggi in carne ed ossa (The characters in the flesh)

Preparazione dell'intervista con i personaggi (Preparation of the interview with the characters)

Hour 9

In class

Intervistate i personaggi (Interview the characters)

At home

Scrittura breve (Short writing)

Grammatica (Grammar)

Hour 10

In class

6. Famose arie e duetti (Famous arias and duets)

Parlate del duetto (Talk about the duet)

At home

Grammatica (Grammar)

Hour 11

In class

7. Attività di esplorazione (Activities for further study)

Discussione (Discussion)

L'opera (The opera)

L'umorismo e l'opera (Opera humor)

Gli appassionati d'opera (Opera lovers)

At home

Composizione (Composition)

Ricerca (Research)

Hour 12

In class

Oral presentations of research

Use of Opera Recordings

Instructors can choose how much of the opera to show in class: the complete first act with excerpts of the others, the first and last acts with excerpts of the middle act(s), or the entire opera. Students begin by viewing the entire first act and then reading its plot summary. After act 1, students read plot summaries first. This enables the instructor to show only excerpts of the rest of the opera if they choose; students might then watch the entire opera on their own, in a language laboratory or at home, if so desired.

Many good English-subtitled opera productions are available commercially. We suggest that each department or school purchase several copies of one version to use in class and keep in the language laboratory. Operas filmed as "movies" are recommended because they usually employ effective acting and filming techniques. Be aware, however, that they are often divided in ways that differ from the actual divisions of the opera. This should not discourage teachers from using them, however. Recommended opera recordings are listed at the end of this introduction.

THE EXERCISES

The seven sections of each unit can be covered in sequence as they appear in the book, or the teacher can assign individual exercises from section 3, "Parole, parole, parole," and section 4, "Grammatica," as soon as the students have read about and viewed the corresponding portions of the opera and done the key exercises in sections 1 and 2. In the discussion that follows, please note that not all of the exercises will appear in every unit; each unit contains a particular focus, for which certain exercises will be more useful.

1. Presentazione dell'opera (Introduction to the opera)

This section introduces the story and themes of the opera and piques the students' interest. The section works best if completed in class before students watch the video. Some of the exercises can also be assigned as homework.

In *Quello che sapete già* (what you already know) students look at a photograph of a scene from the opera and answer questions about it based on their own knowledge. This gives them a personal feel for the story as they relate the questions and the opera to their personal experiences. The exercise works best as an in-class discussion.

In *Il contesto* (the context) the instructor discusses the opera's historical and artistic dimensions, using material provided in the "Mini-conferenza" (mini-lecture; the text that follows the questions). This short lecture contains information on the opera's sources, themes, setting, and characters. To aid comprehension, teachers can make this an interactive process by encouraging students to ask questions while they listen: "What does such-and-such mean? Would you repeat that? What did you say about so-and-so? How do you spell this word?" Students take notes. After the lecture, they work in pairs to answer the questions in the workbook. Finally, they check their answers by reading the "Mini-conferenza." The instructor may prefer students to read the text and answer the questions as homework, although this eliminates the listening practice.

2. La trama (The plot)

The purpose of this section is to familiarize students with the story and characters of the opera while giving them the vocabulary to describe and discuss it. The section is divided into several parts, corresponding to the acts of the opera, which contain comprehension and discussion activities. The detailed plot summaries support the opera excerpts viewed in class. They are also useful in answering questions that arise during the first section and help students who have missed class to keep up.

In the first *Guardate e rispondete* section, students watch the complete first act of the video and answer questions about it.

In *Descrivete i personaggi,* students describe the characters in the opera.

In *Ripassate la trama,* students review the plot of the first act, read a summary — similar to opera program notes — and respond to comprehension and interpretation exercises. The comprehension exercises can be completed outside of class.

In *Pensate all'atto,* students answer questions about the plot, explore characters' motivations using the language of the summaries, and discuss the relationships among the characters, using information from the story and their imaginations.

In the *Leggete e rispondete* sections, students read plot summaries of the later acts and respond to comprehension and interpretation exercises. The comprehension exercises can be completed outside class.

In later *Guardate e rispondete* sections, students read the plot summary first and then watch either whole acts or excerpts chosen by the instructor. They then answer questions concerning comprehension and interpretation.

In the *Discutete quello che è successo* sections students answer questions, both literal and inferential, based on the summaries.

In the *Analizzate quello che è successo* sections students explore characters' situations, actions, and motivations.

In *Immaginate e rispondete,* students use what they know about the plot so far to make predictions about how the opera will end.

In *Le vostre reazioni e le vostre opinioni,* students first compare their predictions with the actual ending of the opera and then discuss their reactions to it.

3. Parole, parole, parole (Words, words, words)

This section offers focused practice — in speaking as well as writing — of useful Italian vocabulary. Activities include discussions of both words that are helpful for talking about the plot and words that appear in the opera itself. The activities are sequenced; more useful words appear several times. Most of these exercises are based on the opera plots, not on the libretto per se. The exercises supply modern Italian vocabulary in which students can describe, interpret, and respond to the stories and the music. The language of the libretto itself is the focus of only two exercises, *Frasi del libretto* and *Famose arie e duetti.*

In *Parole utili,* students identify the meaning of contemporary vocabulary words and practice them in the context of the opera.

In *Esplorazione linguistica,* students manipulate useful word forms in new contexts.

In *Frasi del libretto,* students study well-known expressions in the libretto; some are still in use today, others are familiar through allusion.

Finally, in *Ripasso di parole,* students practice vocabulary items by creating an original paragraph using as many words and word forms as they can.

The exercises are all contextualized within the opera and the experience of the students. Instructors may want to assign some exercises for homework and plan to do others in class, particularly the interactive practice.

4. Grammatica (Grammar)

Each unit provides contextualized practice in a few major points of grammar — verb modes and tenses, pronouns, and so on. The purpose is to help students refine their understanding and use of the various structures by employing them in speaking and writing.

In addition to written exercises, there are a number of exercises for oral practice of grammatical points. Instructors will want to devote class time to these spoken activities. The exercises focus on the operas, reviewing the plot and exploring the characterization in order to elicit student reaction.

For explanations of particular grammar points, students should refer to an Italian coursebook.

5. I personaggi in carne ed ossa (The characters in the flesh)

In this section — the heart of the unit — students integrate their language skills with their understanding of the opera. Through the exercise, students are given a framework in which they can be creative and enjoy the total theater that is opera.

In *Intervistate i personaggi,* students play either a character in the opera (prepare a monologue) or an interviewer of a character (prepare questions to ask another student). In class the activity works best if characters form a panel facing a half-circle of interviewers. First the characters present their monologues, then interviewers ask provocative questions. Students answer the questions by probing their characters' feelings and motivations. Instructors may want to give feedback on language issues through on-the-spot oral corrections, written notes, or videotape.

Scrittura breve is a short writing assignment calling for insight into the characters: students might compose a journal entry, personal letter, or dialogue, or they might make up a different ending for the opera. The assignment draws on information and ideas gleaned from the plot and the panel interview, as well as on vocabulary and grammar exercises in the unit.

6. Famose arie e duetti (Famous arias and duets)

This section helps students recognize some of the expressive elements of opera: how the words and music work together to develop character.

In *Ascoltate le parole,* the text of an aria or duet appears with certain words missing. Instructions are given for filling in the blanks; for example, students might be asked to provide the first-person-singular present tense of a verb given in parentheses. Students use their knowledge of Italian to fill in the blanks, then listen to the aria to check their work.

In *Parlate dell'aria,* students answer questions that focus on the meaning of the song within the context of the story. By listening to a famous aria or duet several times, students also become familiar with the music. Instructors can use either a video or an audio version of the opera for this section. Students might also find it interesting to listen to different versions of a particular aria. Comparing performances — say, of Plácido Domingo and Luciano Pavarotti — often leads to a greater interest in and understanding of the opera.

7. Attività di esplorazione (Activities for further study)

This section offers discussion, writing, and research activities to expand students' understanding, indulge their interests, and encourage their use of Italian. Instructors will want to select among the activities, depending on the needs of their students.

Discussione includes three sections. In *L'opera,* students are given open-ended questions about the opera and their response to it. Questions may be personal or academic. In *L'umorismo e l'opera,* humorous anecdotes and cartoons encourage students to enjoy the world of opera. They are asked to react to these or to link them to personal experience. In the third section, *Gli appassionati d'opera,* students read about real people who are deeply involved in various aspects of opera: young opera fans, community opera promoters, the owner of an opera and comic-book store, a member of the Metropolitan Opera chorus, a lifelong opera buff and patron of the arts, and a restaurateur who is also an impresario. Using open-ended questions, students relate these people's experiences to their own.

The *Composizione* section offers a selection of essay topics, several of which are related to larger, more academic questions, including comments by critics.

Finally, the *Ricerca* section helps students link other knowledge and experiences to the opera. Activities include a research project, such as watching another production of the opera or a related film, interviewing an opera buff, or finding critical material on the Internet, followed by a brief, in-class report.

RESOURCES FOR OPERA STUDY

Recordings (VHS, DVD, CD)

General Sources for Recordings

Opera World	www.operaworld.com
Metropolitan Opera Shop	www.metguild.org
Tower Records & Videos	www.towerrecords.com

Videos with English Subtitles

Il barbiere di Siviglia (approximately 156 min.)
   VHS: New York City Opera (Sills, Titus, Price, Gramm, Ramey, Caldwell) 1976
   VHS: Glyndeborne Opera (Ewing, Rawnsley, Cosotti) 1982
   VHS: Stuttgart Opera (Bartoli, Quilico, Feller, Ferro) 1988

La bohème (approximately 120 min.)
   DVD/VHS: The Metropolitan Opera (Stratas, Scotto, Carreras, Levine) 1982
   VHS: Royal Opera, Covent Garden (Cotrubas, Shicoff, Allen, Zschau) 1982

DVD/VHS: Australian Opera (Hobson, Lemke, Douglas, Rowley, Smith) 1993

DVD/VHS: San Francisco Opera (Freni, Pavarotti, Quilico, Severini) 1989

Pagliacci (approximately 73 min.)

VHS: The Metropolitan Opera (Stratas, Pavarotti, Pons, Levine) 1994

VHS: La Scala (Kabaivanska, Vickers, Panerai, Karajan) 1996

Otello (approximately 125 min.)

VHS: Film by Zeffirelli (Domingo, Stratas, Pons, Pretre) 1982

VIIS: Film by Zeffirelli (Domingo, Ricciarelli, Diaz, Maazel) 1986

DVD/VHS: Royal Opera, Covent Garden (Domingo, Te Kanawa, Leiferkus, Solti) 1992

Tosca (approximately 115 min.)

VHS: Filmed on location in Rome (Domingo, Malfitano, Mehta) 1992

DVD/VHS: The Metropolitan Opera (Behrens, Domingo, MacNeil, Sinopoli) 1985

VHS: Rome Opera (Pavarotti, Wixell, Kabaivanska, Oren) 1990

VHS: Film by De Bosio (Kabaivanska, Domingo, Milnes, Bartoletti) 1976

DVD/VHS: Australian National Opera (Marton, Furlan, Shaw, Erede) 1986

La traviata (approximately 100 min.)

VHS: Glyndeborne Opera (McLaughlin, MacNeil, Ellis, Haitink) 1987

DVD/VHS: In Performance at Wolf Trap (Sills, Price, Fredricks, Rudel) 1976

DVD: Royal Opera, Covent Garden (Gheorghiu, Lopardo, Nucci, Solti) 1995

Broadcasts, Events

Opera-L List serve   www.opera-l@listserv.cuny.edu

Educational Resources

Metropolitan Opera Guild   www.metguild.org
Opera America   www.operaam.org

Reference Books

Jellinek, G. *History Through the Opera Glass.* White Plains, N.Y.: Pro/Am Music Resources, 1994.

Plotkin, F. *Opera 101.* New York: Hyperion, 1994.

Pogue, D., and S. Speck, *Opera for Dummies.* Boston: Hungry Minds, 1997.

Vickers, H. *Operatic Disasters.* New York: St. Martin's, 1979.

The New Grove Dictionary of Opera, ed. S. Sadie. New York: Grove, 1992, 1998.

PARTE

I

Ouverture

Il mondo dell'opera

Presentazione

Le vostre esperienze

Rispondete alle seguenti domande individualmente. Poi, in coppie, discutete le vostre risposte. Infine discutete con il resto della classe.

1. Sei mai stato/a all'opera? Se sì, dove? Che cosa hai visto? Descrivi la tua esperienza: è stata emozionante, noiosa, divertente, commovente, entusiasmante, strana...? Hai voglia di ripetere l'esperienza?
2. Conosci nomi di opere e di cantanti famosi? Quali?
3. È possibile vedere l'opera nella città dove sei nato/a, o dove abiti adesso? Spiega.
4. Ti sembra buona l'idea di studiare l'italiano con l'opera? Ti sembra una cosa facile o difficile da realizzare? Spiega.

Quello che sapete già

VERO O FALSO

A coppie, indicate "vero" o "falso" di fianco a ciascuna affermazione. Se scegliete "falso", spiegate perché. Se non siete d'accordo, discutete con il resto della classe e giustificate le vostre opinioni.

Figura 1 La facciata del Metropolitan Opera House di New York

Sieti mai stati ad un'opera? Dove? Che cosa avete visto?

1. La stagione dell'opera di solito dura da ottobre a maggio. _____

2. Il Metropolitan di New York ha i titoli sopra il palcoscenico. _____

3. La Scala di Milano ha i sottotitoli sugli schienali dei sedili. _____

4. *Tosca, La traviata* e *Pagliacci* sono opere famose. _____

5. Plácido Domingo, Riccardo Muti e Luciano Pavarotti sono tre famosissimi tenori. _____

6. Varie banconote, francobolli e nomi di strade italiane contengono nomi di compositori famosi. _____

7. Spesso ci sono recensioni di opere sul maggiore quotidiano di Milano, *Il corriere della sera.* _____

QUALI SONO LE DOMANDE?

Lavorate in piccoli gruppi. Leggete le risposte date e scrivete le domande corrispondenti. Usate "chi", "di chi", "dove", e "come". Controllate le risposte con l'insegnante e con il resto della classe.

1. Franco Zeffirelli. <u>Chi è un famoso regista di opere?</u>

2. La Scala. _____?

3. Maria Callas. _____?

4. *La traviata.* _____?

5. Plácido Domingo e Luciano Pavarotti _____?

6. Di Rossini. _____?

7. Su banconote, francobolli e nomi di strade italiane. _____?

PER GLI ESPERTI

Lavorate in coppie. Leggete le tre parole, cancellate quella che non fa parte della stessa categoria e spiegate perché. Controllate le vostre risposte con quelle del resto della classe.

1. recitativo   aria   libretto
2. direttore d'orchestra   soprano   baritono
3. Rossini   Puccini   Ernani
4. Karajan   Verdi   Levine
5. Nedda   Violetta   Pagliacci
6. Don Giovanni   Rigoletto   La traviata
7. cantabile   duetto   allegro, ma non troppo
8. Amleto   Otello   Macbeth
9. Vesti la giubba   Amami Alfredo   Il barbiere di Siviglia

Tre grandi teatri dell'opera

Lavorate in coppie. Guardate le foto (figure 2–6) e lo schema che segue le domande. Usate le informazioni dello schema e quello che sapete, o che potete dedurre dalle foto. Lo studente A legge le istruzioni allo studente B. Lo studente B ascolta e consulta lo schema per creare frasi comparative e superlative. Lo studente A controlla le risposte fra parentesi quadra e corregge lo studente B. Poi gli studenti si scambiano i ruoli e ripetono l'esercizio.

Figura 2 L'Opera House di Sydney

Commentate la fotografia: descrivete lo stile architettonico di questo teatro: è antico, moderno, tradizionale, originale, semplice, spettacolare?

Esempio: Studente A: Paragona il costo dei biglietti dei tre teatri. Usa la parola "costoso". Studente B: La Scala è <u>più costoso del</u> Metropolitan, ma <u>meno costoso dell'</u>Opera House di Sydney. L'Opera House di Sydney è il teatro <u>più costoso di tutti</u>.

Studente A

1. Paragona la data di fondazione dei tre teatri. Usa la parola "antico".

   [Il Met è più antico dell'Opera House, ma è meno antico della Scala. La Scala è il teatro più antico di tutti.]

2. Paragona le dimensioni dei tre teatri. Usa la parola "grande".

   [La Scala è più grande dell'Opera House, ma meno grande del Met. Il Met è il teatro più grande di tutti.]

Com'è questo teatro? Potete descriverlo?

Figura 3 *L'atrio del Metropolitan Opera House, con i famosi lampadari di cristallo*

3. Paragona la stagione dei tre teatri. Usa le parole "stagione" e "lungo".

   [La stagione del Met è [così] lunga come la stagione dell'Opera House, ma meno lunga della stagione della Scala. La stagione della Scala è la più lunga di tutte.]

4. Paragona i tre teatri dal punto di vista dello stile. Usa la parola "spettacolare".

   Il/La/L' _____ è più spettacolare del/della/dell' _____, ma meno spettacolare del/della/dell' _____.

   Il/La/L' _____ è il teatro più spettacolare di tutti.

5. Paragona la reputazione dei tre teatri. Usa la parola "famoso".

   Il/La/L' _____ è più famoso/a del/della/dell' _____, ma meno famoso/a del/della/dell' _____.

   Il/La/L' _____ è il teatro più famoso di tutti.

Figura 4

Figura 5   *Figura 6*

La facciata del teatro La Scala di Milano, alcuni turisti davanti al teatro e il caffè Scala

Che cosa hanno voglia di fare questi turisti? Immaginate.

6. Paragona la tua curiosità per i tre teatri. Usa le espressioni "per me" e "interessante".
   Spiega perché.

   Per me, il/la/l' _____ è più interessante del/della/dell'

   _____, ma meno interessante del/della/dell' _____.

   Per me, il/la/l' _____ è il teatro più interessante di tutti, perché....

   _____

   _____

   _____.

Studente B

	Metropolitan	La Scala	Opera House
fondato nel	1883	1778	1973
posti	3.790	2.005	1.547
stagione	ottobre–maggio	dicembre–novembre	gennaio–marzo e giugno–ottobre

Attività di esplorazione

Discussione

Guardate la vignetta (figura 7) e rispondete alle domande che seguono.

1. Che cosa sta succedendo nella vignetta? Fa ridere? Potete spiegare perché?
2. Che cosa pensate dell'uso dei sottotitoli e dei titoli sopra il palcoscenico per le opere? Vi sembra un elemento necessario, utile, inutile, invadente? Giustificate la vostra opinione.
3. Quale elemento vi sembra più importante nelle opere? La musica o le parole? O tutti e due? In classe discutete il ruolo della musica e quello delle parole nell'opera. Poi a casa, scrivete due o tre paragrafi riassumendo e giustificando la vostra opinione.

Ricerca

Guardate il collage (figura 8). Che cosa c'è in ciascuna fotografia? Che cosa dicono queste foto sulla presenza dell'opera nella vita italiana?

1. Lavorate in coppie. Consultate il giornale o usate l'internet. Trovate in quali teatri si può vedere o ascoltare l'opera nella vostra città, o nella città più vicina o in un altro luogo di vostra scelta, incluse città italiane. Trovate quali opere sono rappresentate, in che data, in quali teatri e con quali cantanti. Trovate anche il prezzo dei diversi biglietti. Poi riferite alla classe.
2. Con il resto della classe, compilate una guida all'opera nella vostra città o in un luogo di vostra scelta.

"Hate to bother you, but are you getting our supertitles for 'Rigoletto'?"

Figura 7 *"Hate to Bother You . . ."*

Figura 8 La presenza dell'opera nella vita italiana

Che cosa ti dicono queste foto sulla presenza dell'opera nella vita italiana?

PARTE

II

Le opere

UNITÀ

1

Il barbiere di Siviglia

Musica di Gioacchino Rossini (1792–1868)

Libretto di Cesare Sterbini

1. Presentazione dell'opera

 ## Quello che sapete già

In coppie, leggete le domande che seguono e rispondete con il/la compagno/a. Poi discutete le vostre risposte con il resto della classe.

A. Guardate la foto (figura 1.1), e identificate i vari personaggi: Rosina, Figaro (il barbiere), Don Bartolo (il tutore di Rosina), il conte di Almaviva travestito da soldato, i due servitori e un soldato vero. Guardate bene le loro espressioni. Secondo voi, *Il barbiere di Siviglia* è un'opera seria o un'opera buffa? Secondo voi, chi è innamorato di Rosina?

B. Leggete la lista che segue e scegliete, in ordine di importanza, tre qualità che cercate nel vostro partner ideale. Poi confrontate le vostre scelte con quelle di un/una compagno/a, e infine discutete con il resto della classe.

Figura 1.1 Il cast del Barbiere di Siviglia *in una produzione del Metropolitan Opera: Ruth Anne Swenson (Rosina), Thomas Hampson (Figaro/il barbiere), Enzo Dara (Don Barolo/il tutore di Rosina), Frank Lopardo (il conte di Almaviva) e Jane Shaulis, Jan-Hendrik Rootering (servitori)*

_____ bellezza

_____ docilità

_____ dolcezza

_____ furbizia

_____ generosità

_____ giovinezza

_____ intelligenza

_____ obbedienza

_____ onestà

_____ ottimismo

_____ ricchezza

_____ simpatia

_____ spirito di indipendeza

_____ spirito di iniziativa

_____ status sociale

_____ titolo nobiliare

C. Secondo voi, quali qualità poteva cercare una giovane donna spagnola di elevata condizione sociale in un uomo, nel XVII° secolo (1600)? E quali qualità poteva cercare un uomo nobile e ricco in una donna? Scegliete tre qualità in ordine di importanza nella lista. Poi confrontate le vostre risposte con quelle di un/una compagno/a e giustificate la vostra opinione.

⮞ Il contesto ⮜

L'insegnante vi farà una mini-conferenza sul *Barbiere di Siviglia*. Mentre ascoltate, prendete appunti e interrompete l'insegnante quando non capite (potete usare espressioni come "Non ho capito", "Cosa vuol dire?", "Può ripetere?", ecc.). Poi, a coppie, usando i vostri appunti, rispondete alle domande di comprensione, inserendo le lettere appropriate negli spazi appositi. Quindi discutete le vostre risposte con il resto della classe. Infine controllate il testo che segue le domande.

DOMANDE DI COMPRENSIONE

I temi

1. In passato, il barbiere era una figura importante nella vita di una città perché _____.
   A. era una persona nobile e ricca
   B. faceva la barba a molte persone
   C. conosceva molte persone e i loro segreti

2. Uno dei temi principali di quest'opera è _____.
   A. lo status sociale delle classi nobili
   B. lo spirito di iniziativa di un barbiere
   C. la ricchezza

Le fonti

3. Rossini compone *Il barbiere di Siviglia* quando ha _____.
   A. trentaquattro anni
   B. ventiquattro anni
   C. cinquantaquattro anni

4. Rossini inizialmente intitola quest'opera *Almaviva, o L'inutil precauzione*

   perché _____.
   A. non vuole usare la parola *barbiere* nel titolo della sua opera
   B. ha già composto un'altra opera con lo stesso titolo
   C. un altro compositore ha già composto un'opera con lo stesso titolo

La fortuna

5. L'opera di Rossini viene rappresentata per la prima volta nel 1816 durante le feste

   di _____.
   A. Carnevale
   B. Natale
   C. Pasqua

L'ambientazione e la storia

6. Quest'opera si svolge a Siviglia nel _____.
   A. 1600
   B. 1700
   C. 1800

7. Figaro è _____.
   A. un uomo di elevata condizione sociale
   B. il servitore del conte di Almaviva
   C. un barbiere che conosce tutta Siviglia

8. *Il barbiere di Siviglia* è un'opera _____.
   A. semiseria
   B. seria
   C. buffa

MINI-CONFERENZA

I temi

In passato, il ruolo del barbiere era molto importante nella vita di una città. Infatti, il barbiere conosceva moltissime persone e sapeva molte cose della loro vita privata. Temi importanti di quest'opera sono lo spirito di iniziativa di un barbiere e l'indipendenza di una giovane donna.

Le fonti

Rossini compone *Il barbiere di Siviglia* quando ha solo ventiquattro anni, basandosi su una commedia dello scrittore francese Pierre-Augustin de Beaumarchais, *Le barbier de Seville*. Rossini originariamente intitola la sua opera *Almaviva, o L'inutil precauzione*. Infatti, un altro compositore, Giovanni Paisiello, ha già scritto un'altra opera intitolata *Il barbiere di Siviglia* nel 1782. Rossini cambia il titolo della sua opera solo dopo la morte di Paisiello.

La fortuna

Il barbiere di Siviglia, con il titolo *Almaviva, o L'inutil precauzione,* viene rappresentato per la prima volta a Roma al Teatro Argentina nel febbraio del 1816, durante le feste di Carnevale. La prima rappresentazione dell'opera non ha successo. In seguito, però, *Il barbiere di Siviglia* diventa famosissimo e molto amato dal pubblico. L'opera viene rappresentata per la prima volta all'estero, a Londra nel 1818 e a New York nel 1819.

L'ambientazione e la storia

Siamo a Siviglia nel 1600. Il conte di Almaviva è innamorato della bella Rosina e vorrebbe conoscerla, ma non può. Infatti, Don Bartolo, il tutore di Rosina, la tiene chiusa in casa e vuole sposarla perché è ricca. Figaro, un barbiere che conosce tutta Siviglia, offre il suo aiuto al conte. Seguono molti episodi divertenti.

I PERSONAGGI IN ORDINE DI IMPORTANZA

Rosina, la pupilla di Don Bartolo	Mezzosoprano o Contralto
Figaro, un barbiere	Baritono
Il conte di Almaviva (Lindoro)	Tenore
Il dottor Bartolo, il tutore di Rosina	Basso
Don Basilio, insegnante di musica di Rosina e amico di Don Bartolo	Basso
Berta, la governante di Don Bartolo	Soprano o Mezzosoprano
Fiorello, il servitore del conte	Basso

2. La trama

Prima parte del primo atto

Figura 1.2 Uno scenario del Barbiere di Siviglia *per una rappresentazione al Metropolitan Opera*

Questo scenario evoca l'influenza islamica sull'architettura della Spagna del sud. In che modo?

Guardate e rispondete

Guardate la prima parte del primo atto (43 minuti circa). Mentre guardate, leggete i sottotitoli. Poi fate gli esercizi che seguono.

VERO O FALSO

A coppie indicate "vero" o "falso" di fianco a ciascuna affermazione. Se scegliete "falso", spiegate perché. Se non siete d'accordo, discutete con il resto della classe e giustificate le vostre opinioni.

1. Il conte/Lindoro è innamorato di Rosina. _____

2. Il conte/Lindoro rivela a Rosina la sua vera identità. _____

3. A Rosina piace molto Lindoro/il conte. _____

4. Figaro è modesto e pessimista. _____

5. Figaro fa solamente il barbiere. _____

6. Il tutore è innamorato di Rosina. _____

7. Figaro promette di aiutare il conte/Lindoro perché è un suo amico. _____

8. Il conte/Lindoro è contentissimo della collaborazione di Figaro. _____

CHI È?

Lavorate in coppie. Scegliete fra Rosina, Don Bartolo, il conte di Almaviva/Lindoro e Figaro.

1. _____ vuole sposare Rosina per la sua ricchezza.

2. _____ non vuole essere amato solo per il suo titolo

nobiliare e per la sua ricchezza.

3. _____ non sa che Lindoro è in realtà il conte di Almaviva.

4. _____ pensa di essere indispensabile a tutti.

5. A _____ piace molto Lindoro/il conte.

6. La mente di _____ diventa un *vulcano* quando vede l'*oro*.

7. _____ è entusiasta del progetto di Figaro.

vulcano volcano   *oro* gold

⇝ Descrivete i personaggi ⇜

Lavorate in coppie. Rispondete alle domande facendo riferimento a quello che avete visto e scrivendo le risposte negli spazi appositi. Poi discutete con il resto della classe, giustificando le vostre opinioni.

1. Che tipo di persona è Figaro? È introverso o estroverso? È *intraprendente* o *privo* di

spirito di iniziativa? È opportunista o altruista? È ottimista o pessimista? È *furbo* o

sciocco? Spiegate.

_____

_____

2. Com'è il conte? È ricco o povero? È sincero o *bugiardo*? Spiegate.

_____

_____

3. Com'è il tutore? È ricco o povero? È simpatico o antipatico? È generoso o *avaro*? Spiegate.

_____

_____

intraprendente	enterprising, entrepreneurial	*sciocco*	foolish
privo	lacking in	*bugiardo*	liar
furbo	clever	*avaro*	stingy

⟫ Ripassate la trama ⟪

Leggete il riassunto della prima parte del primo atto, e poi rispondete alle domande sulla trama, inserendo le lettere appropriate negli spazi appositi. In classe, confrontate le vostre risposte con quelle di un/una compagno/a. Se non siete d'accordo, confrontatele con quelle del resto della classe.

Il conte di Almaviva è *innamorato di* una giovane donna, Rosina, e vuole *conquistare* il suo amore. Il conte, che non vuole essere amato da Rosina solo per il suo *titolo nobiliare* e per la sua *ricchezza, fa finta di* essere uno studente povero (Lindoro), e *fa una serenata* a Rosina. Questa, però, abita con il vecchio *tutore*, Don Bartolo, che la *sorveglia,* e non può rispondere a Lindoro.

innamorato di	in love with	*fare finta di*	to pretend
conquistare	to conquer	*fare una serenata*	to serenade
titolo nobiliare	noble rank	*tutore*	guardian
ricchezza	riches	*sorvegliare*	to watch

1. Il conte vuole essere amato _____.
   A. per la sua bellezza
   B. per il suo titolo nobiliare e per la sua ricchezza
   C. per se stesso

2. Il conte fa finta di essere _____.
   A. un barbiere
   B. uno studente ricco
   C. uno studente povero

In quel momento passa Figaro, molto soddisfatto del suo ruolo di *factotum* della città ("Ah, che bel vivere, che bel piacere, per un barbiere di qualità.... Ah, bravo, Figaro, bravo, bravissimo! *Fortunatissimo,* per verità!"). Infatti, tutti lo vogliono e tutti lo chiamano per risolvere mille problemi differenti ("Tutti mi chiedono, tutti mi vogliono.... Uno alla volta per carità!... Figaro qua, Figaro là! Figaro su, Figaro giù!... Sono il factotum della città!"). Il conte e Figaro *si riconoscono* e *si salutano.* Il conte *racconta* a Figaro di essere innamorato di una bella ragazza, che abita con il vecchio padre *medico.* Figaro dice al conte che è stato fortunatissimo ad incontrarlo ("Siete ben fortunato: sui maccheroni il *cacio* vi *è cascato!*"); infatti, Figaro fa tutto nella casa dove abita Rosina ("Là dentro io son barbiere, *parrucchiere, chirurgo, botanico*.... veterinario"), e offre al conte i suoi servizi come *intermediario.*

factotum	jack of all trades	*cacio*	cheese (archaic)
fortunato	lucky	*cascare*	to fall
riconoscersi	to recognize each other	*parrucchiere*	hairdresser
salutarsi	to say hello (or goodbye) to each other	*chirurgo*	surgeon
raccontare	to tell	*botanico*	botanist
medico	medical doctor	*intermediario*	go-between

3. Figaro si sente importante perché tutti lo chiamano _____.
   A. per parlare
   B. per molte cose di tutti i generi
   C. per farsi tagliare i capelli

4. Il conte e Figaro _____.
   A. non si conoscono
   B. si riconoscono
   C. non si salutano

5. Figaro dice che il conte è fortunatissimo perché lui _____.
   A. cucina dei buonissimi maccheroni
   B. è il factotum della casa dove abita Rosina
   C. è un bravissimo barbiere

Figaro allora *rivela* al conte che Rosina non è la figlia di Don Bartolo, ma è la sua *pupilla.* Intanto, Rosina esce sul balcone, vede Lindoro (il conte) e *cerca di* dargli un *biglietto* ("Oh, che *vergogna!* Vorrei dargli il biglietto"). Don Bartolo vede il biglietto e vorrebbe leggerlo, ma Rosina gli dice che è l'aria di un'opera *intitolata L'inutil precauzione,* lo *fa cadere,* e poi dice che "il vento l'ha *portato via*". Don Bartolo lo cerca, ma non lo trova, e *costringe* Rosina a rientrare in casa, dicendo, "Quel balcone voglio far *murare*". Lindoro legge il biglietto, in cui Rosina gli chiede di rivelare "nome.... stato....

intenzioni". Il conte chiede a Figaro che tipo è questo tutore, e Figaro gli risponde che è un vecchio "avaro, *sospettoso, brontolone*", e che "per mangiare a Rosina la sua *dote*" *si è messo in testa* di *sposarla*. Mentre Don Bartolo esce di casa, Figaro spiega al conte che Don Bartolo ha un amico, Don Basilio, maestro di musica di Rosina e un *imbroglione* sempre *senza un soldo*.

rivelare	to reveal	*murare*	to wall up
pupilla	person under someone's tutelage	*sospettoso*	suspicious
cercare di	to try to	*brontolone*	nagging
biglietto	note	*dote*	dowry
vergogna	shame	*mettersi in testa*	to get into one's head
intitolato	entitled	*sposare*	to marry
fare cadere	to drop	*imbroglione*	swindler
portare via	to carry away	*senza un soldo*	penniless
costringere	to force		

6. Quando Don Bartolo chiede il biglietto a Rosina, lei _____.
   A. glielo dà
   B. lo fa cadere dal balcone
   C. lo mangia

7. Figaro rivela al conte che Don Bartolo è _____.
   A. ricco e socievole
   B. avaro e brontolone
   C. povero e imbroglione

8. Figaro dice al conte che Don Basilio è _____.
   A. un maestro di musica bravissimo
   B. un suo caro amico
   C. un imbroglione

Il conte, con l'*aiuto* di Figaro, fa un'altra serenata a Rosina. Poi dice a Figaro che lo deve *aiutare* a entrare in casa di Rosina, e gli promette dell'oro *in cambio del* suo aiuto. Figaro allora diventa un vulcano di idee ("Un vulcano.... la mia mente già comincia, già comincia a diventar!") e *consiglia* al conte di *travestirsi* da *soldato*, di fare finta di essere *ubriaco* e di voler occupare la casa di Don Bartolo con il suo *battaglione*. Il conte, entusiasta, chiede a Figaro dov'è la sua *bottega*. I due, soddisfatti, si salutano.

aiuto (n.), aiutare (v.)	help, to help	*soldato*	soldier
in cambio di	in exchange for	*ubriaco*	drunk
consigliare	to advise	*battaglione*	battalion
travestirsi	to disguise oneself	*bottega*	small artisan's store

9. In cambio del suo aiuto, il conte promette a Figaro _____.

   A. un regalo

   B. la sua gratitudine eterna

   C. dell'oro

10. Figaro consiglia al conte di travestirsi da _____.

    A. cantante

    B. maestro

    C. soldato

11. Il conte è _____.

    A. scontento dei consigli di Figaro

    B. contento dei consigli di Figaro

    C. stanco dei consigli di Figaro

12. Figaro è _____.

    A. preoccupato

    B. soddisfatto

    C. insoddisfatto

Pensate all'atto

Lavorate in coppie. Negli esercizi che seguono rispondete alle domande facendo riferimento a quello che avete visto e letto, e usando il vocabolario dei riassunti. Scrivete le risposte negli spazi appositi e poi discutete le vostre risposte con il resto della classe.

RICOSTRUITE QUELLO CHE È SUCCESSO

1. Prima dell'incontro tra il conte e Figaro, Lindoro/il conte e Rosina si parlano? Come comunicano tra di loro? Che cosa sanno l'uno dell'altra?

   _____

   _____

2. In che modo il conte cerca di conquistare l'amore di Rosina?

   _____

   _____

3. Che cosa *viene a sapere* il conte su Rosina e su Don Bartolo, da Figaro?

   _____

   _____

4. Che cosa vuole sapere Rosina da Lindoro/il conte?

_____

_____

5. Che cosa consiglia Figaro al conte/Lindoro?

_____

_____

6. Che cosa promette a Figaro il conte/Lindoro, in cambio del suo aiuto?

_____

_____

venire a sapere   to find out

ANALIZZATE LE MOTIVAZIONI DEI PERSONAGGI

1. Il conte ama davvero Rosina? Perché non le rivela la sua vera identità?

_____

_____

2. Il tutore è innamorato di Rosina. Siete d'accordo con questa affermazione?

_____

_____

3. Perché Figaro aiuta il conte? Che cosa interessa di più a Figaro? Fare bella figura, rendersi utile, rendersi indispensabile o *guadagnare* dei soldi?

_____

_____

4. Perché Rosina *inganna* il tutore?

_____

_____

5. Figaro e Rosina hanno un obiettivo comune, ma motivazioni diverse. Spiegate.

_____

_____

guadagnare   to earn   *ingannare*   to deceive

ANALIZZATE I RAPPORTI FRA I PERSONAGGI

1. Perché Figaro può *riuscire a* fare quello che il conte non riesce a fare?

_____

_____

2. Il conte è più o meno intraprendente di Figaro? Spiegate.

_____

_____

3. Rosina è economicamente indipendente da Don Bartolo? Spiegate.

_____

_____

4. Qual è la posizione sociale di Figaro rispetto al conte? Figaro e il conte appartengono alla stessa classe sociale? Il conte è il *padrone* e Figaro è il servitore? O Figaro è un libero *imprenditore,* e il conte è un suo cliente? Spiegate.

_____

_____

riuscire a	to succeed in	*imprenditore*	entrepreneur
padrone	master, owner		

Seconda parte del primo atto

🎬 Guardate e rispondete 📽 🎬

Adesso guardate la seconda parte del primo atto (35 minuti circa). Mentre guardate, leggete i sottotitoli. Poi fate gli esercizi che seguono.

VERO O FALSO

A coppie indicate "vero" o "falso" di fianco a ciascuna affermazione. Se scegliete "falso", spiegate perché. Se non siete d'accordo, discutete con il resto della classe e giustificate le vostre opinioni.

1. Rosina è *docile, ubbidiente* e *rispettosa.* _____

2. Don Bartolo è contento di Figaro. _____

3. Don Basilio è maestro di musica di Rosina e amico di Don Bartolo. _____

4. Don Basilio consiglia a Don Bartolo di *calunniare* il conte di Almaviva, che è innamorato di Rosina. _____

5. Figaro consiglia a Rosina di scrivere un biglietto a Lindoro/il conte. _____

6. Rosina non lo scrive su richiesta di Figaro. _____

docile	docile	*rispettoso*	respectful
ubbidiente	obedient (archaic)	*calunniare*	to slander

CHI È?

Lavorate in coppie. Scrivete i nomi dei personaggi negli spazi appositi. Scegliete fra Rosina, Don Bartolo, il conte di Almaviva/Lindoro e Figaro. Poi controllate con il resto della classe.

1. _____ dice di essere docile e ubbidiente.

2. _____ dice che vuole sposare Rosina.

3. _____ dice a Rosina che presto ci sarà un matrimonio.

4. Figaro dice a Rosina che _____ è suo cugino.

5. _____ consiglia a Rosina di scrivere a Lindoro/il conte.

6. _____ ha già scritto un biglietto per Lindoro/il conte.

⇴ Descrivete i personaggi ⇷

Lavorate in coppie. Rispondete alle domande facendo riferimento a quello che avete visto e scrivendo le risposte negli spazi appositi. Poi discutete con il resto della classe, giustificando le vostre opinioni.

1. Com'è Rosina? È docile e obbediente o indipendente e determinata? Spiegate.

_____

_____

2. Com'è Don Basilio? È onesto o *intrigante*? Spiegate.

_____

_____

intrigante   scheming

✑ **Ripassate la trama** ✑

Leggete il riassunto della seconda parte del primo atto, e poi rispondete alle domande sulla trama, inserendo le lettere appropriate negli spazi appositi. In classe, confrontate le vostre risposte con quelle di un/una compagno/a. Se non siete d'accordo, confrontatele con quelle del resto della classe.

Rosina, in casa, pensa a Lindoro, e dice di essere "docile.... rispettosa.... ubbidiente, dolce, amorosa", ma *aggiunge* che diventerà una *vipera* ("una vipera sarò"), se la *toccano* dov'è il suo *debole, cioè* se contrastano il suo amore per Lindoro. Don Bartolo sospetta il barbiere di essere un intrigante e vuole sapere se Rosina gli ha parlato. Rosina, per fare arrabbiare il tutore, risponde che Figaro le è molto simpatico. Intanto, Don Basilio, maestro di musica di Rosina e amico di Don Bartolo, informa Don Bartolo che è arrivato in città il famoso conte di Almaviva, innamorato di Rosina, e consiglia a Don Bartolo di *rovinare* la reputazione del conte con delle *calunnie*. Don Bartolo decide di sposare Rosina in fretta. Figaro lo sente e lo dice a Rosina ("Mangeremo dei *confetti*"). Rosina risponde a Figaro che il tutore è solo un "povero *sciocco*," e che a lei interessa molto un giovane uomo che ha visto sotto le sue finestre ("Quel giovane.... mi interessa moltissimo").

aggiungere	to add	*cioè*	that is		*sciocco*	fool
vipera	viper, snake	*rovinare*	to ruin			
toccare	to touch	*calunnia*	slander			
debole	weak spot	*confetto*	traditional wedding candy			

1. Rosina dice che _____
   A. le piacciono le vipere
   B. diventerà una vipera
   C. ha paura delle vipere

2. Don Basilio consiglia a Don Bartolo di rovinare la reputazione del conte con delle calunnie perché questo _____.
   A. è ricco
   B. è innamorato di Rosina
   C. è un imbroglione

3. Rosina dice a Figaro che _____.
   A. non le interessa nessuno
   B. le interessa un uomo nobile e ricco
   C. le interessa un giovane uomo che ha visto sotto le sue finestre

Figaro dice a Rosina che quel giovane è suo cugino, uno studente, "innamorato morto" di una bella ragazza che abita lì vicino. Rosina gli chiede il nome della ragazza, e Figaro glielo dice ("Si chiama R—o—Ro—s—i—si—Rosi—n—a—na—Rosina!"). Rosina dice che lo sapeva già! Allora Figaro capisce che Rosina è una "*volpe sopraffina*". Poi Figaro le consiglia di scrivere un biglietto a Lindoro ("Sol due righe di biglietto gli mandate e qui verrà. Che ne dite?"). Rosina prima fa finta di esitare ("Non vorrei.... non saprei.... *mi vergogno*"), ma in verità l'ha già scritto ("Eccolo qua!"). Figaro allora *si rende conto* che Rosina è più furba di lui, e conclude che le donne sono esseri *indecifrabili* ("Donne, donne, eterni *dei!*"). Il tutore vuole sapere da Rosina di che cosa le ha parlato Figaro, ma Rosina non glielo dice. Così i due *litigano*.

volpe	fox	*indecifrabile*	inscrutable
sopraffino	exquisite	*dio*	god
vergognarsi	to be ashamed	*litigare*	to quarrel
rendersi conto	to realize		

4. Figaro dice a Rosina che suo cugino Lindoro è innamorato _____.
   A. di una signora
   B. di una certa Rosina
   C. di un'altra ragazza

5. Rosina _____.
   A. non ci crede
   B. non lo sapeva
   C. lo sapeva già

6. Rosina dice che non vorrebbe _____.
   A. parlare con Figaro
   B. scrivere un biglietto a Lindoro/il conte
   C. sposare il tutore

7. Rosina _____.
   A. decide di scrivere il biglietto
   B. decide di non scrivere il biglietto
   C. ha già scritto il biglietto

✺ Ricostruite quello che è successo ✺

Lavorate in coppie. Rispondete alle domande facendo riferimento a quello che avete visto e letto, usando il vocabolario dei riassunti. Scrivete le risposte negli spazi appositi, e poi discutete con il resto della classe.

1. Dopo avere saputo che Lindoro/il conte l'ama, Rosina fa qualcosa. Che cosa? Spiegate.

   _____

   _____

2. Che cosa consiglia di fare Don Basilio a Don Bartolo? Spiegate.

   _____

   _____

3. Figaro è più furbo di Rosina. Siete d'accordo con quest'affermazione? Spiegate.

   _____

   _____

Terza parte del primo atto

Guardate e rispondete

Adesso guardate la terza parte del primo atto (35 minuti circa). Mentre guardate, leggete i sottotitoli. Poi fate gli esercizi che seguono.

VERO O FALSO

A coppie indicate "vero" o "falso" di fianco a ciascuna affermazione. Se scegliete "falso", spiegate perché. Se non siete d'accordo, discutete con il resto della classe e giustificate le vostre opinioni.

1. Il conte/Lindoro si traveste da soldato. _____

2. A Don Bartolo il soldato è simpatico. _____

3. Rosina non lo riconosce. _____

4. Rosina e il soldato/Lindoro/il conte/riescono a parlare. _____

5. Don Bartolo e il soldato litigano. _____

6. Alla fine arrivano le guardie. _____

CHI È?

Lavorate in coppie. Scrivete i nomi dei personaggi negli spazi appositi. Scegliete fra Rosina, Don Bartolo, e il conte di Almaviva/Lindoro. Poi controllate con il resto della classe.

1. _____ arriva travestito da soldato.

2. _____ riconosce Lindoro/il conte.

3. _____ si insospettisce.

4. _____ cerca di dare al soldato/Lindoro/il conte un altro biglietto.

5. _____ vorrebbe vedere il biglietto.

6. _____ invece gli dà la lista del bucato.

7. _____ alla fine va via senza riuscire a parlare con Rosina.

⇴ Descrivete i personaggi ⇷

Lavorate in coppie. Rispondete alle domande facendo riferimento a quello che avete visto e scrivendo le risposte negli spazi appositi. Poi discutete con il resto della classe, giustificando le vostre opinioni.

1. È bravo il conte/Lindoro a fare il soldato ubriaco? Come si comporta? È insistente, gentile, educato, arrogante, *minaccioso*?

   _____

   _____

2. Come *reagisce* Don Bartolo quando vede il soldato? È tranquillo, sospettoso, *seccato*, *accomodante*?

   _____

   _____

minaccioso	threatening	*seccato*	annoyed
reagire	to react	*accomodante*	accommodating

⇴ Ripassate la trama ⇷

Leggete il riassunto della terza parte del primo atto, e poi rispondete alle domande sulla trama, inserendo le lettere appropriate negli spazi appositi. In classe, confrontate le vostre risposte con quelle di un/una compagno/a. Se non siete d'accordo, confrontatele con quelle del resto della classe.

In quel momento qualcuno *bussa* alla porta: è il conte (Lindoro), travestito da soldato. Don Bartolo è molto sospettoso. Quando il *finto* soldato (il conte/Lindoro) gli dice che ha l'ordine di occupare la sua casa, Don Bartolo *si arrabbia* ("E andate al diavolo, andate al diavolo!"). Intanto, il finto soldato riesce a dare un biglietto a Rosina, che lo ha riconosciuto. Don Bartolo vede il biglietto, *si insospettisce*, e vuole leggerlo. Rosina però gli dà la lista del *bucato*. Don Bartolo e il soldato *si azzuffano*. Arrivano le *guardie* ("La forza!"), che riconoscono il conte e non lo arrestano. Il conte, però, deve andare via, senza avere parlato con Rosina.

bussare	to knock	*insospettirsi*	to become suspicious
finto	fake	*bucato*	laundry
arrabbiarsi	to become angry	*azzuffarsi*	to brawl
		guardia	policeman

1. Quando il soldato gli dice che vuole occupare la sua casa, Don Bartolo _____.
   A. è contento
   B. ha paura
   C. si arrabbia

2. Rosina dà al tutore _____.
   A. il biglietto che ha scritto a Lindoro (il conte)
   B. la lista del bucato
   C. la lista della spesa

3. Quando le guardie capiscono che il soldato è il conte di Almaviva _____.
   A. lo arrestano
   B. lo accusano
   C. lo salutano

4. Don Bartolo è paralizzato per la sorpresa perché _____.
   A. le guardie arrivano tardi
   B. le guardie non arrestano l'impostore, ma lo salutano
   C. le guardie sono moltissime

⇨ Ricostruite quello che è successo ⇦

Lavorate in coppie. Rispondete alle domande facendo riferimento a quello che avete visto e letto, usando il vocabolario dei riassunti. Scrivete le risposte negli spazi appositi, e poi discutete con il resto della classe.

1. Quando riconosce Lindoro/il conte travestito da soldato, Rosina cerca di dargli un biglietto, ma non ci riesce. Come salva la situazione Rosina?

_____

_____

2. Che cosa vuole fare il conte/Lindoro con il suo *travestimento?* Ci riesce o non ci riesce? Spiegate.

_____

_____

travestimento　disguise

⁂ Immaginate e rispondete ⁂

In piccoli gruppi, leggete "Quello che è successo". Discutete, e poi scrivete le vostre risposte in "Quello che succederà". Se conoscete l'opera, raccontate ai compagni quello che sapete. Discutete le vostre previsioni con il resto della classe. Poi leggete il riassunto del secondo atto.

QUELLO CHE È SUCCESSO

Don Bartolo vuole sposare la sua pupilla, Rosina, per la sua dote. Il conte di Almaviva, innamorato di Rosina, non le dice di essere ricco e nobile, ma fa finta di essere uno studente povero (Lindoro), e cerca di conquistare il suo amore con delle serenate. Rosina gli scrive che è interessata. Figaro, il factotum della città, diventa l'intermediario fra il conte/Lindoro e Rosina, e consiglia al conte/Lindoro di travestirsi da soldato per entrare in casa di Don Bartolo e parlare con Rosina. Il conte/Lindoro lo fa, ma si azzuffa con Don Bartolo. Arrivano le guardie, e il conte/Lindoro deve andare via senza avere parlato con Rosina.

QUELLO CHE SUCCEDERÀ

_____

_____

_____

_____

_____

_____

_____

_____

_____

Prima parte del secondo atto

❧ Leggete e rispondete ❧

Leggete il riassunto della prima parte del secondo atto, prima di guardarlo. Poi rispondete alle domande che seguono, inserendo le lettere appropriate negli spazi appositi. In classe, confrontate le vostre risposte con quelle di un/una compagno/a. Se non siete d'accordo, confrontate le vostre risposte con quelle del resto della classe.

Il conte (Lindoro) bussa di nuovo alla porta: questa volta è travestito da maestro di musica, dice di chiamarsi Don Alonso e di essere il *sostituto* di Don Basilio ("Pace e gioia.... pace e gioia"). Don Bartolo è seccato ("Ho capito! Oh, ciel che noia.... basta, basta.... per pietà!") e anche sospettoso. Per conquistare la *fiducia* di Don Bartolo, il finto maestro di musica (il conte/Lindoro) gli dà il biglietto che Rosina ha scritto a Lindoro (lui stesso), dicendo che Rosina lo ha scritto al conte di Almaviva. Mentre Don Alonso (il conte/Lindoro) e Rosina fanno finta di fare lezione, Figaro entra per *fare la barba* a Don Bartolo e riesce a prendere la chiave del balcone. In quel momento arriva anche Don Basilio, che *sta per* rovinare tutto. Figaro però lo *manda via,* con la scusa che sta malissimo ("Con la febbre, Don Basilio!... Siete giallo, come un morto.... Che brutta *cera.* Vada, vada!"), e il conte gli dà dei soldi. Mentre Figaro *distrae* Don Bartolo facendogli la barba, Lindoro e Rosina *si mettono d'accordo* per *fuggire* quella stessa notte "a mezzanotte in punto". Don Bartolo però sente la parola "travestimento", capisce che lo vogliono ingannare, e si arrabbia un'altra volta ("Bravi! Bravissimi!").

sostituto	substitute	*cera*	wax; appearance
fiducia	trust	*distrarre*	to distract
fare la barba	to shave	*mettersi d'accordo*	to make a plan
stare per	to be about to	*fuggire*	to elope
mandare via	to send away		

1. Il conte/Lindoro torna travestito da _____.
   A. maestro di recitazione
   B. maestro di musica
   C. maestro di danza

2. Il conte fa finta di essere _____.

   A. un amico di Don Basilio

   B. il sostituto di Don Basilio

   C. il fratello di Don Basilio

3. Il conte/Lindoro/Don Alonso usa il biglietto di Rosina per _____.

   A. fare arrabbiare Don Bartolo

   B. conquistare la fiducia di Don Bartolo

   C. rivelare la sua identità

4. Quando arriva, Figaro _____.

   A. non coopera con nessuno

   B. coopera con Don Bartolo

   C. coopera con il finto maestro di musica

5. Don Basilio _____.

   A. capisce quello che sta succedendo, e va via contento

   B. non capisce quello che sta succedendo, ma va via contento

   C. rivela tutto quello che sta succedendo, e va via contento

6. Il conte e Figaro convincono Don Basilio a _____.

   A. fare lezione a Rosina

   B. dire che sta benissimo

   C. andare via

7. Lindoro e Rosina si mettono d'accordo per _____.

   A. dire la verità a Don Bartolo

   B. travestirsi

   C. fuggire insieme

8. Don Bartolo si arrabbia moltissimo quando _____.

   A. vede entrare Don Basilio

   B. sente la parola "travestimento"

   C. non trova le chiavi

⸬ Discutete quello che è successo ⸬

Lavorate in coppie. Oralmente, rispondete alle domande. Poi discutete con il resto della classe.

1. Il secondo travestimento funziona meglio del primo? Lindoro/il conte riesce ad *ottenere* finalmente quello che vuole? Che cosa riesce ad ottenere?

2. Che cosa succede quando il tutore capisce che il maestro l'ha ingannato? Come reagisce? Che cosa fa?

ottenere   to obtain, to get

Guardate e rispondete

Adesso guardate la prima parte del secondo atto (43 minuti circa) o parti di essa. Mentre guardate, leggete i sottotitoli. Poi fate l'esercizio che segue.

VERO O FALSO

A coppie indicate "vero" o "falso" di fianco a ciascuna affermazione. Se scegliete "falso", spiegate perché. Se non siete d'accordo, discutete con il resto della classe e giustificate le vostre opinioni.

1. Lindoro/il conte ritorna travestito da maestro di francese. _____

2. Il finto maestro di musica/Lindoro/il conte e Rosina si mettono d'accordo per fuggire insieme. _____

3. Don Basilio arriva e rovina tutto. _____

4. Figaro e il conte mandano via Don Basilio. _____

5. Rosina vuole rimanere con Don Bartolo. _____

6. Don Bartolo sente la parola "amore". _____

7. Don Bartolo alla fine si arrabbia. _____

Analizzate quello che è successo

Lavorate in coppie. Rispondete alle domande facendo riferimento a quello che avete visto e letto, e usando il vocabolario dei riassunti. Scrivete le vostre risposte negli spazi appositi, poi confrontatele con il resto della classe.

1. Con che scusa Figaro manda via Don Basilio?

_____

_____

2. Perché Rosina accetta di sposare il conte?

_____

_____

Seconda parte del secondo atto

Leggete il riassunto della seconda parte del secondo atto, prima di guardarlo. Poi rispondete alle domande che seguono, inserendo le lettere appropriate negli spazi appositi. In classe, confrontate le vostre risposte con quelle di un/una compagno/a. Se non siete d'accordo, confrontate le vostre risposte con quelle del resto della classe.

Il conte e Figaro mettono una *scala* sotto il balcone di Rosina. Don Bartolo decide di *fare vedere* a Rosina il biglietto che gli ha dato il finto maestro di musica, per *convincerla* che il suo innamorato non la ama veramente. Rosina, non sapendo che Lindoro e il conte sono la stessa persona, deduce che Lindoro vuole gettarla fra le braccia del conte di Almaviva, si arrabbia ("Traditore!... Vendetta!"), promette di sposare il tutore e gli rivela che Lindoro e Figaro arriveranno a mezzanotte. Il tutore va a chiamare le guardie. Quando arrivano Lindoro e Figaro, però, Lindoro rivela a Rosina che lui e il conte sono la stessa persona. Rosina è contentissima. Poi Figaro, Rosina e il conte cercano di fuggire senza fare *rumore* ("*Zitti*, zitti, piano piano, non facciam più confusione, per la scala del balcone, presto andiamo via di qua!"), ma la scala non c'è più, perché Don Bartolo l'ha portata via. In quel momento però arriva il *notaio*, e Lindoro e Rosina, con un *inganno*, *si sposano*.

scala	ladder	*zitto*	quiet
fare vedere	to show	*notaio*	notary public; here, justice of the peace
convincere	to convince	*inganno*	ruse, deception
rumore	noise	*sposarsi*	to get married

1. Don Bartolo dice a Rosina che il suo innamorato _____.
   A. la ama
   B. non la ama
   C. la vuole sposare

2. Rosina _____.
   A. non ci crede
   B. ci crede
   C. non sa che cosa credere

3. Rosina promette di sposare il tutore perché _____.
   A. lo ama
   B. è arrabbiata con Lindoro
   C. è stanca di dire di no

4. La scala _____.
   A. è rotta
   B. è al suo posto
   C. non c'è più

5. Il conte e Rosina _____.
   A. si separano
   B. si fidanzano
   C. si sposano

➦ Discutete quello che è successo ➥

Lavorate in coppie. Oralmente, rispondete alle domande. Poi discutete con il resto della classe.

1. Come riesce Lindoro/il conte ad ottenere finalmente quello che vuole?
2. Che cosa succede quando il tutore dice a Rosina che Lindoro l'ha ingannata? Rosina ci crede? Che cosa fa?
3. Come reagisce Rosina quando viene a sapere che Lindoro e il conte sono la stessa persona? Spiegate.

➦ Guardate e rispondete ➥

Adesso guardate la seconda parte del secondo atto (18 minuti circa) o parti di essa. Mentre guardate, leggete i sottotitoli. Poi fate l'esercizio che segue.

VERO O FALSO
A coppie indicate "vero" o "falso" di fianco a ciascuna affermazione. Se scegliete "falso", spiegate perché. Se non siete d'accordo, discutete con il resto della classe e giustificate le vostre opinioni.

1. Il conte/Lindoro entra di notte in casa di Rosina per scappare con lei. _____

2. Rosina è arrabbiata con lui. _____

3. Lindoro/il conte le rivela la sua identità. _____

4. A Rosina dispiace che Lindoro e il conte siano la stessa persona. _____

5. Gli innamorati fuggono usando una scala. _____

6. Il notaio celebra il matrimonio di Rosina con Don Bartolo. _____

7. Alla fine tutti sono felici e contenti. _____

⇄ Le vostre reazioni e le vostre opinioni ⇄

Con il resto della classe, paragonate quello che avete visto alle vostre previsioni. Poi,
individualmente, leggete le domande che seguono e scrivete le vostre risposte. Quindi
fate le domande a un/una compagno/a e scrivete le sue risposte. Infine raccontate le
vostre idee a tutta la classe.

1. Quale momento della storia ti è sembrato più divertente?

    Tu _____

    Un/una compagno/a _____

2. Chi è il personaggio più furbo e più "manipolatore"? Spiega.

    Tu _____

    Un/una compagno/a _____

3. Quale personaggio ti è sembrato più interessante? Spiega.

    Tu _____

    Un/una compagno/a _____

4. Quale personaggio ti è sembrato più comico? Spiega.

    Tu _____

    Un/una compagno/a _____

5. Quale personaggio ti piacerebbe interpretare, e perché?

    Tu _____

    Un/una compagno/a _____

3. Parole, parole, parole

⇨ Parole utili ⇦

A. Lavorate in piccoli gruppi. Inserite le forme appropriate delle parole date nelle frasi che seguono. Poi controllate con il resto della classe.

avaro
brontolone
factotum
imbroglione
sospettoso

1. Figaro è un barbiere, ma è anche il _____ della città.

2. Il tutore di Rosina non è mai contento di niente e si lamenta di tutto: è un

   _____ terribile.

3. A Don Bartolo non piace spendere soldi: è molto _____.

4. Don Bartolo non si fida di nessuno, ed è sicuro che tutti lo vogliono ingannare: è

   molto _____.

5. Don Basilio, il maestro di musica di Rosina, non è una persona onesta: è un

   _____.

   aiuto
   biglietto
   far(e) cadere
   oro
   promettere

6. Figaro _____ di aiutare il conte.

7. In cambio del suo _____ per conquistare l'amore di

   Rosina, il conte promette a Figaro dell'_____.

8. Rosina scrive un _____ per Lindoro.

9. Rosina _____ il biglietto dal balcone.

   consigliare
   fare finta di
   furbo
   travestirsi

10. Figaro pensa di essere più _____ di tutti.

11. Per entrare in casa di Rosina, il conte _____ da soldato.

12. Figaro _____ al conte di

_____ essere ubriaco.

dispiacere

fiducia

ingannare

mettersi d'accordo

riuscire a

13. Quando il conte entra in casa di Rosina travestito da soldato, Rosina

_____ dargli un biglietto.

14. Don Bartolo sa che Rosina lo vuole _____, e si arrabbia

spesso.

15. Il finto maestro di musica dà a Don Bartolo il biglietto di Rosina per conquistare la

sua _____.

16. Rosina e il finto maestro di musica (Lindoro/il conte)

_____ per fuggire insieme.

17. A Rosina non _____ che il conte e Lindoro siano la

stessa persona.

B. Completate il riassunto del *Barbiere di Siviglia* con le forme appropriate delle parole
date. Poi confrontate le vostre risposte con quelle di un/una compagno/a.

abitare

aiutare

aiuto

factotum

far(e) cadere

fare finta di

oro

promettere

rivelare

sospettoso

Il conte di Almaviva vuole conquistare l'amore di Rosina ma non vuole

_____ di essere ricco e nobile, e perciò

_____ essere uno studente povero. Rosina

_____ con il suo tutore, Don Bartolo, un vecchio

_____ di tutto e di tutti. Rosina

_____ un biglietto per il conte dal balcone. Figaro,

il barbiere e _____ della città di Siviglia,

_____ il conte a fare una serenata a Rosina. In

cambio del suo _____, il conte

_____ a Figaro dell'_____.

biglietto
consigliare
furbo
ingannare
mettersi d'accordo
mezzanotte
riuscire
sposarsi
travestirsi

Figaro allora _____ al conte di

_____ da soldato, e a Rosina di scrivere un

_____ per Lindoro/il conte. Rosina, però, è molto

_____ e lo ha già fatto. Quando entra in casa di

Rosina, il finto soldato/il conte/Lindoro non _____ a

parlare con Rosina. Poi torna travestito da maestro di musica, e

_____ con Rosina per fuggire insieme a lei a

_____. Il tutore, però, capisce che lo vogliono

_____, e si arrabbia. Alla fine, Rosina e il conte riescono

a _____.

Perché Figaro cerca di distrarre Don Bartolo in questa scena? Ci riesce?

Figura 1.3 Enzo Dara (Don Bartolo) e Pablo Elvira (Figaro) in una rappresentazione del Barbiere di Siviglia *al Metropolitan Opera*

⟿ Esplorazione linguistica ⟾

VARIAZIONI SUL TEMA

Leggete le frasi che seguono. Completatele con la forma appropriata delle parole date. Correggete con un/una compagno/a.

fiducia (nome)

fidarsi (verbo)

fidato/fiducioso (aggettivi)

Fido (nome proprio)

1. Un antico proverbio italiano dice: "_____ è bene,

   non _____ è meglio". (Usate due volte la stessa parola.)

2. Ho molti amici sinceri e _____.

3. Figaro ha molta _____ in se stesso.

4. Il cane mi guardava con occhi _____.

5. "Che bel cane! Come si chiama?" "_____."

    sospetto (nome)

    sospettare/insospettirsi (verbi)

    sospetto/sospettoso (aggettivi)

6. Mio zio non si fida di nessuno. È molto _____.

7. Quando non ha risposto alle mie telefonate, ho avuto i primi

    _____, e ho chiamato la polizia.

8. La polizia ha arrestato tutte le persone _____.

9. Il motto dell'ispettore era "Bisogna _____ di tutti."

10. Quando la mia amica non ha risposto ai miei messaggi per una settimana,

    _____ e ho telefonato a sua madre.

    accordo (nome)

    andare d'accordo/essere d'accordo/mettersi d'accordo (verbi)

    d'accordo (espressione avverbiale)

11. Io e mia sorella litighiamo spesso: noi non _____.

12. Io e Caterina dobbiamo _____ per andare al cinema stasera.

13. Dopo molte ore di negoziati, i vari capi di stato hanno finalmente raggiunto

    un _____.

14. Io non _____ con te quando dici che lui è un

    imbroglione: secondo me è una brava persona.

15. Ci vediamo alle otto per andare a cena e poi al cinema?

    _____.

PARLATE

Lavorate in coppie. Lo studente A guarda solo la sua parte e lo studente B guarda solo la sua. Tutti e due leggono la (stessa) lista di parole. Lo studente A legge le frasi 1–6 ad alta voce; lo studente B ascolta e completa le frasi corrispondenti sulla sua parte, scegliendo le parole dalla lista e inserendole nella forma appropriata. Lo studente A corregge lo studente B, se necessario, usando le risposte fra parentesi quadra. Quindi gli studenti si scambiano di ruolo: lo studente B legge le frasi 7–12 e lo studente A ascolta ogni frase o domanda, e legge la risposta corrispondente completandola con una parola della lista nella forma appropriata.

Attenzione: ascoltate e parlate solamente, non scrivete.

Esempio: La parola è "<u>brontolone</u>".

Studente A: Don Bartolo non si lamenta mai di niente, vero?

Studente B: Non è vero, è un <u>brontolone</u>!

Studente A
arrabbiarsi
avaro
biglietto
fare finta di
fiducia
furbo
imbroglione
ingannare
mettersi d'accordo
oro
sospettoso
travestirsi

1. Don Bartolo ha molta fiducia in tutti, vero?

   [Al contrario! È molto sospettoso.]

2. Il conte e Rosina riescono a comunicare?

   [Beh, si scrivono vari biglietti.]

3. Il conte trova un modo per entrare in casa di Rosina?

   [Sì, si traveste da soldato.]

4. Rosina non è molto intelligente!

   [Stai scherzando! È furba come una volpe!]

5. A Figaro piace guadagnare bene?

   [Beh, sì! Farebbe di tutto per dell'oro!]

6. Rosina e il conte riescono a parlarsi finalmente?

   [Sì! Finalmente, durante la lezione di musica, si dicono che si amano, e si mettono d'accordo per fuggire insieme.]

   Adesso, scambiatevi di ruolo: lo studente B legge le frasi 7–12, e lo studente A ascolta ogni frase o domanda, e legge la risposta corrispondente completandola con una parola della lista nella forma appropriata.

7. Ma no! Vuole solo conquistare la _____ di Don Bartolo!

8. Non direi: tutti sanno che è un _____.

9. No, per tutta l'opera _____ essere uno studente povero.

10. Per forza! _____ sempre!

11. No, è attaccatissimo ai soldi. È molto _____.

12. No, tutti lo _____ e alla fine non ottiene un bel niente.

Studente B

arrabbiarsi

avaro

biglietto

fare finta di

fiducia

furbo

imbroglione

ingannare

mettersi d'accordo

oro

sospettoso

travestirsi

1. Al contrario! È molto _____.

2. Beh, si scrivono vari _____.

3. Sì, _____ da soldato.

4. Stai scherzando! È _____ come una volpe!

5. Beh, sì! Farebbe di tutto per dell'_____!

6. Sì! Finalmente, durante la lezione di musica, si dicono che si amano, e

_____ per fuggire insieme.

    Adesso scambiatevi di ruolo: lo studente B legge le frasi o le domande 7–12, e lo studente A ascolta ogni frase o domanda, e legge la risposta corrispondente completandola con una parola della lista nella forma appropriata.

7. Il conte fa vedere il biglietto di Rosina al tutore! È completamente pazzo!

    [Ma no! Vuole solo conquistare la fiducia di Don Bartolo!]

8. Don Basilio, il maestro di musica, è onesto?

    [Non direi: tutti sanno che è un imbroglione.]

9. Il conte dice subito a Rosina che è nobile e ricco?

    [No, per tutta l'opera fa finta di essere uno studente povero.]

10. Povero Don Bartolo, ha quasi avuto un colpo apoplettico!

    [Per forza! Si arrabbia sempre!]

11. Don Bartolo è un uomo generoso?

    [No, è attaccatissimo ai soldi. È molto avaro.]

12. Povero Don Bartolo! Alla fine riesce ad ottenere quello che vuole?

[No, tutti lo ingannano e alla fine non ottiene un bel niente.]

⮞ Frasi del libretto ⮜

Le frasi nella colonna di sinistra sono tratte dal libretto del *Barbiere di Siviglia,* quelle di destra descrivono varie situazioni di vita reale. Decidete in quale situazione sarebbe possibile usare o citare *scherzosamente* le frasi del libretto e scrivete la lettera corrispondente alla situazione nello spazio apposito. Poi confrontate le vostre risposte con quelle di un/una compagno/a. Discutete con l'insegnante per stabilire quali frasi sono usate nell'italiano moderno.

scherzosamente   playfully

1. Tutti mi chiamano, tutti mi

   vogliono! _____

2. Se mi toccano dov'è il mio debole, una

   vipera sarò. _____

3. Ti amo, ti adoro! _____

4. È una volpe! _____

5. Uffa, che noia! _____

6. Presto, a letto! _____

a. Dichiari il tuo amore a qualcuno.
b. Un tuo amico ha la febbre altissima.
c. Trovi cinquanta messaggi sulla segreteria telefonica.
d. Oggi la lezione non finisce mai!
e. Lo dici di una persona molto furba.
f. Dichiari che diventerai molto cattivo/a, se ti provocano.

⮞ Ripasso di parole ⮜

A casa scrivete uno o due paragrafi su un argomento di vostra scelta usando circa quindici "parole utili" date sopra. Se volete, potete usare una o più delle seguenti frasi come ispirazione:

    —Ero innamorato/a cotto/a....
    —Avevo bisogno di soldi....
    —Il mio tutore mi sorvegliava, e allora....

_____

_____

_____

_____

_____

_____

_____

_____

_____

4. Grammatica

I verbi "conoscere" e "sapere"; il presente indicativo; il presente indicativo dei verbi riflessivi; i pronomi diretti ("lo", "la") e indiretti ("gli", "le"); il verbo "piacere"; il passato prossimo e l'imperfetto; riconoscimento del passato remoto; il presente congiuntivo; il presente indicativo e il presente congiuntivo; il presente congiuntivo con "che" e l'infinito presente con o senza "di"; il presente congiuntivo, il presente indicativo e l'infinito presente

"Conoscere" e "sapere"

Completate le seguenti frasi con il presente o l'infinito dei verbi "conoscere" e "sapere". Poi controllate le vostre risposte con un/una compagno/a.

1. Il conte vuole conoscere Rosina ma non _____ come fare.

2. Il conte, quando incontra Figaro, lo saluta perché lo

   _____ da tempo.

3. Figaro _____ bene la città di Siviglia e i suoi abitanti.

4. Il conte dice a Figaro che vuole _____ Rosina, e Figaro

   promette di aiutarlo.

5. Il conte _____ fare delle belle serenate.

6. Figaro _____ bene Don Bartolo, perché è il suo barbiere.

7. Figaro _____ che Don Bartolo è il tutore di Rosina, e lo

   dice al conte.

8. Il conte vuole _____ che tipo è il tutore di Rosina.

9. Quando Rosina _____ che Lindoro è innamorato di lei,
   gli scrive subito un biglietto.

10. Don Bartolo _____ che Rosina e Figaro lo vogliono
    ingannare, ma non riesce a fermarli.

11. Rosina non _____ che Lindoro e il conte sono la stessa
    persona.

12. Don Basilio e Don Bartolo _____ il conte di Almaviva di
    fama. _____ che è ricco e nobile e che è innamorato di
    Rosina.

⇛ Il presente indicativo ⇚

Completate un breve riassunto del *Barbiere di Siviglia* con il presente indicativo dei verbi
appropriati, scegliendo fra quelli dati. Poi confrontate le vostre risposte con quelle del
resto della classe.

abitare
chiamare
consigliare
fare
incontrare
potere
promettere
riuscire a
sorvegliare
volere (2 volte)

Il conte di Almaviva _____ conquistare l'amore di una

giovane donna che ha visto al Prado e le _____ una

serenata. Rosina, però, _____ con il suo vecchio

tutore, Don Bartolo, che la _____, e così il conte

non _____ parlare con lei. Il conte

_____ Figaro, molto soddisfatto del suo ruolo di

factotum della città: infatti, tutti lo _____ e tutti

lo _____ per risolvere mille problemi differenti.

Figaro dice al conte che lo _____ aiutare, e il conte

gli _____ dell'oro in cambio del suo aiuto. Figaro allora

gli _____ un modo per entrare in casa di Rosina.

    andare
    arrivare
    cercare di
    essere (2 volte)
    ingannare
    mettere
    rivelare
    sapere (2 volte)
    sposarsi

Poi, il conte ritorna travestito da maestro di musica. Il tutore, però,

_____ che Rosina e Figaro lo

_____ , e _____ a chiamare un

notaio per sposarsi subito con Rosina. Di notte, il conte e Figaro

_____ una scala sotto il balcone di Rosina. Rosina e

il tutore non _____ ancora che Lindoro e il conte di

Almaviva _____ la stessa persona, ma Lindoro

_____ la verità a Rosina. Rosina, il conte e Figaro

poi _____ scappare senza fare rumore, ma la scala

non c'_____ più. In quel momento, per fortuna,

_____ il notaio, e Rosina e il conte, con un inganno,

_____ .

🐍 Il presente indicativo dei verbi riflessivi 🐍

Descrivete quello che succede in vari momenti dell'opera, usando l'indicativo presente
dei verbi riflessivi dati, con significato riflessivo o reciproco. Aggiungete altre parole

quando sono necessaric. Potete usare più di un verbo per frase. Poi confrontate le vostre risposte con quelle del resto della classe.

amarsi

arrabbiarsi

chiamarsi

conoscersi

insospettirsi

piacersi

riconoscersi

salutarsi

sposarsi

travestirsi

1. Rosina e Lindoro

_____ .

2. Lindoro è un nome falso; in realtà Lindoro

_____ .

3. Il conte e Figaro

_____ .

4. Dietro consiglio di Figaro, il conte

_____ .

5. Quando Don Bartolo sente la parola "travestimento",

_____ .

⇝ I pronomi diretti ("lo", "la") e indiretti ⇜ ("gli", "le")

ESERCIZIO SCRITTO

Completate il seguente riassunto con i pronomi diretti ("lo" e "la") e indiretti ("gli" e "le"). Poi confrontate le vostre risposte con quelle del resto della classe.

Il conte di Almaviva, innamorato di Rosina, _____ fa una serenata travestito da studente povero, e _____ dice che _____ ama. Per rispondere a Lindoro, Rosina _____ scrive un biglietto, dove _____ chiede le sue intenzioni. Il tutore di Rosina, però, che vuole sposar _____ per la sua eredità, _____ sorveglia. Il conte/Lindoro incontra Figaro, _____ riconosce, e _____ dice che vuole parlare con Rosina. Figaro dice al conte che può aiutar _____, e il conte

_____ promette dell'oro in cambio del suo aiuto. Figaro allora _____

consiglia di travestirsi da soldato. Il conte riesce così a entrare in casa di Rosina. Questa

cerca di dar _____ un biglietto. Il tutore _____ vede e vorrebbe legger

_____, ma non ci riesce. Poi arrivano le guardie. Il conte/Lindoro torna dopo poco,

travestito da maestro di musica. Mentre fa finta di fare lezione a Rosina, il conte riesce

finalmente a parlar _____. Alla fine il conte e Rosina, con un inganno, si sposano.

ESERCIZIO ORALE

Lavorate in coppie. Piegate il foglio a metà. Lo studente A fa le prime cinque domande, lo studente B guarda solo la sua parte della pagina, ascolta, e risponde, inserendo "lo", "la", "gli" o "le", e coniugando i verbi al presente indicativo. Lo studente A corregge, se necessario, usando le risposte date fra parentesi quadra. Poi gli studenti si scambiano di ruolo.

Esempio:

Studente A	Studente B
Perché Lindoro fa una serenata a Rosina?	Perché _____ (amare)
[Perché la/l'ama.]	

Studente A	*Studente B*
1. Che cosa fa Figaro quando incontra il conte?	_____ (aiutare).
[Lo/l'Aiuta.]	
2. Che cosa promette il conte a Figaro?	_____ (promettere) dell'oro.
[Gli promette dell'oro.]	
3. In che modo Rosina comunica con Lindoro?	_____ (scrivere) un biglietto.
[Gli scrive un biglietto]	
4. Che cosa dice Lindoro a Rosina?	_____ (dire) che _____ (amare).
[Le dice che la ama/l'ama.]	
5. Che cosa vuole il tutore da Rosina?	_____ (volere) sposare/(Volere)
[La vuole sposare/Vuole sposarla.]	sposar _____.
Scambiatevi di ruolo.	

Studente B

6. Che cosa dà Rosina a Lindoro?

   [Gli dà un biglietto.]

7. Che cosa fa Don Bartolo, quando vede il biglietto?

   [Lo vuole leggere/Vuole leggerlo.]

8. Che cosa consiglia Figaro al conte?

   [Gli consiglia di travestirsi.]

9. Che cosa dice il tutore a Rosina?

   [Le dice che Lindoro non la/l'ama.]

10. Che cosa dice Lindoro a Rosina?

    [Le dice che il conte è lui stesso.]

Studente A

_____ (dare) un biglietto.

_____ (volere) leggere / (Volere) legger _____.

_____ (consigliare) di travestirsi.

_____ (dire) che Lindoro non _____ (amare).

_____ (dire) che il conte è lui stesso.

Figura 1.4 Il conte di Almaviva (Juan Gonzalez) travestito da soldato, Metropolitan Opera

Perché è travestito da soldato il conte in questa scena? Di chi è stata l'idea? Lindoro/ il conte riesce ad ottenere quello che vuole?

 **"Piacere"**

CON LA PREPOSIZIONE "A"

In coppie scrivete quello che piace o le cose che piacciono ai vari personaggi (il conte, il tutore, Rosina, Figaro). Scegliete due frasi per ogni personaggio. Usate la preposizione "a" (semplice o articolata) e le forme "piace" o "piacciono" del verbo "piacere". Poi confrontate le vostre risposte con il resto della classe.

Esempio: <u>A Rosina piacciono</u> le avventure

1. _____ l'oro.

2. _____ Rosina.

3. _____ l'indipendenza e l'amore.

4. _____ sapere tutto quello che fa Rosina.

5. _____ le idee di Figaro.

6. _____ Lindoro.

7. _____ sentirsi importante.

8. _____ i soldi di Rosina.

CON I PRONOMI INDIRETTI

In coppie completate le frasi che seguono utilizzando il pronome indiretto appropriato ("gli", "le"), "piace" o "piacciono" e le espressioni nella lista. Poi confrontate le vostre risposte con il resto della classe.

Esempio: risolvere i problemi

Figaro ha un grande spirito di iniziativa: <u>gli piace risolvere i problemi.</u>

Rosina

sentirsi importante

i soldi di Rosina

gli imbrogli

fare quello che vuole

tenere Rosina chiusa in casa

1. Figaro è egocentrico:

_____.

2. Il conte ha un buon motivo per ingannare Don Bartolo:

_____.

3. Don Bartolo è tirannico:

_____.

4. Rosina non è docile:

_____.

5. Don Bartolo è avaro:

_____.

6. Don Basilio è un imbroglione:

_____.

ESERCIZIO ORALE

Alzatevi e circolate per la classe. Chiedete a due o tre compagni quale personaggio gli/
le è piaciuto di più, e in quale situazione. Usate "ti"/ "mi" e il passato prossimo del
verbo "piacere" nelle domande e nelle risposte. Poi raccontate al resto della classe quello
che avete saputo, usando la preposizione "a" con il nome del/della compagno/a e "è
piaciuto/a" e il nome del personaggio; infine usate il pronome "gli" o "le" per dire in
quale situazione è piaciuto di più il personaggio al compagno/alla compagna.
Esempio:
Quale personaggio ti è piaciuto di più?
Mi è piaciuto di più Figaro.
In quale situazione?
Quando ha visto l'oro del conte.
Adesso riferite alla classe:

Ho parlato con _____.

A _____ è piaciuto di più Figaro.
Gli è piaciuto quando ha visto l'oro del conte.

	Personaggio	Situazione
Studente 1	_____	_____
Studente 2	_____	_____
Studente 3	_____	_____

⥲ Il passato prossimo e l'imperfetto ⥲

Completate il riassunto dell'ultimo atto con il passato prossimo e l'imperfetto dei verbi
fra parentesi. Poi confrontate le vostre risposte con quelle del resto della classe.

_____ (essere) notte quando

_____ (arrivare) il conte e Figaro. Rosina

_____ (essere) arrabbiata, ma il conte le

_____ (rivelare) la sua vera identità. Il conte,

Rosina e Figaro _____ (decidere) di usare la scala

per scappare, ma la scala non c'_____ (essere) più.

In quel momento _____ (entrare) il notaio per

celebrare il matrimonio fra Don Bartolo e Rosina. Figaro gli

_____ (dire) che il conte

_____ (essere) lo sposo. In quel momento

_____ (entrare) anche Don Basilio, e il conte lo

_____ (obbligare) a fare da testimone. Così il notaio

_____ (celebrare) il matrimonio tra Rosina e il

conte. _____ (arrivare) anche Don Bartolo, ma

_____ (essere) troppo tardi, e il tutore

_____ (dovere) accettare l'inevitabile.

✑ Riconoscimento del passato remoto ✑

Completate le informazioni sulla vita di Gioacchino Rossini scegliendo fra i passati
remoti dati. Poi rispondete alle domande che seguono. Infine confrontate le vostre
risposte con quelle del resto della classe.

cantò (cantare)
compose (comporre)
fu (essere)
nacque (nascere)
scrisse (scrivere)

Gioacchino Antonio Rossini _____ a Pesaro, nelle Marche,

nel 1792. Suo padre era un suonatore di *corno* dilettante e sua madre una cantante

d'opera. Rossini _____ sei sonate quando aveva dodici anni

e _____ anche in varie opere con sua madre. Durante la sua

carriera, Rossini _____ molte opere buffe, come *L'italiana in*

Algeri, La cenerentola e, naturalmente, *Il barbiere di Siviglia,* a soli ventiquattro anni. Dal

1815 al 1822 Rossini _____ direttore musicale del Teatro

San Carlo di Napoli, uno dei teatri più ricchi e prestigiosi d'Italia in quegli anni.

corno   horn

compose (comporre)
morì (morire)
si trasferì (trasferirsi)
scrisse (scrivere)
smise (smettere)
visse (vivere)

A trent'anni, Rossini era *l'indiscusso* maestro dell'opera in tutta

Europa. Anche se oggi è conosciuto soprattutto per le sue opere buffe, Rossini

_____ anche molte opere serie, come l'*Otello* (molto

meno famoso di quello di Verdi, ma considerato un capolavoro), e il *Mosè*

in Egitto. Rossini poi _____ a Parigi, dove

_____ il *Guglielmo Tell,* la sua quarantesima e ultima

opera. Nel 1829, a soli trentasette anni, Rossini _____

completamente di scrivere opere. _____ fino a settantasei

anni, e _____ vicino a Parigi, nel 1868.

1. A che *età* Rossini compose sei sonate? _____

2. A che età Rossini compose *Il barbiere di Siviglia*? _____

3. Quanti anni aveva Rossini quando smise di comporre opere? _____

4. Quanti anni aveva Rossini quando morì? _____

indiscusso   undisputed
età   age

⌘ Il presente congiuntivo ⌘

Completate con il presente congiuntivo. Controllate le vostre risposte con un/una
compagno/a.

1. Rosina pensa che Lindoro _____ (essere) uno studente

povero.

2. Il conte all'inizio crede che Rosina _____ (essere) la figlia

   di Don Bartolo.

3. Il conte ha paura che Don Bartolo _____ (sposare)

   Rosina.

4. Don Bartolo non vuole che nessuno _____ (fare) la corte

   a Rosina.

5. Il conte spera che Figaro lo _____ (aiutare) a conquistare

   l'amore di Rosina.

6. Rosina è contenta che Lindoro le _____ (cantare) una

   canzone.

7. Figaro pensa che il conte _____ (dovere) travestirsi da

   soldato.

8. Rosina è felice che Lindoro la _____ (amare).

9. Rosina spera che il suo tutore _____ (uscire) e la

   _____ (lasciare) sola in casa.

10. Il conte spera che Rosina _____ (scappare) con lui.

✑ Il presente indicativo e il presente congiuntivo ✑

Completate con il presente indicativo o il presente congiuntivo. Controllate le vostre
risposte con un/una compagno/a.

1. Figaro dice a Rosina che il conte _____ (essere) suo

   cugino.

2. Figaro non pensa che Rosina _____ (avere) un biglietto

   pronto per Rosina.

3. Rosina non vuole che Don Bartolo _____ (capire) quello

   che sta succedendo.

4. Don Bartolo ha paura che Rosina gli _____ (dire) molte

   bugie.

5. Figaro teme che il conte non _____ (avere) bisogno di lui.

6. Rosina dice a Figaro che _____ (amare) Lindoro.

7. Don Bartolo vede che Rosina _____ (avere) un biglietto in mano.

8. Don Bartolo capisce che Rosina _____ (essere) innamorata di qualcuno.

9. Il tutore spera che Rosina lo _____ (ascoltare).

10. Il tutore non vuole che Rosina _____ (stare) sul balcone.

⟫ Il presente congiuntivo con "che" e l'infinito ⟪ presente con o senza "di"

Completate con il presente congiuntivo o l'infinito presente. Controllate le vostre risposte con un/una compagno/a.

1. Rosina crede che il conte _____ (chiamarsi) Lindoro.

2. Rosina crede di _____ (essere) innamorata di un povero studente.

3. Il conte vuole _____ (essere) amato solo per se stesso.

4. Rosina vuole che Lindoro _____ (essere) suo.

5. Il tutore ha paura che Rosina _____ (sposare) un altro.

6. Il tutore vuole che Rosina _____ (stare) sempre in casa.

7. Rosina invece vuole _____ (uscire).

8. Figaro crede di _____ (essere) indispensabile.

9. Figaro ha paura che Rosina _____ (essere) più furba di lui.

10. Rosina non pensa veramente di _____ (essere) docile ed obbediente.

Il presente congiuntivo, il presente indicativo e l'infinito presente

Aggiungete "che" prima del presente indicativo o congiuntivo, e "di" o niente prima dell'infinito presente. Controllate le vostre risposte con un/una compagno/a.

1. Figaro crede _____ (essere) un genio.

2. Figaro dice _____ (Rosina/essere) una volpe.

3. Rosina pensa _____ (essere) fortunata.

4. Don Bartolo crede _____ (il conte/essere) un soldato.

Sills è stata direttrice del New York City Opera dal 1979 al 1989, e in seguito presidente del Lincoln Center di New York. All'apice della sua carriera, negli anni settanta, Sills diede un'interpretazione indimenticabile di Rosina.

Figura 1.5 Beverly Sills

5. Figaro sa _____ (Don Basilio/essere) un imbroglione.

6. Figaro dice _____ (Lindoro/essere) un suo cugino povero.

7. Don Bartolo spera _____ (Rosina/fare) quello che dice lui.

8. Rosina spera _____ (Lindoro/avere) intenzioni serie.

9. Rosina pensa _____ (Don Bartolo/essere) uno sciocco.

10. Tutti dicono _____ (*Il barbiere di Siviglia*/essere) un capolavoro.

5. I personaggi in carne ed ossa

Intervistate i personaggi

A. In classe, dividetevi in "personaggi" e "intervistatori".

Personaggi: A casa, preparate un monologo di un minuto o due su di voi. Dite come siete fisicamente, che cosa fate, qual è la vostra condizione sociale ed economica, quali sono i vostri problemi sentimentali e psicologici, i vostri desideri, i vostri ideali, le vostre ambizioni, e le vostre speranze.

Intervistatori: A casa, preparate due o tre domande da fare ai vari personaggi sulla loro vita, sui loro rapporti con gli altri e sulle loro motivazioni. Per esempio, potete chiedere a Figaro: "Perché ti piace aiutare la gente?" E a Rosina: "Odi il tuo tutore?"

B. Il giorno dell'intervista, i personaggi si siedono a semicerchio davanti agli intervistatori e recitano i loro monologhi. Gli intervistatori fanno le domande, e i personaggi rispondono improvvisando.

Scrittura breve

Nello spazio apposito nella pagina che segue scrivete uno o due paragrafi su uno dei seguenti argomenti.

1. Scrivete una pagina del diario di uno dei personaggi usando alcune delle informazioni che avete sentito nell'intervista.

2. Scrivete un biglietto (di Rosina a Lindoro, o viceversa) usando alcune delle informazioni che avete sentito nell'intervista.

3. Scrivete un dialogo fra due personaggi.

6. Famose arie e duetti

Una voce poco fa (Primo atto)

Rosina è innamorata di Lindoro e in quest'aria dichiara che riuscirà ad averlo a tutti i costi.

Figura 1.6 Frederika Von Stade, nel ruolo di Rosina, mentre canta "Una voce poco fa" al Metropolitan Opera

⤻ Ascoltate le parole 🎧 🎥 ⤸

Lavorate in coppie. Leggete il testo dell'aria e riempite gli spazi vuoti con il futuro indicativo dei verbi dati fra parentesi. Se necessario, leggete la traduzione nell'Appendice. Poi, con un/una compagno/a correggete quello che avete scritto. Infine ascoltate l'aria e correggete di nuovo.

Una voce poco fa

qui nel cor mi risuonò!

Il mio cor ferito è già,

e Lindor fu che il piagò.

Sì, Lindoro mio _____ (essere)!

Lo giurai, la _____ (io/vincere)!

Il tutor _____ (ricusare),

io l'ingegno _____ (aguzzare).

Alla fin _____ (lui/acchetarsi),

e contenta io _____ (restare).

Sì, Lindoro mio _____ (essere)!

Lo giurai, la _____ (io/vincere)!

Io sono docile,

son rispettosa,

son ubbidiente,

dolce, amorosa.

Mi lascio reggere,

mi fo guidar.

ma se mi toccano

dov'è il mio debole,

_____ (io/essere) una vipera,

_____ (io/essere),

e cento trappole,

prima di cedere,

_____ (io/fare) giocar,

e cento trappole

_____ (io/fare) giocar,

e cento trappole,

prima di cedere,

_____ (io/fare) giocar,

e cento trappole

_____ (io/fare) giocar,

_____ (io/fare) giocar,

_____ (io/fare) giocar,

_____ (io/fare) giocar.

⇥ Parlate dell'aria ⇤

A. Leggete di nuovo le parole dell'aria. Poi, a coppie, leggete le frasi che seguono e completatele correttamente. Infine discutete le vostre scelte con il resto della classe.

1. Nell'aria Rosina dice che _____.
   A. sarà di Lindoro
   B. non sarà di nessuno
   C. Lindoro sarà suo

2. Rosina dice di essere _____.
   A. debole
   B. rispettosa
   C. sospettosa

3. Rosina in realtà è _____.
   A. docile e rispettosa
   B. furba e determinata
   C. sciocca e paurosa

4. Il punto debole di Rosina è _____.
   A. la paura delle vipere
   B. la paura del tutore
   C. l'amore per Lindoro

B. Guardate la foto (figura 1.6). Scrivete una o più frasi per riassumere il contenuto dell'aria. Scambiatevi i riassunti con un/una compagno/a e discuteteli.

_____

_____

_____

_____

_____

_____

_____

7. Attività di esplorazione

➔ Discussione ➔

L'OPERA

Lavorate in piccoli gruppi. Oralmente, rispondete alle domande. Poi discutete le vostre idee con il resto della classe.

1. Il motivo dell'inganno è fondamentale nel *Barbiere di Siviglia*. Chi inganna chi, e per quale motivo? Quali situazioni comiche ne derivano?

2. Che ruolo gioca il denaro nelle azioni dei personaggi?

3. Che rapporto ha Rosina con lo "status" sociale? Le interessa? Spiegate.

4. Rosina non è veramente innamorata del conte, ma vuole solamente liberarsi dal tutore. Siete d'accordo con questa affermazione? Spiegate.

5. La rappresentazione dei rapporti fra i sessi in quest'opera vi sembra realistica, per il secolo in cui l'opera è ambientata? Spiegate.

6. Quali abilità devono avere gli interpreti di questa opera? Spiegate.

L'UMORISMO E L'OPERA

Figura 1.7 Buddy Operas

Guardate la vignetta. Sapete cosa sono i "buddy movies"? Ne conoscete qualcuno? Chi sono i "buddies" nel Barbiere di Siviglia?

Figura 1.8 Maria Donaldi (sinistra) e Cindy Aaronson, membri del coro del Metropolitan Opera di New York, in costume da formica

GLI APPASSIONATI D'OPERA

Lavorate in coppie. Guardate la foto (figura 1.8), e leggete il dialogo. Poi rispondete alle domande, scrivendo le risposte negli spazi appositi. Infine discutete con il resto della classe.

Intervistatrice: Ci può dire qualcosa sul Suo costume?

Maria Donaldi: Certo. È stato disegnato da Maurice Sendak per *The Cunning Little Vixen*, l'opera di Janacek dove io interpretavo una delle *formiche* comuniste.

Intervistatrice: Cantava in cecoslovacco?

Donaldi: No. Era una produzione del City Opera, che mette in scena molte opere in inglese.

Intervistatrice: Ma di solito Lei canta in molte lingue, no?

Donaldi: Sì! In tedesco, in francese, in russo e qualche volta anche in inglese. Ho cantato anche in latino. Ma più che altro in italiano.

Intervistatrice: Come ha imparato l'italiano?

Donaldi: Beh, ho preso lezioni di canto, l'ho studiato in college.... ma l'ho imparato sul serio solo quando ho avuto una storia d'amore con un italiano!

formica   ant

1. Quali sono i modi migliori per imparare l'italiano, secondo voi?

_____

_____

_____

2. Avete mai recitato, cantato o ballato? Quando e dove? È stata un'esperienza positiva? Perché sì, perché no? Potete raccontare qualcosa della vostra esperienza?

_____

_____

_____

⇾ Composizione ⇽

A casa scegliete uno dei seguenti temi. Usate le idee, il lessico, e la grammatica che avete imparato. Scrivete la composizione su un foglio a parte.
1. Scegliete un personaggio (per esempio, Rosina, Figaro o Don Bartolo), descrivetelo e analizzatelo.
2. Descrivete due personaggi e il loro rapporto.
3. Scegliete uno dei temi principali dell'opera (come l'inganno, il matrimonio obbligato, la furbizia, lo spirito di iniziativa, le relazioni tra le classi sociali, le relazioni fra i sessi, ecc.) e spiegate come viene trattato, facendo riferimento a momenti specifici dell'opera. Se vi sembra utile, fate riferimento ad altre opere liriche, letterarie o cinematografiche che conoscete.

⇾ Ricerca ⇽

Lavorate in coppie. Scegliete uno dei seguenti progetti. Fate ricerca fuori dalla classe e poi preparate una presentazione orale per la classe. Potete fare la ricerca in italiano o in inglese, ma la presentazione deve essere fatta in italiano.

PROGETTO UNO: LETTURA

Scegliete una delle seguenti domande oppure formulate voi una domanda interessante. Fate ricerca sull'internet. Potete consultare un indirizzo (www.operabase.com o www.lascala.milano.it), usando una parola chiave (opera, *Barbiere di Siviglia*, Rossini, ecc.), oppure fare ricerca in biblioteca. Usate fonti in lingua italiana quando è possibile.

1. In quali teatri sono state rappresentate opere di Rossini quest'anno? Con quali cantanti?
2. Cercate informazioni sulla vita di Rossini. Quali sono le sue opere più famose? Che cosa ha fatto Rossini quando ha smesso di comporre opere?
3. Cercate il riassunto dell'opera di Mozart, *Le nozze di Figaro*. Analizzate la trama e confrontatela con quella del *Barbiere di Siviglia*.

PROGETTO DUE: INTERVISTA

Intervistate due o tre appassionati di opera. Scrivete le loro risposte su un foglio a parte. Presentate i risultati alla classe.

1. Che cosa pensa/i dell'opera in generale?
2. Quale è la Sua/tua opera preferita?
3. Che cosa pensa/i del *Barbiere di Siviglia*?
4. Formulate voi una o due domande a scelta.

PROGETTO TRE: AL CINEMA O A TEATRO

Scegliete uno dei progetti che seguono. Presentate i risultati alla classe.

1. Guardate un'altra produzione del *Barbiere di Siviglia* a teatro, oppure su video. Commentate le differenze fra le due versioni. Dite quale vi è piaciuta di più, e perché.
2. Guardate il film *Breaking Away* (1979), diretto da Peter Yates e vincitore di un Academy Award. Il protagonista Dave Stoller, un ragazzo diciottenne nato e cresciuto a Bloomington, in Indiana, è appassionato di bicicletta. Quando scopre che i ciclisti più bravi sono italiani, Dave decide di diventare italiano: canta delle arie (per esempio, "Largo al factotum", l'aria di Figaro del *Barbiere di Siviglia*), chiama il suo gatto "Fellini", ecc. Che significato ha la cultura italiana per il protagonista? E per la sua ragazza? E per i suoi genitori? Quali aspetti della cultura italiana sono rappresentati in modo stereotipato nel film? Quali in modo meno convenzionale? Che tipo di reazione potrebbe avere a questo film il pubblico italiano, secondo voi? Qual è il vostro giudizio sul film?

UNITÀ

2

La bohème
Musica di Giacomo Puccini (1858–1924)
Libretto di Giuseppe Giacosa e Luigi Illica

1. Presentazione dell'opera

Quello che sapete già

Leggete le domande che seguono. Rispondete con un / una compagno/a. Poi discutete con il resto della classe.

A. Guardate la foto (figura 2.1): un poeta, un pittore, un filosofo, un musicista, e la loro vicina di casa, Mimì, sono al caffè Momus, nel Quartiere latino di Parigi, frequentato da studenti e da artisti poveri, intorno al 1830. Che cosa stanno facendo i protagonisti?

B. I protagonisti della *Bohème* frequentano il caffè Momus, dove passano il tempo bevendo, mangiando, parlando dei loro sogni, dell'arte e della vita. A voi piacciono i caffè? Qual è il vostro caffè preferito, nella vostra città, o in una città che avete visitato? Com'è? Potete descriverlo? Che cosa vi piace fare, quando siete a un caffè?

Il contesto

L'insegnante vi farà una mini-conferenza sulla *Bohème*. Mentre ascoltate, prendete appunti e interrompete l'insegnante quando non capite (potete usare espressioni come

Figura 2.1 Il cast della Bohème *in una produzione del Metropolitan Opera: (da sinistra) Dwayne Croft, Marcello Giordani, Hei-Kyung Hong, Eduardo Del Campo, Stefano Palatchi*

"Non ho capito", "Cosa vuol dire?", "Può ripetere?", ecc.). Poi, a coppie, usando i vostri appunti, rispondete alle domande di comprensione, inserendo le lettere appropriate negli spazi appositi. Quindi discutete le vostre risposte con il resto della classe. Infine controllate il testo che segue le domande.

DOMANDE DI COMPRENSIONE

I temi

1. *La bohème* rappresenta la vita di artisti _____.
   A. ricchi e famosi
   B. borghesi e conformisti
   C. poveri e anticonformisti

Le fonti

2. Murger è _____ .
   A. un personaggio dell'opera *La bohème*
   B. il compositore dell'opera *La bohème*
   C. l'autore del romanzo *Scènes de la bohème*

La fortuna

3. *La bohème* inizialmente _____ .
   A. ha molto successo in Italia, ma non in America
   B. non ha successo né in Italia né in America
   C. ha molto successo in Italia e anche in America

L'ambientazione e la storia

4. I protagonisti della *Bohème* vivono nel Quartiere latino _____ .
   A. di Parigi
   B. di Roma
   C. di Londra

MINI-CONFERENZA

I temi

ll tema principale dell'opera è la vita di giovani artisti poveri e ribelli al conformismo della vita borghese. Altri temi importanti sono la solidarietà, l'amicizia, l'amore e lo spirito necessario per vivere la vita della bohème.

Le fonti

Puccini, per la sua opera *La bohème,* si ispira al romanzo *Scènes de la bohème,* di Henri Murger, uno scrittore francese molto povero che ha veramente vissuto la vita della bohème nei caffè di Parigi, con altri artisti poveri. Per ironia, Murger diventerà poi ricco e famosissimo grazie all'enorme successo del suo romanzo.

La fortuna

La bohème viene rappresentata per la prima volta a Torino nel 1896, e poi, l'anno seguente, a Los Angeles e a New York. All'inizio *La bohème* non ha successo, né in Italia né in America, forse perché rappresenta scene di povertà urbana e personaggi comuni. In breve, però, *La bohème* diventa una delle opere più amate dal pubblico e più rappresentate nel mondo.

L'ambientazione e la storia

L'opera è ambientata nel 1830 circa, a Parigi. I primi tre atti si svolgono in inverno: i quattro amici protagonisti della storia hanno sempre freddo, ma ridono e pensano alla primavera. Mimì, la loro vicino di casa, è malata. Nel quarto atto arriva la primavera, ma non porta speranza.

I PERSONAGGI IN ORDINE DI IMPORTANZA

Rodolfo, un poeta	Tenore
Mimì, una ricamatrice	Soprano
Marcello, un pittore	Baritono
Musetta, una cantante	Soprano
Schaunard, un musicista	Baritono
Colline, un filosofo	Basso
Alcindoro, un ammiratore di Musetta	Basso
Benoit, il padrone di casa	Basso

2. La trama

Primo atto

Guardate e rispondete

Guardate tutto il primo atto (36 minuti circa). Mentre guardate, leggete i sottotitoli. Poi fate l'esercizio che segue.

LA CRONOLOGIA

A coppie, leggete le frasi che seguono. Mettete gli eventi in ordine cronologico, scrivendo il numero corrispondente nello spazio vuoto di fianco ad ogni frase. Poi confrontate le vostre risposte con quelle del resto della classe.

_____ Rodolfo rimane solo in casa per finire di scrivere un articolo, quando la sua graziosa *vicina*, Mimì, *bussa* alla porta per chiedere di *accendere* una *candela*.

_____ Per *riscaldarsi*, gli amici *bruciano* il dramma di Rodolfo.

____1____ Fa freddo nella *soffitta* dove abitano i quattro amici.

_____ Rodolfo e Mimì si dichiarano il loro amore ed escono insieme.

_____ Quando il *padrone di casa* esce, tre degli amici vanno al caffè Momus.

_____ Arriva il padrone di casa per *riscuotere* i soldi dell'*affitto,* ma gli amici lo *mandano via.*

_____ Mimì è molto *pallida* e *tossisce.* Rodolfo *riscalda* la sua *manina* e le racconta di sé.

_____ In risposta, Mimì parla di sé, del suo lavoro e della primavera.

_____ Schaunard convince gli amici ad andare a mangiare nel Quartiere latino.

vicino	neighbor	*riscuotere*	to collect
bussare	to knock	*affitto*	rent
accendere	to light	*mandare via*	to send away
candela	candle	*pallido*	pale
riscaldarsi	to warm (oneself) up	*tossire*	to cough
bruciare	to burn	*riscaldare*	to warm up
soffitta	attic	*manina*	little hand
padrone di casa	landlord		

⁂ Descrivete i personaggi ⁂

Lavorate in coppie. Rispondete alle domande facendo riferimento a quello che avete visto e scrivendo le risposte negli spazi appositi. Poi discutete con il resto della classe, giustificando le vostre opinioni.

1. Che cosa fanno i quattro amici nella vita? Vivono in una bella casa? Sono ricchi o poveri? Sono artisti di successo? Spiegate.

   _____

   _____

2. Com'è Mimì? Dove vive? È ricca o povera? È *timida* o *sfacciata?* Spiegate.

   _____

   _____

3. Perché Mimì bussa alla porta di Rodolfo?

   _____

   _____

timido	timid
sfacciato	bold

⊰ Ripassate la trama ⊱

Leggete il riassunto del primo atto, e poi rispondete alle domande sulla trama, inserendo le lettere appropriate negli spazi appositi. In classe, confrontate le vostre risposte con quelle di un/una compagno/a. Se non siete d'accordo, confrontatele con quelle del resto della classe.

Tre amici, il poeta Rodolfo, il pittore Marcello, e il filosofo Colline *scherzano* sul fatto che, nella loro soffitta, fa un "*freddo cane*" e "*si muore di fame*". Per non *gelare* e per riscaldare la stanza, Rodolfo decide *allegramente* di bruciare uno dei suoi drammi. Intanto arriva il quarto amico, il *compositore* Schaunard, con della *legna*, dei sigari, del cibo, del buon vino ("Bordeaux!") e dei soldi che *ha guadagnato inaspettatamente*. Gli amici vorrebbero mangiare in casa, ma Schaunard gli ricorda che è la *vigilia di Natale*, e li convince ad andare nel Quartiere latino, pieno di ragazze e di studenti. In quel momento arriva il padrone di casa per riscuotere i soldi dell'affitto. I quattro amici lo fanno bere, e questo confessa di avere delle avventure extramatrimoniali. Allora gli amici *fingono di* essere scandalizzati, si divertono *alle sue spalle* e lo mandano via senza pagare l'affitto. Mentre gli altri escono, Rodolfo decide di rimanere in casa per finire di scrivere un articolo.

scherzare	to joke	*legna*	wood
freddo cane	bitter cold	*guadagnare*	to earn
morire di fame	to starve	*inaspettatamente*	unexpectedly
gelare	to freeze	*vigilia di Natale*	Christmas Eve
allegramente	cheerfully	*fingere di*	to pretend
compositore	composer	*alle sue spalle*	behind his back

1. Gli amici vivono in condizioni _____.
   A. di ricchezza e di *allegria*
   B. di povertà e di allegria
   C. di povertà e di *tristezza*

2. I tre amici _____.
   A. sono depressi
   B. *si lamentano*
   C. scherzano e si divertono

3. Per riscaldare la stanza _____.
   A. Marcello brucia un quadro
   B. Schaunard brucia uno spartito di musica
   C. Rodolfo brucia un dramma

4. Schaunard fa ai suoi amici _____ .
   A. una bella sorpresa
   B. una brutta sorpresa
   C. una scenata

5. Schaunard vuole uscire per andare a mangiare al Quartiere latino perché _____ .
   A. è un posto tranquillo
   B. è un posto pieno di vita e di gente
   C. in casa non c'è niente da mangiare

6. Il padrone di casa arriva per _____ .
   A. mandare via gli amici
   B. riscuotere i soldi dell'affitto
   C. parlare delle sue avventure

7. Gli amici mandano via il padrone di casa _____ .
   A. con l'affitto
   B. senza l'affitto
   C. con una candela

8. I tre amici escono, mentre Rodolfo rimane in casa perché vuole _____ .
   A. stare in casa da solo tutta la sera
   B. aspettare la sua vicina
   C. finire di scrivere un articolo

allegria	merriment	*lamentarsi*	to complain
tristezza	sadness		

In quel momento, bussa timidamente qualcuno. È Mimì, la vicina di Rodolfo, che cerca un po' di *fuoco* per accendere la sua candela che *si è spenta* ("Di grazia, mi s'è spento il lume!"). Mimì si sente male e tossisce, e Rodolfo le offre un po' di vino. Mimì sta per andare via, quando *si accorge di* avere perso la *chiave* della sua stanza ("Dove l'ho lasciata?"). In quel momento la candela di Mimì e quella di Rodolfo si spengono, e i due rimangono completamente al buio ("*buio pesto!*"). Rodolfo cerca la chiave di Mimì, e la trova, ma la *nasconde*. Mentre finge di cercare la chiave, Rodolfo prende la piccola mano di Mimì fra le sue ("Che *gelida* manina, se la lasci riscaldare!"), dicendo che la chiave "al buio non si trova" e aggiungendo "ma per fortuna è una *notte di luna* e qui la luna l'abbiamo vicina".

fuoco	fire	*buio pesto*	the pitch black
spegnersi	to blow out	*nascondere*	to hide
accorgersi di	to realize	*gelido*	ice cold
chiave	key	*notte di luna*	moonlit night

9. Mimì bussa alla porta della soffitta di Rodolfo perché _____.

   A. vuole conoscere Rodolfo

   B. le si è spenta la candela

   C. vuole un po' di vino

10. Mimì vuole andare via ma non trova _____.

   A. la candela

   B. la chiave di casa

   C. la porta

11. Rodolfo _____.

   A. non trova la chiave di Mimì

   B. trova la chiave di Mimì e gliela dà

   C. trova la chiave di Mimì ma non gliela dà

12. La mano di Mimì è _____.

   A. grande e calda

   B. piccola e fredda

   C. piccola e calda

Rodolfo è conquistato dalla grazia di Mimì, e le racconta chi è e che cosa fa ("Le dirò con due parole chi son, e che faccio. Come vivo. Vuole?"). Rodolfo è un poeta, povero ma ricco di sogni ("L'anima ho *milionaria!*"). Poi, Rodolfo chiede a Mimì chi è lei. Questa gli risponde: "Mi chiamano Mimì, ma il mio nome è Lucia. Mi chiamano Mimì, il perché non so". Quindi racconta che vive anche lei vicino ai *tetti*, che *ricama* fiori di *seta*, che è felice della sua modesta vita, e che le piacciono "quelle cose.... che parlano d'amor, di primavere,... quelle cose che han[no] nome poesia". Intanto gli amici chiamano Rodolfo dalla strada insultandolo *scherzosamente* ("*Lumaca.... poetucolo!*"). Rodolfo annuncia: "Non son solo. Siamo in due. Andate da Momus, *tenete il posto*". Rodolfo *bacia* Mimì e vorrebbe restare con lei in casa ("Sarebbe così dolce restar qui. C'è freddo fuori"). Mimì invece vuole accompagnarlo fuori, e gli promette: "Vi starò vicina". Rodolfo le chiede cosa *succederà* al ritorno, e Mimì gli risponde: "Curioso!" I due escono dicendo che si amano ("Io t'amo".... "Amor!").

milionario	millionaire	*lumaca*	snail; slow person
tetto	roof	*poetucolo*	worthless poet
ricamare	to embroider	*tenere il posto*	to hold a place (seat)
seta	silk	*baciare*	to kiss
scherzosamente	playfully	*succedere*	to happen

13. Rodolfo e Mimì si raccontano _____.

    A. chi sono e che cosa fanno

    B. quanti anni hanno

    C. chi sono i loro genitori

14. Rodolfo dice a Mimì che _____.

    A. è stanco della sua vita povera

    B. è povero di soldi, ma ricchissimo di sogni

    C. è un milionario

15. Rodolfo e Mimì _____.

    A. rimangono in casa da soli

    B. litigano

    C. escono insieme

Pensate all'atto

Lavorate in coppie. Negli esercizi che seguono rispondete alle domande facendo riferimento a quello che avete visto e letto, e usando il vocabolario dei riassunti. Scrivete le risposte negli spazi appositi e poi discutete le vostre risposte con il resto della classe.

RICOSTRUITE QUELLO CHE È SUCCESSO

1. Che cosa stanno facendo gli amici quando arriva Schaunard nella soffitta?

_____

_____

_____

2. Che cosa porta Schaunard?

_____

_____

_____

3. Chi, dei quattro amici, rimane in casa da solo, e che cosa gli succede?

_____

_____

_____

ANALIZZATE LE MOTIVAZIONI DEI PERSONAGGI

1. Perché escono gli amici? Chi li convince a uscire?

_____

_____

_____

2. Perché Rodolfo decide di rimanere in casa, quando i suoi amici escono?

_____

_____

_____

3. Perché Mimì bussa alla porta della soffitta di Rodolfo? Che cosa le è successo?

_____

_____

_____

4. Perché Rodolfo *fa finta di* non avere trovato la chiave di Mimì?

_____

_____

_____

fare finta di   to pretend

ANALIZZATE I RAPPORTI FRA I PERSONAGGI

1. Quali *valori* hanno in comune i quattro amici? Su che cosa è basata la loro amicizia? L'arte, la richezza, la *solidarietà*, il *conformismo*, il coraggio? Spiegate.

_____

_____

2. Rodolfo e Mimì sono *adatti* l'uno all'altra? Perché sì o perché no? Spiegate.

_____

_____

| *valore* | value | *conformismo* | conformity |
| *solidarietà* | solidarity | *adatto* | suitable |

Secondo atto

Quali sono gli aspetti piacevoli della vita del caffè? Ci sono delle differenze fra i caffè americani e quelli europei? Le conoscete? Spiegate.

Figura 2.2 Cafe Momus

⌘ Leggete e rispondete ⌘

Leggete il riassunto del secondo atto, prima di guardarlo. Poi rispondete alle domande che seguono, inserendo le lettere appropriate negli spazi appositi. In classe, confrontate le vostre risposte con quelle di un / una compagno/a. Se non siete d'accordo, confrontate le vostre risposte con quelle del resto della classe.

È la vigilia di Natale, e le strade di Parigi sono piene di gente, di venditori ("aranci.... datteri.... marroni.... caramelle.... torroni.... panna montata"), di *rumore* e di movimento. Rodolfo compra una *cuffietta* rosa per Mimì. Poi la presenta ("Questa è Mimì, *gaia fioraia*") ai suoi amici, che sono seduti *all'aperto* al caffè Momus, e stanno *chiacchierando*. Intanto arriva anche Musetta, con un anziano *ammiratore*. Quando Musetta vede Marcello, decide di sedersi anche lei all'aperto, vicino al suo tavolo, per attrarre la sua attenzione. Mimì, curiosa, chiede a Rodolfo: "La conosci? Chi è?", e Marcello risponde:

"Domandatelo a me. Il suo nome è Musetta; cognome: Tentazione.... come la *civetta* è uccello *sanguinario*: il suo cibo ordinario è il cuore! Mangia il cuore! Per questo io non ne ho più!" Marcello è geloso e agitato ("Legatemi alla sedia!"), ma fa finta di essere indifferente. Mentre gli amici guardano divertiti ("La commedia è stupenda!"), Musetta manda via il suo ammiratore con la scusa di una scarpa *stretta* ("Ne voglio un altro paio.... Maledetta scarpa stretta!"), e *fa la pace* con Marcello ("Marcello!"... "Sirena!") Intanto arriva il conto ("Così presto? Chi l'ha richiesto?"), ma gli amici non hanno soldi per pagarlo. Allora Musetta lo lascia da pagare al suo ammiratore ("Paga il signor che stava qui con me!"), e *se ne va* trionfalmente con gli amici.

dattero	date (fruit)	*all'aperto*	outdoors
marrone	chestnut	*chiacchierare*	to chat
caramella	candy	*ammiratore*	admirer
torrone	candy	*civetta*	little owl; here, flirt, coquette
panna montata	whipped cream	*sanguinario*	bloodthirsty
rumore	noise	*stretto*	tight
cuffietta	bonnet	*fare la pace*	to make up
gaio	merry	*andarsene*	to leave

1. Le strade del Quartiere latino di Parigi, la vigilia di Natale, sono _____.
   A. silenziose
   B. deserte
   C. piene di gente e di movimento

2. Musetta è _____.
   A. ricca
   B. provocante
   C. timida

3. Quando se ne vanno, gli amici _____.
   A. pagano il conto
   B. lasciano il conto da pagare
   C. litigano

⚘ Discutete quello che è successo ⚘

Lavorate in coppie. Oralmente, rispondete alle domande. Poi discutete con il resto della classe.
1. Che atmosfera c'è nelle strade del Quartiere latino?
2. In che stato d'animo sono gli amici al caffè?

3. Che cosa succede quando arriva Musetta?

4. Che cosa piace fare a Musetta?

Guardate e rispondete

Adesso guardate il secondo atto (28 minuti circa), o parti di esso. Mentre guardate, leggete i sottotitoli. Poi, a coppie, fate l'esercizio che segue.

LA CRONOLOGIA

A coppie, leggete le frasi che seguono. Mettete gli eventi in ordine cronologico, scrivendo il numero corrispondente nello spazio vuoto di fianco ad ogni frase. Poi confrontate le vostre risposte con quelle del resto della classe.

_____ Arriva Musetta con un accompagnatore.

_____ Marcello è agitato.

_____ Gli amici non hanno i soldi per pagare il conto.

_____ Arriva Rodolfo e presenta Mimì ai suoi amici.

_____ Musetta insiste per sedersi all'aperto.

____1____ Gli amici sono seduti al caffè all'aperto.

_____ Gli amici lasciano il loro conto da pagare ad Alcinoro.

_____ Rodolfo compra un cappellino a Mimì.

_____ Musetta e Marcello fanno la pace.

Analizzate quello che è successo

Lavorate in coppie. Rispondete alle domande facendo riferimento a quello che avete visto e letto, e usando il vocabolario dei riassunti. Scrivete le vostre risposte negli spazi appositi, poi confrontatele con il resto della classe.

1. Come *reagisce* Marcello all'arrivo di Musetta? È contento di vederla, arrabbiato, rilassato, teso, geloso? Spiegate.

_____

_____

2. Com'è Musetta? Analizzate il suo temperamento: È modesta, silenziosa, riservata, provocante, civetta, narcisista? Che cosa le dà più piacere? Discutete le seguenti possibilità, e giustificate la vostra risposta.

A. Essere amata da Marcello.

B. Fare ingelosire Marcello.

C. Essere corteggiata dal vecchio corteggiatore.

D. Essere desiderata quando cammina per la strada.

_____

_____

3. Quali aspetti hanno in comune i vari personaggi, e in che modo sono diversi fra di loro? Paragonate Mimì e Musetta, e Rodolfo e Marcello.

_____

_____

reagire   to react

Terzo atto

❧ Leggete e rispondete ❧

Leggete il riassunto del terzo atto, prima di guardarlo. Poi rispondete alle domande che seguono, inserendo le lettere appropriate negli spazi appositi. In classe, confrontate le vostre risposte con quelle di un / una compagno/a. Se non siete d'accordo, confrontate le vostre risposte con quelle del resto della classe.

È l'*alba* di un freddo giorno di febbraio, e *sta nevicando*. Mimì va a cercare Marcello in un cabaret dove lavora come pittore, per parlargli dei suoi problemi amorosi con Rodolfo ("Oh, buon Marcello, aiuto, aiuto!"). Gli dice che Rodolfo la tormenta con la sua *gelosia*, che la vita con lui è impossibile, e che deve lasciarlo. Poi arriva Rodolfo, e Mimì si nasconde. Anche lui parla con Marcello dei suoi problemi con Mimì. Prima gli dice che vuole lasciarla ("Io voglio *separarmi* da Mimì") perché è stanco di lei; poi confessa che è geloso perché Mimì *fa la civetta* con tutti; infine gli rivela: "Amo Mimì sopra ogni cosa al mondo. Io l'amo, ma ho paura! Mimì e tanto malata!... La povera piccina è *condannata*". Rodolfo dice infatti che Mimì ha una *tosse* terribile e non ha speranza di *guarire*, e che lui può offrirle solo una soffitta *squallida* e fredda ("Mimì di *serra* è fiore. Povertà l'*ha sfiorita*. Per richiamarla in vita non basta amor!"). Quando Mimì capisce di essere *gravemente* malata, si dispera ("Ahimè, morir!"), e accetta di lasciare

Rodolfo ("Addio senza *rancore*"), dicendogli di tenere la cuffietta rosa come ricordo del loro amore. Rodolfo si dispera ("Addio, sogni d'amore!"), e i due allora decidono che lasciarsi d'inverno è troppo triste ("Soli d'inverno è cosa da morire!"), e che è meglio aspettare fino alla primavera, quando "c'è compagno il sol!" Intanto Marcello *litiga* con Musetta, perché questa fa la civetta con un altro, e i due si insultano ("Io detesto quegli amanti che la fanno da.... mariti!" "Vana, frivola, civetta.... Vipera!" *"Rospo!" "Strega!"*). Intanto Rodolfo e Mimì ripetono: "Ci lasceremo alla stagion dei fior!"

alba	dawn	*squallido*	drab
nevicare	to snow	*serra*	hothouse
gelosia	jealousy	*sfiorire*	to wither
separarsi	to separate (from each other)	*gravemente*	seriously
fare la civetta	to flirt shamelessly	*rancore*	grudge
condannato	condemned	*litigare*	quarrel
tosse	cough	*rospo*	toad
guarire	to be cured	*strega*	witch

1. Mimì dice che vuole lasciare Rodolfo perché _____.
   A. non lo ama più
   B. è troppo geloso
   C. lui ha un'altra amante

2. Rodolfo dice a Marcello che la vera ragione per cui vuole lasciare Mimì è che _____.
   A. è una civetta
   B. è troppo gelosa
   C. è molto malata

3. Mimì sente quello che dice Rodolfo e _____.
   A. non ci crede
   B. si dispera
   C. si arrabbia

4. Rodolfo e Mimì decidono di _____.
   A. non lasciarsi mai più
   B. lasciarsi subito
   C. lasciarsi in primavera

5. Musetta e Marcello _____.
   A. vanno d'amore e d'accordo
   B. litigano
   C. non si parlano

Perché Mimì è disperata? Che cosa sta pensando Rodolfo?

Figura 2.3 Al Metropolitan, Rodolfo (Marcello Giordani) e Mimì (Patricia Racette) sotto la neve

⧉ Discutete quello che è successo ⧉

Lavorate in coppie. Oralmente, rispondete alle domande. Poi discutete con il resto della classe.

1. Secondo voi, qual è la vera ragione per cui Rodolfo vuole lasciare Mimì? Non la ama più? Ha paura di prendere la *tubercolosi*? Non vuole prendersi la responsabilità di aiutarla? Ha paura di non riuscire ad aiutarla?
2. Perché Rodolfo e Mimì decidono di lasciarsi in primavera?

⧉ Guardate e rispondete 📷 ⧉

Adesso guardate il terzo atto (23 minuti circa), o parti di esso. Poi, fate l'esercizio che segue.

tubercolosi   tuberculosis

VERO O FALSO

A coppie, indicate "vero" o "falso" di fianco a ciascuna affermazione. Se scegliete "falso", spiegate perché. Se non siete d'accordo, discutete con il resto della classe e giustificate le vostre opinioni.

1. Siamo in estate. _____

2. Mimì va a cercare Marcello. _____

3. Mimì è preoccupata per l'amore fra lei e Rodolfo. _____

4. Quando arriva Rodolfo, Mimì si nasconde. _____

5. Rodolfo rivela subito a Marcello la vera ragione per cui vuole lasciare Mimì. _____

6. Mimì sente tutto, e si arrabbia. _____

7. Mimì e Rodolfo si lasciano. _____

⇥ Analizzate quello che è successo ⇤

Lavorate in coppie. Rispondete alle domande facendo riferimento a quello che avete visto e letto, e usando il vocabolario dei riassunti. Scrivete le vostre risposte negli spazi appositi, poi confrontatele con il resto della classe.

1. Secondo voi, la vita dei protagonisti della bohème è *allegra* o tragica? O è allegra e tragica allo stesso tempo? Spiegate.

   _____

   _____

2. Secondo voi, la vita della bohème esiste ancora? Conoscete qualcuno che vive in modo simile? Spiegate.

   _____

   _____

allegro   cheerful

⇥ Immaginate e rispondete ⇤

In piccoli gruppi, leggete "Quello che è successo". Discutete, e poi scrivete le vostre risposte in "Quello che succederà". Se conoscete l'opera, raccontate ai compagni quello che sapete. Discutete le vostre previsioni con il resto della classe. Poi leggete il riassunto del quarto atto.

QUELLO CHE È SUCCESSO

Quattro artisti *dividono* una soffitta. Mimì, la loro vicina, e Rodolfo, il poeta, *si innamorano* e cominciano a vivere insieme. La tosse di Mimì peggiora. Rodolfo vuole lasciare Mimì, ma poi i due decidono di aspettare fino alla primavera. Musetta e Marcello intanto litigano sempre. Passa del tempo.

dividere   to share   *innamorarsi*   to fall in love

QUELLO CHE SUCCEDERÀ

_____

_____

_____

_____

_____

_____

Che cosa stanno facendo Rodolfo e Marcello?

Figura 2.4 Rodolfo (Marcello Giordani) e Marcello (Dwayne Croft) nella soffitta

Quarto atto

❧ Leggete e rispondete ❧

Leggete il riassunto del quarto atto, prima di guardarlo. Poi rispondete alle domande che seguono, inserendo le lettere appropriate negli spazi appositi. In classe, confrontate le vostre risposte con quelle di un/una compagno/a. Se non siete d'accordo, confrontate le vostre risposte con quelle del resto della classe.

È arrivata la primavera. Rodolfo e Marcello cercano di lavorare in allegria, ma in realtà pensano ai bei tempi passati con Mimì e Musetta, che ora hanno degli amanti ricchi. Rodolfo e Marcello fingono di non essere tristi, ma Rodolfo pensa con nostalgia a Mimì e alle sue piccole mani, mentre Marcello pensa agli occhi neri e alla bella bocca di Musetta. Gli amici hanno fame. Rodolfo chiede che ore sono, e Marcello gli risponde: "L'ora del pranzo.... di ieri!" Per fortuna arriva Schaunard con del pane e un'*aringa* ("Il pranzo è in tavola!"). Gli amici fanno finta di mangiare un pranzo ricco e squisito, scherzano e ballano. Improvvisamente entra Musetta, in uno stato di grande agitazione. Dice che ha incontrato Mimì che le ha detto: "Muoio, lo sento. Voglio morir con lui. Forse mi aspetta". Gli amici fanno entrare Mimì, che *si sdraia* sul letto e si lamenta del freddo ("Se avessi un *manicotto!* Queste mie mani riscaldare non si potranno mai?"). Musetta allora dà i suoi *orecchini* a Marcello per andare a prendere una medicina e a chiamare il dottore, e poi esce per andare a comprare un manicotto per Mimì ("Forse è l'ultima volta che ha espresso un desiderio, poveretta!"). Colline esce per andare a vendere il suo *cappotto,* e Schaunard va fuori per lasciare Mimì e Rodolfo da soli. Mimì e Rodolfo parlano del loro passato e del loro amore ("Ho tante cose che ti voglio dire, o una sola.... Sei il mio amor e tutta la mia vita!" "Son bella ancora?" "Bella come un'*aurora*". "Volevi dir: bella come un *tramonto!*"). Rientrano gli amici, e subito dopo Mimì muore. Rodolfo, disperato, grida il suo nome.

aringa	herring	*cappotto*	winter coat
sdraiarsi	to lie down	*aurora*	dawn
manicotto	muff	*tramonto*	sunset
orecchino	earring		

1. Rodolfo e Marcello pensano _____.
   A. alla primavera
   B. ai bei tempi passati
   C. al futuro

2. Mimì e Musetta adesso sono _____.
   A. da sole
   B. con degli amanti ricchi
   C. con degli altri artisti poveri

3. Improvvisamente arriva Musetta e dice che Mimì _____.
   A. ha avuto un incidente
   B. sta molto male
   C. è morta

4. Musetta decide di vendere i suoi orecchini _____.
   A. per aiutare Mimì
   B. per aiutare Marcello
   C. per aiutare Rodolfo

5. Mimì muore _____.
   A. di fame
   B. di freddo
   C. di tubercolosi

Di che cosa stanno parlando Mimì e Musetta?

Figura 2.5 Mimì (Patricia Racette) morente, circondata da Musetta (Gwynne Geyer), Rodolfo (Marcello Giordano) e Marcello (Anthony Michaels-Moore)

🔁 Guardate e rispondete 📺 🔙

Adesso guardate il quarto atto (28 minuti circa), o parti di esso. Poi fate l'esercizio che segue.

VERO O FALSO

A coppie, indicate "vero" o "falso" di fianco a ciascuna affermazione. Se scegliete "falso", spiegate perché. Se non siete d'accordo, discutete con il resto della classe e giustificate le vostre opinioni.

1. Rodolfo e Marcello non pensano più a Mimì e a Musetta. _____

2. Gli amici si lamentano di avere fame. _____

3. Arriva Schaunard con un salmone. _____

4. Entra Musetta e dice che ha incontrato Mimì. _____

5. Mimì vuole morire vicino a Rodolfo. _____

6. Musetta non fa niente per aiutare Mimì. _____

7. Mimì alla fine guarisce. _____

🔁 Le vostre reazioni e le vostre opinioni 🔙

Con il resto della classe, paragonate quello che avete visto alle vostre previsioni. Poi, individualmente, leggete le domande che seguono e scrivete le vostre risposte. Quindi fate le domande a un/una compagno/a, e scrivete le sue risposte. Infine raccontate le vostre idee a tutta la classe.

1. Secondo te, Rodolfo si è comportato bene o male con Mimì?

    Tu _____

    Un/una compagno/a _____

2. Secondo te, i quattro amici sono veri artisti o gli piace semplicemente vivere senza lavorare? Spiega.

    Tu _____

    Un/una compagno/a _____

3. Che cosa ti ha commosso? Spiega la tua reazione.

    Tu _____

    Un/una compagno/a _____

4. Che cosa ti ha divertito? Spiega la tua reazione.

Tu _____

Un / una compagno/a _____

5. Quale personaggio ti piacerebbe interpretare? Perché?

Tu _____

Un / una compagno/a _____

3. Parole, parole, parole

⇨ Parole utili ⇦

A. Lavorate in piccoli gruppi. Inserite le forme appropriate delle parole date nelle frasi che seguono. Correggete con un / una compagno/a.

affitto
gelare
riscaldare
riscaldarsi
scherzare
soffitta

1. Rodolfo e i suoi amici vivono in una povera _____.

2. Ai giovani artisti della *Bohème* piace ridere e _____.

3. Rodolfo _____ la manina gelida di Mimì.

4. Nella soffitta in inverno fa molto freddo: gli amici _____!

5. Nella soffitta gli amici non hanno fuoco per _____.

6. Il padrone di casa bussa per riscuotere l'_____.

accendere
fuoco
padrone di casa
spegnersi
vigilia di Natale

7. Gli amici decidono di andare al caffè Momus per festeggiare la

_____.

8. Gli amici non hanno soldi per comprare la legna per riscaldare la soffitta con un

bel _____.

9. Gli amici non hanno i soldi per pagare l'affitto al _____.

10. Mentre Mimì sale le scale, la sua candela _____.

11. Mimì bussa alla porta di Rodolfo per _____ la sua candela.

chiacchierare
conto
fare la pace
litigare
presentare
succedere

12. _____ molte cose al caffè Momus.

13. Gli amici al caffè _____ e guardano la gente.

14. Rodolfo _____ Mimì ai suoi amici.

15. Anche se Musetta e Marcello si amano, _____ sempre.

16. Dopo, però, i due amanti _____.

17. Alla fine gli amici non pagano il _____.

cappotto
morire
orecchino
separarsi
tossire

18. Rodolfo vuole _____ da Mimì.

19. Mimì è malata di tubercolosi e _____ molto.

20. Musetta vende i suoi _____ per aiutare Mimì.

21. Colline, anche se è molto povero, vende il suo _____ per aiutare Mimì.

22. Alla fine Mimì _____ di tubercolosi.

B. Completate il riassunto della *Bohème* con le forme appropriate delle parole date. Poi confrontate le vostre risposte con quelle di un/una compagno/a.

bruciare
gelare
riscaldare
riscuotere
uscire

Nella soffitta dove abitano i quattro amici si _____ .

Per _____ la soffitta, Rodolfo

_____ il suo dramma. Arriva il padrone di casa per

_____ i soldi dell'affitto. Poi tutti

_____ , eccetto Rodolfo, che rimane in casa per finire di

scrivere un articolo.

accendere
bussare
manina
poeta
primavera
seta
tossire
vicino

Improvvisamente, qualcuno _____ alla porta della soffitta

di Rodolfo: è la sua graziosa _____ , Mimì, che chiede

del fuoco per _____ una candela. Mimì è molto pallida e

_____ . Rodolfo le riscalda la gelida

_____ . Poi le dice che è un

_____ povero che ama i sogni e la bellezza. Mimì parla

di sé e dice che ricama fiori di _____ , e che ama la

_____ .

chiacchierare
conto
pace
presentare
scherzare

Al caffè Momus gli amici bevono, _____ e

_____ . Arriva Rodolfo, che

_____ Mimì ai suoi amici. Arriva anche Musetta,

che fa la civetta con tutti. Marcello è furioso. Poi però Musetta fa la

_____ con Marcello e lascia il

_____ da pagare al suo vecchio accompagnatore.

alba
civetta
geloso
litigare
malato
separarsi
tosse

È l'_____ di un gelido giorno di febbraio. Mimì si lamenta

con Marcello, dicendo che Rodolfo è troppo _____.

Questo arriva, e Mimì si nasconde. Rodolfo prima accusa Mimì di essere una

_____, ma poi dice che la vera ragione per

cui vuole _____ da lei, è che è molto

_____, ha una _____

terribile, e lui non può offrirle la vita di cui avrebbe bisogno. Mentre Marcello e

Musetta _____, Rodolfo e Mimì decidono di restare insieme

fino all'arrivo della primavera.

cappotto
morire
orecchino
ricco
soffitta

È primavera. Rodolfo e Marcello sono soli nella loro _____

e cercano di lavorare, ma pensano a Mimì e a Musetta, che ora hanno degli

amanti _____. Improvvisamente arriva Musetta, che annuncia

che Mimì sta molto male. Questa entra, e lei e Rodolfo si dicono che si ameranno per

sempre. Musetta vende i suoi _____, mentre Colline va a

vendere il suo _____ per chiamare un medico, ma non c'è

più niente da fare. Mimì _____ di tubercolosi.

⇄ **Esplorazione linguistica** ⇄

VARIAZIONI SUL TEMA

Leggete le frasi che seguono. Completatele con la forma appropriata delle parole date.
Correggete con un/una compagno/a.

gelato/gelo (nomi)
gelare (verbo)
gelato/gelido/surgelato (aggettivi)

1. Senza riscaldamento, d'inverno in montagna si _____.

2. Preferisco i cibi freschi: non mi piace la verdura _____.

3. In gennaio, quando la temperatura scende sotto zero, arriva il

_____.

4. Brrr! Che freddo! Ho il naso _____.

5. Il _____ italiano è considerato il migliore del mondo.

6. Che _____ manina!

caldo/calore/riscaldamento (nomi)
riscaldare/riscaldarsi (verbi)
calorosamente (avverbio)

7. In agosto in Sicilia fa molto _____.

8. Era gennaio e c'era un freddo terribile. La casa era gelata: solo il

_____ del sole riscaldava un poco la stanza.

9. In questa casa d'inverno si gela: non c'è il _____.

10. I due amici, che non si vedevano da tempo, si sono salutati

_____.

11. I protagonisti della *Bohème* non hanno soldi per _____ la

soffitta in cui vivono.

12. Quando fa così freddo, non riesco a _____ in nessun

modo.

affitto (nome)
affittare (verbo)
in affitto (espressione avverbiale)

13. Il padrone di casa viene ogni mese per riscuotere

l'_____.

14. Cerco un appartamento da _____.

15. Io non ho un appartamento di mia proprietà. Sono

_____.

PARLATE

A. Lavorate in coppie. Uno studente fa le domande e l'altro risponde. Poi gli studenti si scambiano di ruolo. Alla fine raccontate quello che avete scoperto al resto della classe.

1. Preferiresti essere un / un'artista povero/a o un / una ricco/a padrone/a di casa? Spiega.
2. Preferiresti vivere in una soffitta squallida e non riscaldata con la persona che ami o vivere completamente solo/a in una splendida villa? Spiega.
3. Preferiresti passare molto tempo in un bell'ufficio pulito ad eseguire ordini o passare molto tempo in un vecchio caffè sporco a chiacchierare con i tuoi amici? Spiega.
4. Preferiresti mettere da parte soldi per il futuro o spendere i tuoi soldi subito per una bella vacanza? Spiega.
5. Preferiresti passare la mattinata a riscuotere affitti o a scrivere poesie? Spiega.
6. Preferiresti essere solo e avere molti soldi o essere povero e avere molti amici? Spiega.

B. Lavorate in coppie. Lo studente A guarda solo la sua parte e lo studente B guarda solo la sua. Tutti e due leggono la (stessa) lista di parole. Lo studente A legge le frasi 1–6 ad alta voce; lo studente B ascolta e completa le frasi corrispondenti sulla sua parte, scegliendo le parole dalla lista e inserendole nella forma appropriata. Lo studente A corregge lo studente B usando le risposte fra parentesi quadra. Quindi gli studenti si scambiano di ruolo: lo studente B legge le frasi 7–12 e lo studente A ascolta ogni frase o domanda, e legge la risposta corrispondente completandola con una parola della lista nella forma appropriata. Lo studente B corregge.

Attenzione: Lo studente che risponde ascolta, legge e parla solamente.

Esempio: La parola è "bussare".

Studente A: Che cos'è questo rumore alla porta?

Studente B: È qualcuno che bussa.

Studente A

accendere

fare la pace

gelare

litigare

malato

padrone di casa

riscaldarsi

scherzare

soffitta

spegnere

tossire

vicino

1. Ci sono degli appartamenti che costano poco, vicino a casa tua?

[Figurati! Al massimo puoi trovare una soffitta!]

2. Che cosa succede se paghi l'affitto in ritardo?

   [È orribile! Il padrone di casa spegne il riscaldamento!]

3. Fa freddo nel tuo appartamento d'inverno?

   [Sì! Devo mettermi un sacco di vestiti, altrimenti gelo!]

4. Mi sento male: ho l'influenza.

   [È ovvio che stai male: tossisci continuamente.]

5. Perché non bevi un tè caldo con del brandy?

   [Ottimo! Così mi riscaldo anche le mani.]

6. Ti viene spesso l'influenza?

   [No, non sono quasi mai malata.]

   Adesso scambiatevi di ruolo: lo studente B legge le frasi 7–12, e lo studente A ascolta ogni frase o domanda, e legge la risposta corrispondente completandola con una parola della lista nella forma appropriata.

7. Anche a me! Soprattuto mi piace _____ le candeline.

8. Oddio! E tu ti sei offesa? Allora, avete _____?

9. Ah, allora, la tua amica voleva solo _____!

10. Ah! Meno male! Allora, avete _____.

11. Ah, deve essere la mia _____.

12. No, voglio solo _____ una candela.

Studente B
accendere
fare la pace
gelare
litigare
malato
soffitta
padrone di casa
riscaldarsi
scherzare
spegnere
tossire
vicino

1. Figurati! Al massimo puoi trovare una _____!

2. È orribile! Il _____ spegne il riscaldamento!

3. Sì! Devo mettermi un sacco di vestiti, altrimenti _____!

4. È ovvio che stai male: _____ continuamente.

5. Ottimo! Così _____ anche le mani.

6. No! Non sono quasi mai _____.

Adesso scambiatevi di ruolo: lo studente B legge le frasi o le domande 7–12, e lo studente A ascolta ogni frase o domanda, e legge la risposta corrispondente completandola con una parola della lista nella forma appropriata.

7. Mi piacciono le torte di compleanno.

   [Anche a me! Soprattuto mi piace spegnere le candeline.]

8. Ieri la mia migliore amica mi ha detto che sono un'idiota!

   [Oddio! E tu ti sei offesa? Allora avete litigato?]

9. No, perché lei non l'ha detto seriamente.

   [Ah, allora, la tua amica voleva solo scherzare!]

10. Sì, infatti, dopo l'ho anche invitata a cena.

    [Ah! Meno male! Allora, avete fatto la pace.]

11. C'è qualcuno alla porta che bussa!

    [Ah, deve essere la mia vicina.]

12. Perché vuoi del fuoco? Fumi?

    [No, voglio solo accendere una candela.]

✺ Frasi del libretto ✺

Le frasi nella colonna di sinistra sono tratte dal libretto della *Bohème,* quelle di destra descrivono varie situazioni di vita reale. Decidete in quale situazione sarebbe possibile usare o citare scherzosamente le frasi del libretto e scrivete la lettera corrispondente alla situazione nello spazio apposito. Poi confrontate le vostre risposte con quelle di un / una compagno/a. Discutete con l'insegnante per stabilire quali frasi sono usate nell'italiano moderno.

1. Che gelida manina, se la lasci riscaldare! _____

2. Per fortuna è una notte di luna! _____

3. Dove l'ho lasciata? _____

4. Che tosse! _____

5. Senza rancore! _____

6. Queste mie mani riscaldare non si potranno mai? _____

a. Non trovi la chiave di casa.

b. Un tuo amico ha una brutta bronchite.

c. Tu e il tuo / la tua fidanzato/a vi lasciate, ma rimanete amici.

d. Cerchi un pretesto per prendere la mano a una persona che ti piace.

e. È inverno, e hai sempre le mani gelate.

f. Non c'è luce, e non si vede assolutamente niente.

Figura 2.6 La presenza di Puccini a Lucca: Il portone della sua casa, il suo pianoforte, e un albergo che porta il suo nome

✑ Ripasso di parole ✒

A casa scrivete uno o due paragrafi su un argomento di vostra scelta usando circa quindici "parole utili" date sopra. Se volete, potete usare una o più delle seguenti frasi come ispirazione:

—In quel periodo della mia vita non avevo una lira....

—I giorni più allegri della mia vita....

—I giorni più tristi della mia vita....

4. Grammatica

Espressioni idiomatiche con "avere"; il verbo "piacere"; l'infinito presente, il presente indicativo e il passato prossimo dei verbi riflessivi; i pronomi diretti ("lo", "la", "li", "le") e il passato prossimo con "avere"; il passato prossimo e l'imperfetto; il futuro; riconoscimento del passato remoto

✑ Espressioni idiomatiche con "avere" ✒

Completate le frasi che seguono scegliendo fra le parole date e usando l'imperfetto del verbo "avere". Poi confrontate le vostre risposte con quello del resto della classe.

fame

freddo

paura

ragione

torto

1. Era inverno, e nella soffitta non c'era il riscaldamento: gli amici

_____.

2. Gli amici non avevano soldi e mangiavano poco: _____

   sempre _____.

3. Mimì sapeva di essere molto malata e _____ molta

_____.

4. Marcello e Musetta litigavano spesso; secondo Musetta, Marcello

_____ sempre _____.

5. Secondo Marcello, invece, lui _____ sempre

_____.

⇴ "Piacere" ⇴

In coppie, scrivete che cosa piace ai vari personaggi (il poeta, la fioraia, il pittore, la cantante, il filosofo, il musicista, e tutti gli amici). Usate la preposizione "a" (semplice o articolata) e "piace" o "piacciono". Poi confrontate le vostre risposte con quello del resto della classe.

Esempio: <u>Al pittore piace</u> dipingere

1. _____ scrivere drammi e poesie.

2. _____ comporre musica.

3. _____ parlare di filosofia.

4. _____ fare la civetta.

5. _____ i fiori.

6. _____ Musetta.

7. _____ ridere e scherzare.

⇴ I verbi riflessivi ⇴

NELL'INFINITO PRESENTE

Inserite i verbi riflessivi appropriati all'infinito nelle frasi che seguono. Poi confrontate le vostre risposte con quello del resto della classe.

amarsi

divertirsi

lasciarsi

riscaldarsi

sdraiarsi

1. Nella soffitta non c'è mai il fuoco acceso, ed è difficile

_____.

2. Agli amici piace ridere, scherzare e _____.

3. Mimì e Rodolfo decidono di non _____ fino alla

primavera.

4. Quando Mimì malata arriva alla soffitta, gli amici la aiutano a

_____.

5. Alla fine Rodolfo e Mimì promettono di _____ per

sempre.

NEL PRESENTE INDICATIVO

Inserite i verbi riflessivi appropriati al presente indicativo nelle frasi che seguono. Poi confrontate le vostre risposte con quelle del resto della classe.

arrabbiarsi
conoscersi
innamorarsi
lamentarsi
svolgersi

1. Mimì e Rodolfo _____ quando Mimì bussa alla porta di

Rodolfo per accendere una candela.

2. Mimì e Rodolfo _____ mentre guardano la luna.

3. I quattro amici non _____ mai delle condizioni di povertà

della loro vita.

4. L'incontro _____ al caffè Momus.

5. Marcello _____ quando Musetta fa la civetta con un altro.

NEL PASSATO PROSSIMO

Inserite i verbi riflessivi appropriati al passato prossimo nelle frasi che seguono. Poi confrontate le vostre risposte con quelle del resto della classe.

accorgersi
baciarsi
ispirarsi
spegnersi
stancarsi

1. Per *La bohème*, Puccini _____ a un romanzo di Burger.

2. Mentre Mimì saliva le scale, la sua candela _____, e la

ragazza è rimasta al buio.

3. Mentre parlava con Rodolfo, a un certo punto Mimì

_____ di avere perso la chiave di casa.

4. Alla fine del duetto i protagonisti _____

appassionatamente.

5. Rodolfo dice a Marcello che _____ di Mimì perché lei fa

la civetta con tutti, ma non è vero.

⇛ I pronomi diretti ("lo", "la", "li", "le") ⇚
e il passato prossimo con "avere"

ESERCIZIO SCRITTO

Completate le frasi con il pronome appropriato e il passato prossimo. Fate l'accordo fra
il pronome diretto e il participio passato dei verbi fra parentesi. Poi confrontate le vostre
risposte con quelle del resto della classe.

1. Per riscaldare la soffitta, Rodolfo ha preso uno dei suoi drammi e

_____ (bruciare).

2. Schaunard ha portato molte cose da mangiare, ma gli amici non

_____ (mangiare).

3. Dopo essere entrata nella soffitta di Rodolfo, Mimì ha perso la chiave di casa, e così

lei e Rodolfo _____ (cercare).

4. Rodolfo ha trovato la chiave, ma non _____ (dare) a

Mimì.

5. La manina di Mimì era gelata, e Rodolfo _____

(riscaldare).

6. Rodolfo ha visto una cuffietta rosa e _____ (comprare)

per Mimì.

7. Quando Rodolfo è arrivato al caffè con Mimì, lui _____

(presentare) ai suoi amici.

8. Quando Musetta è arrivata al caffè Momus, ha visto i suoi vecchi amici ma non

_____ (salutare).

9. Gli amici non avevano soldi, così quando è arrivato il conto non

_____ (pagare).

10. Quando è arrivato il conto, Musetta _____ (lasciare) da

pagare al suo vecchio corteggiatore.

11. Musetta ha preso i suoi orecchini e _____ (dare) a

Marcello da vendere.

12. Colline ha preso il suo vecchio cappotto e _____ (vendere).

13. Gli amici hanno visto che Mimì e Rodolfo parlavano d'amore, e

_____ (lasciare) soli.

ESERCIZIO ORALE

Piegate il foglio a metà. Lo studente A guarda solo la sua parte e lo studente B guarda
solo la sua. Lo studente A fa le prime cinque domande, lo studente B ascolta e risponde
coniugando i verbi al passato prossimo, inserendo i pronomi diretti ("lo", "la", "li", "le")
nella posizione appropriata, e facendo la concordanza del participio passato. Lo studente
A lo corregge usando le risposte fra parentesi quadra, quando è necessario. Poi gli
studenti si scambiano di ruolo.

Esempio:

Studente A	*Studente B*
Che cosa hanno fatto gli amici con il padrone di casa?	_____ (mandare via).
[Lo / L'hanno mandato via.]	

Studente A	*Studente B*
1. Che cosa ha fatto Rodolfo con il suo dramma?	_____ (bruciare).
[Lo / L'ha bruciato.]	
2. Che cosa hanno fatto Rodolfo e Mimì quando Mimì ha perso la chiave?	_____ (cercare).
[La / L'hanno cercata.]	
3. Che cosa ha fatto Rodolfo quando è rimasto al buio con Mimì?	_____ (baciare).
[La / L'ha baciata.]	
4. Che cosa ha fatto Rodolfo quando è arrivato al caffè con Mimì?	_____ (presentare) ai suoi amici.
[La / L'ha presentata ai suoi amici.]	

5. Che cosa ha fatto Mimì quando ha visto _____ (salutare).
gli amici di Rodolfo?
[Li ha salutati.]
    Scambiatevi di ruolo.

Studente B   *Studente A*

6. Che cosa hanno fatto gli amici con il   Non _____ (pagare).
conto?
[Non lo/l'hanno pagato.]

7. Che cosa ha fatto Mimì mentre Rodolfo _____ (ascoltare).
e Marcello parlavano di lei?
[Li ha ascoltati.]

8. Che cosa hanno fatto Marcello e _____ (ricordare).
Rodolfo dopo che Mimì e Musetta sono
andate via?
[Le hanno ricordare.]

9. Che cosa ha fatto Musetta con i suoi _____ (vendere).
orecchini?
[Li ha venduti.]

10. Che cosa hanno fatto gli amici mentre _____ (lasciare) soli.
Mimì e Rodolfo parlavano d'amore?
[Li hanno lasciati soli.]

✤⟩ Il passato prossimo e l'imperfetto ⟨✤

Completate le domande con il passato prossimo e l'imperfetto dei verbi dati fra
parentesi. Poi rispondete scegliendo la frase appropriata dalla lista. Infine confrontate le
vostre risposte con quelle del resto della classe.

Mimì è morta
Sono andati al caffè
Mimì li ha sentiti
Ha bussato Mimì
Gli ha presentato Mimì
Hanno fatto la pace
Sono arrivati Schaunard e Colline
Perché era gelata
Sono usciti
Stavano scherzando

1. Domanda: Che cosa ———————————————— (stare) facendo gli amici

   quando ———————————————— (entrare) il padrone di casa?

   Risposta: ————————————————.

2. Dove ———————————————— (andare) gli amici mentre

   Rodolfo ———————————————— (cercare) di scrivere?

   ————————————————.

3. Che cosa ———————————————— (succedere) mentre

   Rodolfo ———————————————— (scrivere)?

   ————————————————.

4. Perché Rodolfo ———————————————— (riscaldare) la manina di Mimì?

   ————————————————.

5. Chi ———————————————— (presentare) Rodolfo ai suoi amici, mentre

   questi ———————————————— (essere) seduti al caffè Momus?

   ————————————————.

6. Che cosa ———————————————— (succedere) mentre Rodolfo e

   Marcello ———————————————— (dire) che Mimì

   ———————————————— (essere) malata?

   ————————————————.

7. Che cosa ———————————————— (fare) Rodolfo e Mimì mentre Musetta e

   Marcello ———————————————— (litigare)?

   ————————————————.

8. Chi ———————————————— (arrivare) mentre Marcello e

   Rodolfo ———————————————— (pensare) ai bei giorni passati?

   ————————————————.

9. Che cosa ———————————————— (fare) gli amici mentre Mimì e

   Rodolfo ———————————————— (dirsi) che si amavano?

   ————————————————.

10. Che cosa ———————————————— (succedere) mentre

    Rodolfo ———————————————— (sperare) ancora?

    ————————————————.

 Il futuro

ESERCIZIO ORALE

Lo studente A guarda solo la sua parte e lo studente B guarda solo la sua. Lo studente A legge le domande. Lo studente B ascolta (non legge!) e risponde, usando il futuro di uno dei verbi all'infinito. Lo studente A lo corregge, se necessario, usando le sue frasi. Poi gli studenti si scambiano i ruoli e ripetono le domande.

Studente A

1. Rodolfo si innamorerà di un'altra, o resterà fedele alla memoria di Mimì?
2. Musetta e Marcello si metteranno insieme di nuovo, o rimarranno separati?
3. Marcello diventerà un pittore famoso o rimarrà sconosciuto?
4. Rodolfo continuerà a scrivere o smetterà?
5. Gli amici diventeranno ricchi e famosi o resteranno poveri e sconosciuti?

Studente B

1. innamorarsi di un'altra / restare fedele alla memoria di Mimì
2. mettersi insieme / rimanere separati
3. diventare un pittore famoso / rimanere sconosciuto
4. continuare a scrivere / smettere
5. diventare ricchi e famosi / restare poveri e sconosciuti

Riconoscimento del passato remoto

Completate le informazioni sulla vita di Giacomo Puccini, scegliendo fra i passati remoti dati. Poi rispondete alle domande che seguono. Infine confrontate le vostre risposte con quelle del resto della classe.

compose (comporre)

divise (dividere)

nacque (nascere)

si trasferì (trasferirsi)

visse (vivere)

Giacomo Puccini _____ a Lucca, ma da ragazzo

_____ a Milano per studiare, grazie a una piccola *borsa di studio*, e all'aiuto di uno zio. A Milano, dove _____ per vari anni, Giacomo _____ una stanza con Pietro Mascagni, il compositore che più tardi _____ la *Cavalleria rusticana*. Nella stanza era *proibito* cucinare; allora, mentre uno dei due preparava da mangiare, l'altro *improvvisava* al pianoforte musiche *rumorose* e in questo modo *copriva* il rumore dei piatti e delle *pentole*.

borsa di studio	scholarship	*rumoroso*	noisy
proibito	forbidden	*coprire*	to cover
improvvisare	to improvise	*pentola*	pot

1. Dove studiò Puccini? _____

2. Con chi divise la stanza Puccini? _____

3. Che cosa era proibito fare nella camera dei due amici? _____
_____

4. Che cosa c'è in comune fra la vita di Puccini a Milano e la vita dei protagonisti della *Bohème*? _____

5. Che regole ci sono in casa tua o nel dormitorio dove abiti? _____
_____

5. I personaggi in carne ed ossa

Intervistate i personaggi

A. In classe, dividetevi in "personaggi" e "intervistatori".

Personaggi: A casa, preparate un monologo di un minuto o due su di voi. Dite come siete fisicamente, che cosa fate, qual è la vostra condizione sociale ed economica, quali sono i vostri problemi sentimentali e psicologici, i vostri desideri, i vostri ideali, le vostre ambizioni, e le vostre speranze.

Intervistatori: A casa, preparate due o tre domande da fare ai vari personaggi sulla loro vita, sui loro rapporti con gli altri e sulle loro motivazioni. Per esempio, potete chiedere a Rodolfo: "Sei mai stato veramente geloso di Mimì?"

B. Il giorno dell'intervista, i personaggi si siedono a semicerchio davanti agli intervistatori e recitano i loro monologhi. Gli intervistatori fanno le domande, e i personaggi rispondono improvvisando.

Scrittura breve

Nello spazio apposito nella pagina che segue scrivete uno o due paragrafi scegliendo fra uno dei seguenti argomenti.

1. Scrivete una pagina del diario di uno dei personaggi, usando alcune delle informazioni che avete sentito nell'intervista.

2. Scrivete una lettera di uno dei personaggi ad un altro, usando alcune delle informazioni che avete sentito nell'intervista.

3. Scrivete un dialogo fra due personaggi riferendovi a un momento specifico dell'opera.

6. Famose arie e duetti

Che gelida manina (Primo atto)

⮂ Ascoltate le parole 🎧 📹 ⮂

Lavorate in coppie. Leggete il testo dell'aria e riempite gli spazi vuoti con il presente indicativo dei verbi dati fra parentesi. Se necessario, leggete la traduzione nell'Appendice. Poi, con un/una compagno/a correggete quello che avete scritto. Infine ascoltate l'aria e correggete di nuovo. Notate che Rodolfo alterna il "Voi" e il "Lei" per parlare a Mimì. Il "Voi" al posto del "Lei" formale è una caratteristica dell'italiano ottocentesco.

"Che gelida manina" è l'aria più conosciuta della Bohème, *in cui Rodolfo esprime il suo amore nascente per Mimì e le parla di sé.*

Figura 2.7 Rodolfo (Eduardo Del Campo) canta "Che gelida manina" mentre Mimì (Hey-Kyung Hong) lo ascolta

Che gelida manina,
se la lasci riscaldar!
Cercar che giova?

Al buio non si _____ (trovare).
Ma per fortuna

_____ (essere) una notte di luna,
e qui la luna

l'_____(noi/avere) vicina.
Aspetti, signorina,
e intanto Le dirò
con due parole

chi _____ (io/essere),

chi _____ (io/essere),

e che _____ (io/fare),

e come _____ (io/vivere).

_____ (Lei/volere)?
Chi son, chi son?

_____ (io/essere) un poeta.

Che cosa _____ (io/fare)?

_____ (io/scrivere).

E come _____ (io/vivere)?

_____ (io/vivere).

In povertà mia lieta

_____ (io/scialare) da gran signore
rime ed inni d'amore.
Per sogni, e per chimere
e per castelli in aria,

l'anima _____ (io/avere) milionaria.
Talor dal mio forziere

_____ (rubare) tutti i gioielli
due ladri: gli occhi belli.
V'entrar con Voi pur ora,
ed i miei sogni usati,
ed i bei sogni miei
tosto si dileguar!
Ma il furto non m'accora,

poiché vi ha preso stanza
la dolce speranza!

Or che mi _____ (Voi / conoscere),
parlate Voi.
Deh! Parlate!

Chi _____ (essere / Voi)?

Vi piaccia dir!

✿ Parlate dell'aria ✿

A. Leggete di nuovo le parole dell'aria. Poi dividetevi in coppie, leggete le frasi che seguono, e completatele correttamente. Poi discutete le vostre scelte con il resto della classe.

1. Rodolfo e Mimì cercano _____.
   A. la chiave
   B. la candela
   C. una moneta

2. È buio pesto, ma per fortuna nella soffitta c'è _____.
   A. una candela
   B. il fuoco
   C. la luce della luna

3. Rodolfo chiede a Mimì di _____.
   A. ascoltarlo
   B. riscaldarlo
   C. baciarlo

4. Rodolfo ha _____.
   A. molti impegni
   B. molti sogni
   C. molti soldi

5. Mimì vive _____.
   A. da sola
   B. con degli amici
   C. con i suoi genitori

6. Mimì ama _____.
   A. il freddo
   B. gli animali
   C. la primavera

B. Guardate la foto (figura 2.7). Scrivete una o più frasi per riassumere il contenuto dell'aria. Scambiatevi i riassunti con un / una compagno/a e discuteteli.

7. Attività di esplorazione

⇌ Discussione ⇋

L'OPERA

Lavorate in piccoli gruppi. Oralmente rispondete alle domande. Poi discutete le vostre idee con il resto della classe.

1. Condividete i valori dei protagonisti della *Bohème?* Vi sembrano moralmente positivi o negativi? Spiegate.
2. Qual è l'atteggiamento dei protagonisti nei confronti della malattia di Mimì?
3. C'è un *quartiere* della vostra città, o della città dove abitate, simile al Quartiere latino della *Bohème?* Descrivetelo: com'è, e che tipo di gente lo frequenta?

quartiere neighborhood

L'UMORISMO E L'OPERA

"Because of illness, the role of Mimì in tonight's performance will be sung by a temp."

Figura 2.8 "Because of illness . . ."

Guardate la vignetta. A volte un/una cantante deve essere sostituito/a a causa di una indisposizione. In questo caso è malata la cantante che interpreta Mimì. Perché questa vignetta fa ridere? Spiegate.

Figura 2.9 Leopoldo Mucci (centro), proprietario del Caffè Taci, con i cantanti Nan-maro Babakanian e Dylan McCartney

GLI APPASSIONATI D'OPERA

Guardate la foto (figura 2.9), e leggete il dialogo. Poi rispondete alle domande scrivendo le risposte negli spazi appositi. Infine discutete con il resto della classe.

Intervistatrice: Il Suo caffè è diventato un centro per giovani cantanti d'opera. Com'è successo?

Leopoldo Mucci: Beh, sa com'è.... qui siamo vicini a tante famose scuole di musica: la Juilliard, la Manhattan School, Mannes e poi la Columbia.... Ho semplicemente cominciato ad invitare gli studenti a venire a cantare nel mio ristorante. Lo chiamano L'Accademia Taci.

Intervistatrice: Lei ascolta i cantanti, prima di farli cantare?

Leopoldo Mucci: No, è una sorpresa anche per me! Certi sono con me da cinque anni o anche di più. Parecchi hanno avuto successo: cantano al New York City Opera, al Met, al Glimmerglass, a Santa Fe, a San Francisco, a Houston....

Intervistatrice: E artisti famosi vengono, qualche volta?

Leopoldo Mucci: Sì, ogni tanto. Abbiamo avuto Andrea Bocelli, Ruth Anne Swenson, e poi vengono anche persone che cercano talenti nuovi.

Intervistatrice: Allora, nel Suo caffè uno non sa mai cosa aspettarsi.

Leopoldo Mucci: Esatto. È un'avventura totale!

1. Leopoldo Mucci è un ristoratore e anche un impresario. Sono due ruoli adatti l'uno all'altro, secondo voi? Spiegate.

_____

_____

_____

2. Sai cosa vuol dire "taci"? In che modo il nome del ristorante si applica a quello che succede nel caffè?

_____

_____

_____

3. Perché, secondo voi, i giovani cantanti sono felici di poter cantare da Taci, nonostante il rumore delle voci, dei piatti e dei bicchieri?

_____

_____

_____

⇢ Composizione ⇠

A casa scegliete uno dei seguenti temi. Usate le idee, il lessico, e la grammatica che avete imparato. Scrivete la composizione su un foglio a parte.

1. Descrivete la visione della vita bohemienne rappresentata nell'opera. Siete d'accordo con il punto di vista espresso nell'opera? Spiegate.
2. Descrivete gli avvenimenti dell'opera dal punto di vista di uno dei personaggi, spiegando e difendendo le sue ragioni.
3. Scegliete uno dei temi dell'opera (la vita bohemienne, l'amore, la malattia), e spiegate come viene trattato. Fate riferimento a momenti specifici dell'opera e, se vi sembra utile, ad altre opere liriche, letterarie o cinematografiche che conoscete.
4. La giornalista Margaret Grove Redford ha definito *La bohème* "un esempio di grande amore e potenzialità perdute". Commentate.
5. Molte persone dicono che, anche se non sono appassionate d'opera, amano però *La bohème*. Potete concordare con questa affermazione? Spiegate considerando l'ambientazione, i personaggi e i valori che questi rappresentano.
6. Due anni prima della composizione della *Bohème*, i medici avevano dimostrato la natura contagiosa della tubercolosi. Nel libro *Opera: Desire, Disease, Death,* Linda

e Michael Hutcheon sostengono che il vero motivo per cui Rodolfo lascia Mimì potrebbe essere proprio la paura del contagio. Siete d'accordo con questa interpretazione? Spiegate e descrivete il ruolo della malattia di Mimì nell'opera.

🔄 Ricerca 🔄

Lavorate in coppie. Scegliete uno dei seguenti progetti. Fate ricerca fuori dalla classe e poi preparate una presentazione orale per la classe. Potete fare la ricerca in italiano o in inglese, ma la presentazione deve essere fatta in italiano.

PROGETTO UNO: LETTURA

Scegliete una delle seguenti domande, oppure formulate voi una domanda che vi sembra interessante. Fate ricerca sull'internet. Potete consultare un indirizzo (www.operabase.com o www.lascala.milano.it), usando una parola chiave (opera, *La bohème*, Puccini, ecc.), oppure fare ricerca in biblioteca. Usate fonti in lingua italiana quando è possibile.

1. Fate una ricerca sulle varie produzioni della *Bohème* e sulle varie soprano che hanno interpretato il ruolo di Mimì (Mirella Freni, Licia Albanesi ed altre). Quando e dove hanno cantato in questo ruolo? Che cosa ne hanno detto i critici?
2. Fate una ricerca sulla tubercolosi. Che cosa ne sapeva la scienza alla fine del diciannovesimo secolo?
3. Fate una ricerca sulla presenza della tubercolosi in opere letterarie.
4. Cercate informazioni sulla vita di Puccini, in particolare sulla sua vita sentimentale.

PROGETTO DUE: INTERVISTA

Intervistate due o tre appassionati di opera. Scrivete le loro risposte su un foglio a parte. Presentate i risultati alla classe.

1. Che cosa pensa/i dell'opera in generale?
2. Quale è la Sua/tua opera preferita?
3. Che cosa pensa/i della *Bohème*?
4. Formulate voi una o due domande a scelta.

PROGETTO TRE: AL CINEMA O A TEATRO

Scegliete uno dei progetti che seguono. Presentate i risultati alla classe.

1. Guardate il film *Moonstruck*. Che cosa rappresenta l'opera per i personaggi di questo film?
2. Il film *La vie de la bohème*, di Aki Kaurismaki (1988), è basato sul romanzo *Scènes de la*

bohème, di Henri Murger. Guardate il film e poi descrivete i punti che ha in comune con l'opera.

3. Il "musical" americano *Rent* è basato sulla trama della *Bohème,* ma è ambientato in tempi moderni. Cercate delle informazioni su *Rent.* Quali sono gli elementi comuni, e quali le differenze, fra *La bohème* e *Rent?*

4. Se avete visto *Rent,* paragonatelo e contrastatelo con *La bohème.* Quale vi è piaciuto di più? Perché?

5. Quali elementi in comune hanno i "musical" e le opere? Quali sono le differenze e quali le somiglianze fra i due generi?

UNITÀ

3

Pagliacci

Musica di Ruggero Leoncavallo (1858–1919)
Libretto di Ruggero Leoncavallo

1. Presentazione dell'opera

Quello che sapete già

Leggete le domande che seguono. Rispondete con un/una compagno/a. Poi discutete
con il resto della classe.

A. Guardate la foto (figura 3.1) con i personaggi principali, e descrivetela.

B. Immaginate di scoprire che la persona che amate vi tradisce con qualcuno. Qual è la
prima cosa che fate?

C. I pagliacci fanno ridere, ma possono anche evocare un sentimento di malinconia.
Cercate di spiegare questo fenomeno.

Il contesto

L'insegnante vi farà una mini-conferenza sui *Pagliacci*. Mentre ascoltate, prendete
appunti e interrompete l'insegnante quando non capite (potete usare espressioni come

Figura 3.1 Parte del cast dei Pagliacci *in una rappresentazione del Metropolitan Opera, con Luciano Pavarotti (Canio) e Teresa Stratas (Nedda)*

"Non ho capito", "Cosa vuol dire?", "Può ripetere?", ecc.). Poi, a coppie, usando i vostri appunti, rispondete alle domande di comprensione, inserendo le lettere appropriate negli spazi appositi. Quindi discutete le vostre risposte con il resto della classe. Infine controllate il testo che segue le domande.

DOMANDE DI COMPRENSIONE

I temi
1. Uno dei temi importanti dei *Pagliacci* è _____.
   A. la vita di attori famosi
   B. la vita di attori girovaghi
   C. la vita di attori dilettanti

Le fonti

2. Una delle fonti dei *Pagliacci* è _____.

   A. una commedia italiana

   B. la commedia dell'arte

   C. l'arte italiana

3. Gli attori della commedia dell'arte sapevano _____.

   A. improvvisare

   B. scrivere

   C. risolvere tutti i problemi

La fortuna

4. I *Pagliacci* hanno avuto _____.

   A. più successo delle altre opere di Leoncavallo

   B. meno successo delle altre opere di Leoncavallo

   C. tanto successo quanto le altre opere di Leoncavallo

L'ambientazione e la storia

5. L'opera *Pagliacci* si svolge _____.

   A. in Sicilia

   B. in Lombardia

   C. in Calabria

MINI-CONFERENZA

I temi

Due temi centrali dei *Pagliacci* sono la gelosia e l'odio; altri temi importanti sono la vita degli attori girovaghi e la relazione tra la vita e l'arte. Nel secondo atto, infatti, Leoncavallo crea una "rappresentazione dentro la rappresentazione", dove quello che succede nella commedia recitata dai protagonisti riflette quello che succede nella loro vita.

Le fonti

Le fonti dei *Pagliacci* sono varie: una è probabilmente un delitto passionale di cui parlarono molto i giornali dell'epoca. Un'altra fonte è la commedia dell'arte, una forma di teatro tipicamente italiana, molto diffusa in Europa fra il XVI° e il XVIII° secolo, rappresentata da compagnie di attori spesso girovaghi, capaci di improvvisare, di imitare lingue e dialetti diversi, e di muoversi con grande agilità.

La fortuna

L'opera *Pagliacci* viene rappresentata per la prima volta a Milano nel 1892, sotto la direzione del grande direttore d'orchestra Arturo Toscanini, ed è l'unica opera di Leoncavallo ad avere un immediato ed enorme successo. Tutte le opere successive di Leoncavallo non avranno nessun successo, e il compositore finirà i suoi giorni povero e sconosciuto.

L'ambientazione e la storia

L'opera si svolge nel paesino di Montaldo, in Calabria, il 15 agosto del 1865, durante la festa religiosa dell'Assunzione. La gente del paese saluta con entusiasmo l'arrivo in paese di una piccola compagnia di attori girovaghi, con a capo Canio, il "principe dei pagliacci".

I PERSONAGGI IN ORDINE DI IMPORTANZA

Canio, il capo della compagnia	Tenore
Nedda, la moglie di Canio, un'attrice	Soprano
Tonio, un membro della compagnia	Baritono
Silvio, un abitante del paese	Baritono
Peppe, un altro membro della compagnia	Tenore

2. La trama

Primo atto

Guardate e rispondete

Guardate tutto il primo atto (48 minuti circa). Mentre guardate, leggete i sottotitoli. Poi fate gli esercizi che seguono.

VERO O FALSO

A coppie, indicate "vero" o "falso" di fianco a ciascuna affermazione. Se scegliete "falso", spiegate perché. Se non siete d'accordo, discutete con il resto della classe e giustificate le vostre opinioni.

1. La compagnia degli attori arriva nel paese di Montaldo alle undici di sera. _____

2. Nedda ha un segreto. _____

3. Tonio, il *gobbo*, è un giovanotto del villaggio. _____

4. Canio è più giovane di Nedda. _____

5. Canio è gelosissimo di sua moglie. _____

6. Silvio è uno degli attori della compagnia. _____

7. Tonio ama Nedda. _____

8. Nedda è stanca di fare l'attrice. _____

9. A Nedda piace Tonio. _____

10. Nedda prende in giro Tonio. _____

11. Tonio decide di *vendicarsi*. _____

12. Nedda decide di scappare con Silvio prima della rappresentazione. _____

13. Canio vuole sapere il nome dell'amante di Nedda. _____

14. Canio alla fine del primo atto è angosciato. _____

gobbo   hunchback   *vendicarsi*   to avenge oneself

CHI È?

Lavorate in coppie. Scegliete fra Canio, Nedda, Tonio e Silvio.

1. _____ vuole scappare con Nedda.

2. _____ prende in giro Tonio perché è innamorato di lei.

3. _____ decide di vendicarsi.

4. _____ dice che quello che succede in teatro è una cosa, ma quello che succede nella vita è un'altra.

5. _____ è angosciato perché ha paura di perdere Nedda.

6. _____ rivela a Canio che Nedda ha un amante.

7. _____ vuole sapere il nome dell'amante di Nedda.

8. _____ decide di fuggire con Silvio.

⤳ Descrivete i personaggi ⤳

Lavorate in coppie. Rispondete alle domande facendo riferimento a quello che avete visto e scrivendo le risposte negli spazi appositi. Poi discutete con il resto della classe, giustificando le vostre opinioni.

1. Chi è innamorato di chi, e perché?

_____

_____

2. Chi è geloso di chi, e perché?

_____

_____

3. Chi odia chi, e perché?

_____

_____

🐉 Ripassate la trama 🐉

Leggete il riassunto del primo atto, e poi rispondete alle domande sulla trama, inserendo le lettere appropriate negli spazi appositi. In classe, confrontate le vostre

Figura 3.2 Tonio (Juan Pons) e Canio (Mauro Ermanno)

risposte con quelle di un/una compagno/a. Se non siete d'accordo, confrontatele con quelle del resto della classe.

Tonio, un attore gobbo, entra sul *palcoscenico,* e *recita* il prologo dell'opera ("Signore! Signori! Scusatemi se da sol mi presento. Io sono il Prologo!"). Poi dice che il compositore dell'opera, Leoncavallo, *da un lato* ha voluto usare i personaggi tipici della commedia dell'arte, ma *dall'altro* ha voluto rappresentare *realisticamente* "uno *squarcio di vita*", cioè "l'*odio* e gli *urli* di *rabbia*" di persone "*in carne ed ossa*". Quindi inizia il primo atto. I *commedianti,* cioè il *capo* della compagnia, Canio, la sua giovane moglie Nedda, Peppe, e il gobbo Tonio arrivano sulla piazza del paese, e Canio annuncia che la prima *recita* sarà alle ventitré quella sera.

palcoscenico	stage	*urlo (plurali: urli, m./urla, f.)*	scream
recitare	to act, to perform	*rabbia*	rage
da un lato.... dall'altro	on one hand . . . on the other	*in carne ed ossa*	in the flesh
realisticamente	realistically	*commediante*	player
squarcio di vita	slice of life	*capo*	head
odio	hate	*recita*	performance

1. Nel prologo Tonio dice che l'autore vuole rappresentare _____.
   A. personaggi realistici
   B. personaggi fantastici
   C. personaggi simbolici

2. Canio annucia che la recita sarà _____.
   A. alle nove di sera
   B. alle undici di sera
   C. all'una di notte

Canio, il non più giovane capo dei commedianti, ama molto la giovane moglie Nedda, che ha trovato *orfana* e che *ha allevato.* Anche Tonio è innamorato di Nedda, e i paesani *prendono in giro* Canio, perché ha un *tale* rivale in amore. Canio *si arrabbia* e risponde che "il teatro e la vita non sono la stessa cosa", e che "un *tal* gioco.... è meglio non giocarlo", *cioè* che, mentre sul palcoscenico si può *scherzare,* nella vita reale la gelosia è una cosa seria, e le cose potrebbero finire male.

orfano	orphan	*arrabbiarsi*	to become angry
allevare	to rear, to bring up	*cioè*	that is; i.e.
prendere in giro	to make fun of	*scherzare*	to joke
tal(e)	such		

3. Canio conosce Nedda _____.

   A. da pochi mesi

   B. da pochi anni

   C. da molti anni

4. I paesani prendono in giro Canio perché Tonio è _____.

   A. un rivale pericoloso

   B. un rivale ridicolo

   C. un rivale vendicativo

5. Canio _____.

   A. sta scherzando

   B. parla sul serio

   C. pensa ad altro

Nedda è agitata: infatti, da tempo *tradisce* Canio con Silvio, un *giovanotto* del paese. Mentre Nedda pensa al suo amore segreto e sogna la libertà, Tonio la guarda affascinato. Nedda *ride di* lui. Tonio la prega: "Non rider, Nedda!", ma Nedda lo *respinge* ("Va', va' all'*osteria!*"), dicendogli di aspettare la sera per dirle che l'ama "sulla scena". Tonio però insiste: "No, è qui che voglio dirtelo, e tu m'ascolterai: che t'amo e ti desidero, e che tu mia sarai!" Nedda continua a prenderlo in giro, e Tonio la *minaccia*: "Bada che puoi *pagarla cara!*" Nedda allora gli chiede: "Vuoi che vada a chiamar Canio?" Mentre Tonio cerca di baciarla con la forza, Nedda lo *colpisce*. Tonio esclama: "Me la pagherai!" e *se ne va* livido di rabbia pensando a come vendicarsi, mentre Nedda lo insulta ("Tonio lo *scemo!*"). In quel momento arriva Silvio, l'amante di Nedda, che le chiede di *scappare* con lui quella sera stessa, dopo lo spettacolo ("Verrai?" "Sì, baciami!"). Tonio li vede, e corre a chiamare Canio. Mentre Nedda dice a Silvio: "A stanotte, e per sempre tua sarò", Canio li *sorprende* e *insegue* Silvio, ma non *riesce a* vederlo in faccia né a fermarlo. Nedda allora insulta di nuovo Tonio ("Mi *fai schifo* e *ribrezzo!*"). *Invano* Canio chiede a Nedda il nome dell'amante e la minaccia con un *coltello*. Nedda non glielo rivela. Mentre Peppe cerca di calmare Canio e di tranquillizzare Nedda ("Andatevi a vestir. Sapete, Canio è violento, ma buono"), Tonio dice a Canio: "Calmatevi, padrone. È meglio *fingere....* Bisogna fingere per riuscir!" Angosciato e *sconvolto* dalla gelosia, Canio si dispera perché deve entrare in scena ("Recitar! Mentre, preso dal delirio, non so più quel che dico e quel che faccio!").

tradire	to cheat on, to betray	*osteria*	country pub
giovanotto	young man	*minacciare*	to threaten
ridere di	to make fun of	*pagarla cara*	to pay dearly for
respingere	to reject	*colpire*	to hit

andarsene	to go away, to leave	*fare schifo*	to be repulsive
scemo	fool	*ribrezzo*	disgust
scappare	to flee	*invano*	in vain
sorprendere	to catch in the act	*coltello*	knife
inseguire	to run after	*fingere*	to pretend
riuscire a	to succeed in	*sconvolto*	deeply upset

6. Nedda tradisce Canio con _____.
   A. Tonio
   B. un attore della compagnia
   C. un giovanotto del villaggio

7. Per vendicarsi di Nedda, Tonio _____.
   A. insegue Silvio
   B. insulta Nedda
   C. chiama Canio

8. Canio minaccia Nedda per sapere _____.
   A. che cosa farà
   B. il nome del suo amante
   C. l'ora dell'appuntamento

9. Canio si dispera perché _____.
   A. Tonio ha insultato Nedda
   B. sa che Nedda lo tradisce con un altro
   C. ha paura che il pubblico lo prenda in giro

⇒⇒ Pensate all'atto ⇐⇐

Lavorate in coppie. Negli esercizi che seguono rispondete alle domande facendo riferimento a quello che avete visto e letto, e usando il vocabolario dei riassunti. Scrivete le risposte negli spazi appositi e poi discutete le vostre risposte con il resto della classe.

RICOSTRUITE QUELLO CHE È SUCCESSO

1. Che cosa dice la gente del paese a Canio?

_____

_____

2. Che cosa risponde Canio alla gente che lo prende in giro?

_____

_____

3. Che cosa desidere Nedda?

_____

_____

4. Che cosa fa Tonio?

_____

_____

ANALIZZATE LE MOTIVAZIONI DEI PERSONAGGI

1. Perché la gente prende in giro Canio?

_____

_____

2. Perché Tonio va a chiamare Canio quando vede Nedda con un altro?

_____

_____

3. Perché a Nedda piace tanto Silvio?

_____

_____

4. Perché Canio è doppiamente angosciato prima di entrare in scena?

_____

_____

ANALIZZATE I RAPPORTI FRA I PERSONAGGI

1. Che motivi ha Canio per essere possessivo nei confronti di Nedda?

_____

_____

2. Che rapporto c'è fra Tonio e Canio? Tonio gli vuole bene, vuole proteggerlo? Lo invidia? Lo odia? Spiegate.

_____

_____

3. Che rapporto c'è fra Nedda e Tonio?

_____

_____

❧ Immaginate e rispondete ❧

In piccoli gruppi, leggete "Quello che è successo". Discutete, e poi scrivete le vostre risposte in "Quello che succederà". Se conoscete l'opera, raccontate ai compagni quello che sapete. Discutete le vostre previsioni con il resto della classe. Poi leggete il riassunto del secondo atto.

QUELLO CHE È SUCCESSO

Tonio, un attore gobbo, è innamorato di Nedda, attrice e moglie di Canio, il capo di una compagnia di attori *girovaghi*. Nedda ha un amante, Silvio, e respinge Tonio insultandolo. Silvio convince Nedda a scappare con lui dopo lo spettacolo quella stessa sera. Tonio rivela a Canio che Nedda lo tradisce. La recita sta per cominciare.

QUELLO CHE SUCCEDERÀ

_____

_____

_____

_____

_____

_____

_____

_____

girovago   traveling, wandering

Secondo atto

⇶ Leggete e rispondete ⇷

Leggete il riassunto del secondo atto, inserendo il presente indicativo dei verbi dati, prima di guardarlo. Poi rispondete alle domande che seguono, inserendo le lettere appropriate negli spazi appositi. In classe, confrontate le vostre risposte con quelle di un /una compagno/a. Se non siete d'accordo, confrontatele con quelle del resto della classe.

_____ (essere) le undici di sera e la

rappresentazione _____ (stare) per cominciare. Il

pubblico _____ (*affrettarsi*) a prendere posto. Canio

_____ (*fare*) *la parte di* Pagliaccio, un marito

tradito, mentre Nedda _____ (recitare) la parte della

bella Colombina, la moglie che lo _____ (tradire) con

Arlecchino. Tonio fa la parte di Taddeo, che *fa la corte a* Colombina senza

successo. Infatti questa gli dice: "Non *seccarmi!*" Mentre Arlecchino, l'amante

di Colombina, le _____ (fare) la corte e le

_____ (dare) un *sonnifero* per Pagliaccio, questo li

_____ (sorprendere) insieme. Arlecchino

_____ (scappare), ma Pagliaccio

_____ (sentire) Colombina che gli

_____ (dire): "A stanotte, e per sempre io sarò

tua", le stesse parole che Nedda ha detto a Silvio nella vita reale.

affrettarsi	to hurry up	*seccare*	to bother
fare la parte di	to play the role of	*sonnifero*	sleeping pill
fare la corte a	to court		

1. Nella recita Canio fa la parte _____.
   A. del marito felice di Colombina
   B. del marito tradito di Colombina
   C. dell'amante di Colombina

2. Colombina dice ad Arlecchino le stesse parole che _____.

   A. Nedda ha detto a Silvio

   B. Nedda ha detto a Canio

   C. Tonio ha detto a Nedda

Questo _____ *(scatenare)* la gelosia di Canio

che _____ *(smettere) di* recitare ("No, Pagliaccio

non sono!"). Nedda _____ (capire) che Canio

_____ *(fare) per davvero* quando questo le

_____ (chiedere) ripetutamente il nome del suo amante

("Il nome, o la tua vita!"), ma _____ *(fare) finta*

di non capire. Il pubblico prima non _____

(accorgersi) che Canio non _____ (recitare) più e

fa sul serio, ma poi _____ (capire); Nedda

_____ (avere) paura, ma non

_____ (dire) il nome del suo amante a Canio

che, a questo punto, _____ (prendere) un coltello.

Silvio capisce quello che sta succedendo ("Santo diavolo! Fa davvero!"),

e _____ *(correre)* verso il palcoscenico per salvare Nedda,

ma ormai è troppo tardi. Canio prima _____ *(uccidere)*

Nedda, e poi Silvio. Ora, "la commedia è finita".

scatenare	to unleash	*accorgersi*	to realize
smettere di	to quit	*fare sul serio*	to act in earnest
fare per davvero	to act in earnest	*uccidere*	to kill
fare finta di	to pretend		

3. Il pubblico _____.

   A. si accorge subito che Canio fa sul serio

   B. non si accorge subito che Canio fa sul serio

   C. crede che Canio sia pazzo

4. Canio vuole sapere il nome dell'amante di Nedda, e lei _____.

   A. glielo dice

   B. non glielo dice

   C. gli dice un nome falso

5. Alla fine _____.
   A. Nedda e Silvio scappano
   B. Tonio e Canio muoiono
   C. Nedda e Silvio muoiono

Discutete quello che è successo

Lavorate in coppie. Oralmente, rispondete alle domande. Poi discutete con il resto della classe.

1. Qual è il dramma di Canio nel momento in cui deve entrare in scena?
2. Qual è il dramma di Nedda prima della rappresentazione? E durante la rappresentazione?
3. Qual è il dramma di Silvio durante la rappresentazione?

Guardate e rispondete

Adesso guardate tutto il secondo atto (25 minuti circa). Mentre guardate, leggete i sottotitoli. Poi fate l'esercizio che segue.

VERO O FALSO

A coppie, indicate "vero" o "falso" di fianco a ciascuna affermazione. Se scegliete "falso", spiegate perché. Se non siete d'accordo, discutete con il resto della classe e giustificate le vostre opinioni.

1. Tonio recita la parte di Pagliaccio. _____
2. Canio sente le stesse parole che Nedda ha detto a Silvio. _____
3. Il pubblico si accorge subito che Canio fa sul serio. _____
4. Nedda rivela il nome del suo amante a Canio. _____
5. Canio uccide Nedda e Silvio. _____

Le vostre reazioni e le vostre opinioni

Con il resto della classe, paragonate quello che avete visto alle vostre previsioni. Poi, individualmente, leggete le domande che seguono e scrivete le vostre risposte. Quindi

*Figura 3.3 Pagliaccio (Luciano Pavarotti) uccide
Colombina (Teresa Stratas)*

fate le domande a un/una compagno/a, e scrivete le sue risposte. Infine raccontate le
vostre idee a tutta la classe.

1. A che punto dell'opera il pubblico si è accorto della coincidenza fra la

   rappresentazione e la "rappresentazione dentro la rappresentazione"? A che

   punto te ne sei accorto/a tu?

   Tu _____

   Un/una compagno/a _____

2. Secondo te, il comportamento di Tonio è giustificabile o scusabile? Perché?

   Tu _____

   Un/una compagno/a _____

3. Quale personaggio vive il dramma più angosciante, secondo te? Spiega.

   Tu _____

   Un/una compagno/a _____

4. Quale personaggio ti piacerebbe interpretare, e perché?

Tu _____

Un/una compagno/a _____

3. Parole, parole, parole

⇥ Parole utili ⇤

A. Lavorate in piccoli gruppi. Scegliete gli aggettivi (modificandoli come necessario) che descrivono meglio ogni personaggio. Dite perché li avete scelti, citando esempi dall'opera. Discutete le eventuali differenze di opinione con il resto della classe.

coraggioso
crudele
geloso
generoso

Figura 3.4 Teresa Stratas nel ruolo di Nedda

infelice
patetico
possessivo
sensibile
sfortunato
vendicativo
vile

Nedda _____

Canio _____

Silvio _____

Tonio _____

Quali aggettivi sceglieresti per descrivere te stesso/a?

_____

B. Accoppiate i sinonimi o le parafrasi della lista con le parole e le espressioni del libretto sottolineate nelle frasi che seguono. Poi confrontate le vostre risposte con quelle di un/una compagno/a. Se necessario, discutete con il resto della classe.

a. il sentimento opposto all'amore
b. undici di sera
c. agire o parlare per gioco
d. quello che prova una persona arrabbiata
e. ridono di
f. scappa
g. sei ripugnante
h. lo spettacolo
i. fare finta, mentire
j. mi vendicherò

1. Leoncavallo in questa opera intende rappresentare realisticamente l'odio e i suoi risultati. _____

2. Gli spettatori durante la rappresentazione sentiranno gli urli di rabbia di persone in carne ed ossa. _____

3. Canio annuncia che lo spettacolo avrà inizio alle ventitré. _____

4. Alcuni paesani prendono in giro Canio perché Tonio è il suo rivale in amore.

_____

5. Canio dice che nella vita reale è meglio non <u>scherzare</u> perché potrebbe finire male.
   _____

6. Tonio dice a Nedda: "<u>La pagherai cara</u>". _____

7. Sorpresa da Tonio e da Canio con Silvio, Nedda dice a questo: "<u>Fuggi!</u>" _____

8. A Tonio, Nedda dice: "<u>Mi fai schifo</u> e ribrezzo". _____

9. A Canio, che vuole uccidere Nedda perché non vuole dirgli il nome del suo amante, Tonio consiglia di procedere con <u>la recita</u>. _____

10. Tonio dice a Canio che "bisogna <u>fingere</u> per riuscire". _____

c. Adesso completate il riassunto del secondo atto con le parole e le espressioni che seguono, nella forma appropriata:

affrettarsi

fare la parte

orfano

recita

scappare

seccare

smettere

tradire

Sono le undici: la _____ sta per iniziare; gli spettatori _____ a prendere posto. Tonio _____ di un servitore, Taddeo, che fa la corte a Colombina (Nedda); questa però gli dice: "Non mi _____!" Intanto arriva Arlecchino (Peppe), che propone a Nedda di _____ insieme. A questo punto entra Pagliaccio (Canio), il marito _____, e Arlecchino scappa. Canio, che ha riconosciuto le parole di Nedda, a questo punto _____ di recitare e ricorda quando ha trovato Nedda piccola e _____.

accorgersi

amante

chiedere

fare finta

fare per davvero

fare sul serio

finire
rivelare
uccidere

Nedda prima _____ di non capire che Canio

_____. Questo, accecato dalla gelosia,

_____ a Nedda il nome del suo

_____, ma lei dichiara che non glielo vuole

_____. Anche il pubblico, a questo punto,

_____ che gli attori _____.

Canio, furioso, prende un coltello e _____ Nedda. Silvio

corre per aiutarla, ma Canio uccide anche lui. Le ultime parole dell'opera sono "La

commedia _____!"

⟩⟩ Esplorazione linguistica ⟨⟨

VARIAZIONI SUL TEMA

Leggete le frasi che seguono. Completatele con la forma appropriata delle parole date.
Correggete con un/una compagno/a.

seccare (verbo)
seccante/seccato/secco (aggettivi)
a secco (espressione avverbiale)

1. Quando il mio compagno mi ha interrotto per la centesima volta mentre leggevo, gli

   ho detto: "Non mi _____!"

2. Il mio amico era molto _____ quando sono arrivata con

   un'ora di ritardo.

3. La tua giacca è sporca: ha bisogno di essere lavata _____.

4. Con il pesce, dicono che è meglio bere un vino bianco

   _____.

5. Qualcuno mi telefona sempre durante la cena. È molto

   _____.

   riso, sorriso (nomi)
   ridere/ridere di/sorridere (verbi)
   sorridente (aggettivo)

6. I film di Charlie Chaplin fanno sempre _____.

7. È piacevole parlare con Mirella: è sempre _____.

8. I bambini piccoli spesso _____ alla gente che non conoscono.

9. Tutti _____ Tonio perché è gobbo.

10. Il pianto e il _____ a volte sono la manifestazione della stessa emozione.

11. Un _____ sincero al momento giusto può cambiare una situazione.
    fretta (nome)
    affrettarsi (verbo)
    frettoloso (aggettivo)
    in fretta (espressione avverbiale)

12. Lo spettacolo sta per cominciare, e il pubblico _____ ad entrare al cinema.

13. Non ho molto tempo. Devo uscire _____.

14. Mi dispiace, non posso fermarmi a chiacchierare perché ho molta
    _____.

15. Gli ho parlato in modo _____ perché avevo poco tempo.
    odio (nome)
    odiare (verbo)
    odioso (aggettivo)

16. Nedda _____ Tonio.

17. L'_____ è un sentimento forte come l'amore.

18. Quando mi prendi in giro e mi tratti male, sei _____.
    recita/recitazione/recitativo (nomi)
    recitare (verbo)

19. Mi piacerebbe _____ in un dramma di Shakespeare.

20. Ho partecipato a molte _____ scolastiche quando ero alla scuola media.

21. Quell'attore ha preso lezioni di _____ da un grande

maestro.

22. Le parole di quest'opera sono facili da capire: ci sono molte parti di

_____ .

PARLATE

A. Lavorate in coppie. Ascoltate il vostro compagno/la vostra compagna che dice delle cose su di voi. Rispondete "vero" o "falso" o "qualche volta". Se la frase è falsa, correggetela dicendo la verità. Alla fine scambiatevi i ruoli.

1. Quando qualcuno ti prende in giro, ridi.
2. Quando qualcuno ti insulta, ti arrabbi.
3. Quando sei triste, scherzi.
4. Quando qualcuno ti fa male, ti vendichi.
5. In una situazione imbarazzante, scappi.
6. Quando è ora di andare a lezione di italiano, ti affretti.
7. Quando una persona ti interrompe mentre studi, dici: "Non seccarmi!"
8. Se vedi un ladro che scappa, lo insegui.
9. Se qualcuno ti dice che gli/le dà fastidio se canti, smetti.
10. Odi la pizza con i funghi.
11. Sei bravo a fingere per nascondere i tuoi sentimenti.
12. Ti fanno schifo gli insetti.

B. Fate a un/una compagno/a delle domande sulle sue esperienze. Il/la compagno/a ascolta solamente, non legge. Poi ripetete le domande scambiandovi di ruolo.

Esempio: Studente A: Chiedete alla Studente B se ha visto altre opere. <u>Hai visto altre opere?</u>

Studente B: <u>Sì, ho visto altre opere</u>; o <u>No, non ho visto altre opere.</u>

Studente A

1. Chiedete allo Studente B se è mai stato/a geloso/a e quando.
2. Chiedete allo Studente B se ha mai recitato in una commedia durante gli anni di scuola.
3. Chiedete allo Studente B se *si è* mai *mascherato*, e da che cosa.
4. Chiedete allo Studente B se ha mai preso in giro qualcuno, e chi.
5. Chiedete allo Studente B se si è mai arrabbiato/a quando qualcuno lo/la ha preso in giro.

mascherarsi   to dress in costume

⟡ Frasi del libretto ⟡

Le frasi nella colonna di sinistra sono tratte dal libretto dei *Pagliacci,* quelle di destra descrivono varie situazioni di vita reale. Decidete in quale situazione sarebbe possibile usare o citare *scherzosamente* le frasi del libretto e scrivete la lettera corrispondente alla situazione nello spazio apposito. Poi confrontate le vostre risposte con quelle di un / una compagno/a. Discutete con l'insegnante per stabilire quali frasi sono usate nell'italiano moderno.

scherzosamente   playfully

1. Mi fai schifo! _____

2. La pagherai! _____

3. Non seccarmi! _____

4. Rimani! _____

5. Bisogna fingere per riuscire. _____

6. Il nome! _____

7. Per sempre tua / tuo sarò! _____

8. Fuggiamo! _____

a. È tardi, hai sonno, e una tua amica insiste per cantare un duetto con te.

b. Sono solo le undici di sera, sei in casa con una persona "speciale", quando questa ti dice che deve andare via.

c. Trovi uno *scarafaggio* in cucina.

d. Una tua amica ti dice che ha un ragazzo, ma non vuole dirti come si chiama.

e. Prometti all'uomo / alla donna della tua vita di sposarlo/la.

f. Insegni a un'amica a giocare a poker.

g. Ti hanno rubato la macchina perché l'amico a cui l'avevi prestata l'ha lasciata aperta con le chiavi dentro.

h. Sei a una festa con un tuo amico, e la festa è noiosissima.

scarafaggio   cockroach

⟡ Ripasso di parole ⟡

A casa scrivete uno o due paragrafi su un argomento di vostra scelta usando circa quindici "parole utili" date sopra. Se volete, potete usare una o più delle seguenti frasi come ispirazione:

—Recitare mi piaceva, ma la vita dell'attore / attrice era dura e....

—Lavoravamo insieme e l'amavo da tanti anni. Poi un giorno....

—Mi ha preso in giro. In quel momento l'ho odiato/a profondamente....

4. Grammatica

Il pronome "ci"; i pronomi "ne", "ce ne"; il passato prossimo con "essere" e "avere"; il passato prossimo con "avere" e i pronomi diretti ("lo", "la") e indiretti ("gli", "le", "gli") e con "ne"; il passato prossimo con i pronomi combinati ("glielo", "gliela", "glieli", "gliele", "gliene"); l'imperfetto; il passato prossimo e l'imperfetto; riconoscimento del passato remoto

Il pronome "ci"

Rispondete alle domande sulla trama usando "ci" e il tempo appropriato del verbo. Scrivete le risposte negli spazi appropriati. Poi confrontate le vostre risposte con quelle del resto della classe.

1. I commedianti sono già stati a Montaldo delle altre volte?

    Sì, _____ già _____.

2. Quando è arrivata a Montaldo la compagnia degli attori?

    _____ il giorno dell'Assunzione.

3. Quando doveva andare da Silvio, Nedda?

    _____ dopo la recita.

4. Canio ha creduto a quello che gli ha detto Tonio?

    Sì, _____.

5. Nedda è riuscita a scappare con Silvio?

    No, _____.

I pronomi "ne", "ce ne"

ESERCIZIO ORALE

Piegate il foglio a metà. Lo studente A guarda solo la sua parte della pagina e lo studente B guarda solo la sua. Lo studente A fa le prime cinque domande, lo studente B ascolta, e risponde usando il pronome "ne" o "ce ne" e il tempo appropriato. Lo studente A lo corregge, quando è necessario, usando le risposte date fra parentesi quadra. Poi gli studenti si scambiano di ruolo. Notate che "nessuno/a" è sempre singolare e richiede la concordanza del participio passato al singolare.

Studente A	*Studente B*
1. Quanti ne abbiamo il giorno dell'Assunzione? [Ne abbiamo quindici agosto.]	_____ quindici agosto.
2. Secondo te, quanti anni aveva Nedda quando Canio l'ha trovata orfana? [Secondo me, ne aveva....]	Secondo me, _____.
3. Secondo te, quante recite hanno fatto i commedianti in tutta la loro vita? [Secondo me, ne hanno fatte molte.]	Secondo me, _____ molte.
4. Secondo te, quanti amici ha avuto Tonio nella sua vita? [Secondo me, non ne ha avuto nessuno.]	Secondo me, non _____ nessuno.
5. Secondo te, Nedda ha avuto molti amanti prima di Silvio? [Sì/No, non/ne ha avuti molti.]	Sì/No, non / _____ molti.
6. Secondo te, quanta gente andava di solito alla rappresentazione dei comici dell'arte? [Ce ne andava molta.]	_____ molta.
7. Quanti spettatori sono andati a vedere la recita dei commedianti la sera del 15 agosto? [Ce ne sono andati molti.]	_____ molti.
8. Quanti attori c'erano nella compagnia di Canio? [Ce ne/n'erano tre, più Canio.]	_____ tre, più Canio.
9. Quanti divertimenti c'erano nel paese? [Ce ne/n'erano pochi.]	_____ pochi.
10. Quanto bambini c'erano alla rappresentazione? [Ce ne/n'erano molti.]	_____ molti.

⋑ Il passato prossimo con "essere" e "avere" ⋐

A. Immaginate di raccontare a qualcuno la trama dei *Pagliacci*. Usate il passato prossimo dei verbi dati fra parentesi, scegliendo l'ausiliare "essere" o "avere" e facendo la concordanza del participio passato quando necessaria. Poi confrontate le vostre risposte con quelle del resto della classe.

Un bel giorno _____ (arrivare) sulla piazza di un paesino calabrese una compagnia di attori girovaghi. Canio, il capo della compagnia, era molto innamorato della sua giovane moglie Nedda. Questa, però, era da tempo innamorata di un giovanotto del paese, Silvio. Tonio, un attore gobbo, faceva la corte a Nedda, e Canio lo _____ (mandare) via arrabbiato. Allora, i paesani lo _____ (prendere) in giro per la sua gelosia. Più tardi, quando Tonio _____ (cercare) di baciare Nedda, lei lo _____ (trattare) male. Tonio, allora, la _____ (attaccare) con violenza; Nedda si è difesa, e lo _____ (insultare). Tonio, a questo punto, _____ (andare) via livido di rabbia, pensando a come vendicarsi. Silvio, intanto, _____ (andare) a trovare Nedda, e le _____ (chiedere) di scappare con lui quella stessa sera, dopo la rappresentazione. Tonio li _____ (sentire), e _____ (chiamare) Canio. Questo _____ (cercare) di prendere Silvio, ma non ci _____ (riuscire). Invano _____ (chiedere) a Nedda il suo nome: Nedda non gli _____ (dire) niente. Durante la recita _____ (succedere) le stesse cose che erano successe nella vita reale: mentre Taddeo (Tonio) faceva la corte a Colombina (Nedda), questa gli _____ (dire): "Non seccarmi!" Poi _____ (arrivare) Arlecchino (Peppe), l'amante di Colombina, che le _____ (chiedere) di scappare con lui. Colombina gli ha _____ (dire) le stesse parole che Nedda aveva detto a Silvio, e Pagliaccio (Canio), il marito geloso, le _____ (sentire). A questo punto Canio _____ (smettere) di recitare. Arlecchino allora _____ (scappare), e Canio

_____ (infuriarsi) con Nedda e le

_____ (chiedere) il nome dell'amante. Accecato dalla

gelosia, Canio _____ (prendere) un coltello e

_____ (uccidere) Nedda. Silvio

_____ (farsi) avanti per aiutarla, ma Canio

_____ (uccidere) anche lui. La commedia

_____ (finire) tragicamente.

B. Discutete con il resto della classe che cosa hanno fatto i protagonisti.

⮆ Il passato prossimo con "avere" e i pronomi ⮄ diretti ("lo", "la") e indiretti ("gli", "le", "gli") e con "ne"

ESERCIZIO ORALE

Piegate il foglio a metà. Lo studente A guarda solo la sua parte della pagina e lo studente B guarda solo la sua. Lo studente A fa le prime cinque domande, lo studente B ascolta, e risponde inserendo "lo", "la", "gli", "le", o "ne" nella posizione corretta, coniugando i verbi al passato prossimo, e facendo la concordanza del participio passato, quando appropriata. Lo studente A lo corregge, se necessario, usando le risposte date fra parentesi quadra. Poi gli studenti si scambiano i ruoli.

Studente A	Studente B
1. Canio ha allevato Nedda?	Sì (allevare).
[Sì, la/l'ha allevata.]	
2. Nedda ha tradito Canio?	Sì (tradire).
[Si, lo/l'ha tradito.]	
3. Tonio ha parlato a Canio?	Sì (parlare).
[Sì, gli ha parlato.]	
4. Tonio ha fatto la corte a Nedda?	Sì (fare la corte).
[Sì, le ha fatto la corte.]	
5. Nedda e Canio hanno fatto molte recite insieme?	Sì (fare) molte.
[Sì, ne hanno fatte molte.]	
Scambiatevi di ruolo.	

Studente B	Studente A
6. Canio ha tradito Nedda?	No, non (tradire).
[No, non la/l'ha tradita.]	
7. Nedda ha preso in giro Tonio?	Sì (prendere) in giro.
[Sì, lo/l'ha preso in giro.]	
8. Nedda ha parlato a Silvio?	Sì (parlare).
[Sì, gli ha parlato.]	
9. Nedda e Silvio hanno fatto molti progetti insieme?	Sì (fare) molti.
[Sì, ne hanno fatti molti.]	
10. Canio ha perdonato Nedda?	No, non (perdonare).
[No, non la/l'ha perdonata.]	

❧ Il passato prossimo con i pronomi combinati ❧ ("glielo", "gliela", "glieli", "gliele", "gliene")

Lavorate in coppie. Rispondete alle domande, scegliendo "Sì" o "No, non", usando il pronome combinato ("glielo", "gliela", "glieli", "gliele", "gliene") ed il passato prossimo, e facendo la concordanza fra il participio passato e il pronome di oggetto diretto. Poi confrontate le vostre risposte con quelle del resto della classe.

Esempio: Tonio ha chiesto a Nedda di scappare con lei?
Sì/No, non glielo/gliel'ha chiesto.

1. Silvio ha chiesto a Nedda di scappare con lui?

   Sì/No, non _____.

2. Tonio ha detto ha Nedda che la ama?

   Sì/No, non _____.

3. Silvio ha fatto delle promesse a Nedda?

   Sì/No, non _____.

4. Canio ha dedicato a Nedda la sua vita?

   Sì/No, non _____.

5. Silvio ha promesso il suo amore a Nedda?

   Sì/No, non _____.

6. Nedda ha dato delle speranze a Tonio?

   Sì/No, non _____.

7. Tonio ha detto a Canio il nome dell'amante di Nedda?

   Sì/No, non ————————————————————.

8. Canio ha chiesto a Nedda il nome del suo amante?

   Sì/No, non ————————————————————.

9. Nedda ha detto a Canio il nome di Silvio?

   Sì/No, non ————————————————————.

❧ L'imperfetto ❦

Leggete il brano che segue sulla commedia dell'arte, e riempite gli spazi con l'imperfetto dei verbi dati fra parentesi.

La commedia dell'arte ———————————————— (essere) una forma

di teatro comico tipicamente italiana e diffusa in tutta Europa tra il 1500 e

Figura 3.5 Arlecchino

il 1700. Ogni attore _____ (assumere) il ruolo, la

maschera e il dialetto di un personaggio particolare; le storie, o

"*canovacci*", erano *fisse* e _____ (raccontare)

intrighi d'amore che _____ (finire) sempre bene. Gli

attori _____ (dovere) saper *improvvisare* ed

_____ (essere) abilissimi acrobati e musicisti,

capaci di farsi capire da tutti grazie alla loro mimica. Quando le cose

_____ (minacciare) di diventare noiose, gli attori

_____ (usare) il loro repertorio di *scherzi*, che

_____ (chiamarsi) "lazzi", in parte simili alle

"slapstick gags" di attori come Charlie Chaplin o Lucille Ball. Le compagnie

di attori _____ (viaggiare) e

_____ (recitare) in molte parti d'Italia e d'Europa,

in parte perché _____ (avere) bisogno di un *pubblico*

sempre nuovo, e in parte per evitare le sanzioni della chiesa e delle autorità

che non _____ (approvare) i loro *spettacoli*,

anche perché le donne in palcoscenico _____ (essere)

considerate scandalose. Arlecchino—un contadino venuto in città dalla

campagna veneta e divenuto servitore, sempre affamato, opportunista, *sciocco*

ma anche capace di *battute di spirito*—è una delle maschere più famose della

commedia dell'arte. Arlecchino è riconoscibile per la sua agilità di

movimento, per la *parlata* veneta, e per il vestito fatto di *pezze* multicolori.

maschera	mask	*pubblico*	audience
canovaccio	dishrag; story line	*spettacolo*	show
fisso	fixed	*sciocco*	foolish
intrigo	convoluted plot	*battuta di spirito*	funny line
improvvisare	to improvise	*parlata*	way of speaking, accent
scherzo	joke	*pezza*	patch

 Il passato prossimo e l'imperfetto

ESERCIZIO SCRITTO

Leggete ciascuna frase e riempite gli spazi vuoti con l'imperfetto o il passato prossimo dei verbi fra parentesi. Poi confrontate le vostre risposte con il resto della classe.

1. Mentre Colombina _____ (apparecchiare) la tavola, il

   pubblico _____ (ridere).

2. Mentre Colombina _____ (parlare) col pubblico,

   _____ (arrivare) Taddeo (Tonio).

3. Taddeo _____ (dare) a Colombina un pollo, e lei lo

   _____ (prendere).

4. Colombina _____ (mettere) in tavola il pollo di Taddeo.

5. Arlecchino e Colombina _____ (baciarsi) quando Taddeo

   li _____ (lasciare) soli.

6. Mentre Colombina _____ (mangiare), Arlecchino le

   _____ (dare) un sonnifero per Pagliaccio.

7. Mentre Colombina _____ (cantare) "tua per sempre sarò",

   Canio (Pagliaccio) _____ (accorgersi) che quelle

   _____ (essere) le stesse parole che Nedda aveva detto

   a Silvio.

8. Mentre _____ (essere) *accecato* dalla gelosia,

   Canio _____ (prendere) il coltello e

   _____ (uccidere) Nedda.

9. Mentre Nedda _____ (morire), Silvio

   _____ (capire) quello che

   _____ (stare) succedendo, ma ormai

   _____ (essere) troppo tardi.

10. La commedia _____ (finire) tragicamente.

accecato   blinded

ESERCIZIO SCRITTO

Leggete le domande e completate gli spazi vuoti con l'imperfetto e il passato prossimo dei verbi fra parentesi. Scrivete anche le risposte, scegliendo fra le possibilità date nella lista che segue. Poi confrontate le vostre risposte con quelle del resto della classe.

Sono arrivati gli attori ambulanti
No, era preoccupata
Le ha chiesto il nome del suo amante
Tonio li ha visti
Alla libertà
Canio li ha sentiti
L'ha preso in giro

1. Domanda: Chi _____ (arrivare) in paese mentre le

   persone _____ (passeggiare)?

   Risposta: _____.

2. A che cosa _____ (pensare) Nedda mentre

   _____ (guardare) gli uccellini che

   _____ (volare) in cielo?

   _____.

3. Come _____ (reagire) Nedda quando Tonio le

   _____ (dichiarare) il suo amore?

   _____.

4. Chi _____ (vedere) Silvio e Nedda mentre Silvio

   _____ (cantare) una canzone d'amore a Nedda?

   _____.

5. _____ (essere) contenta Nedda quando

   _____ (decidere) di lasciare Canio?

   _____.

6. Che cosa _____ (succedere) mentre Nedda e Silvio

   _____ (decidere) di fuggire insieme?

   _____.

7. Che cosa _____ (chiedere) Canio a Nedda durante la

   scenata di gelosia?

   _____.

ESERCIZIO SCRITTO E ORALE

Leggete ciascun dialogo e riempite gli spazi vuoti con l'imperfetto o il passato prossimo. Poi confrontate le vostre risposte con quelle del resto della classe. Poi leggetelo a voce alta con un/una compagno/a. Fate particolare attenzione alla pronuncia e all'intonazione.

Prima conversazione

Gina: _____ (tu/vedere) i *Pagliacci?*

Riccardo: No, non li _____ (vedere). E tu?

Gina: Io sì.

Riccardo: Ti _____ (piacere)?

Gina: Sì, soprattutto mi _____ (piacere) Nedda.

Riccardo: Perché? Che cosa _____ (fare)?

Gina: Beh, Canio _____ (cercare) di dominarla, ma non

ci _____ (riuscire). Lei _____

(essere) innamorata di Silvio e così _____ (decidere) di

scappare con lui.

Riccardo: E ci _____ (riuscire)?

Gina: Eh no, perché *purtroppo* Canio li _____ (uccidere) tutti

e due!

Seconda conversazione

Elena: _____ (io/leggere) qualcosa di interessante sugli

attori della commedia dell'arte.

Patrizia: Davvero? Che cosa _____ (tu/leggere)?

Elena: Che spesso gli attori _____ (essere) sposati fra di loro.

Patrizia: È abbastanza logico: _____ (passare) molto tempo

insieme, no?

Elena: Sì, e spesso Arlecchino e Colombina _____ (stare)

insieme non solo sul palcoscenico, ma anche nella vita.

Terza conversazione

John: Professore, è vero che tutti gli attori della commedia dell'arte

_____ (portare) la maschera?

Professore: No, non tutti. Spesso le donne non la

_____ (portare). Per quelle che

_____ (fare) la parte dell'Innamorata, una certa

bellezza _____ (essere) un *requisito* essenziale.

Altre caratteristiche della commedia dell'arte _____

(essere) che i personaggi _____ (essere) sempre gli stessi, che non

_____ (esistere) delle commedie scritte, solo dei

"canovacci", e che gli attori _____ (dovere) saper

improvvisare.

John: Ah, _____ (io / capire)!

> *purtroppo*   unfortunately
> *requisito*   requirement

⪻ Riconoscimento del passato remoto ⪼

Completate le informazioni sulla vita di Leoncavallo scegliendo fra i passati remoti dati. Poi rispondete alle domande che seguono negli spazi appositi. Infine confrontate le vostre risposte con quelle del resto della classe.

ebbe / ebbero (avere)
fu (essere)
morì (morire)
nacque (nascere)
ricevette (ricevere)
studiò (studiare)
visse (vivere)

Ruggero Leoncavallo _____ a Napoli nel 1857 e

_____ una approfondita educazione musicale e

letteraria: infatti, _____ musica a Napoli e poi

letteratura all'università di Bologna. Per molto tempo Leoncavallo

_____ all'estero guadagnandosi la vita come pianista

di caffè, compositore di canzonette, e insegnante di musica. La sua unica

opera che _____ un grande successo di pubblico

_____ *Pagliacci.* Le altre opere di Leoncavallo non

_____ nessun successo. Leoncavallo

_____ a Montecatini, in Toscana, nel 1926.

1. Dove nacque Leoncavallo? _____

2. Dove visse per molti anni? _____

3. Fu un compositore di successo? _____

4. Ebbe fama e ricchezza? _____

5. I personaggi in carne ed ossa

Intervistate i personaggi

A. In classe, dividetevi in "personaggi" e "intervistatori".

Personaggi: A casa, preparate un monologo di un minuto o due su di voi. Dite come siete fisicamente, che cosa fate, qual è la vostra condizione sociale ed economica, quali sono i vostri problemi sentimentali e psicologici, i vostri desideri, i vostri ideali, le vostre ambizioni, e le vostre speranze.

Intervistatori: A casa, preparate due o tre domande da fare ai vari personaggi sulla loro vita, sui loro rapporti con gli altri e sulle loro motivazioni. Per esempio, potete chiedere a Nedda: "Perché ti piace Silvio?" O a Tonio: "Perché sei stato così crudele con Nedda?"

B. Il giorno dell'intervista, i personaggi si siedono a semicerchio davanti agli intervistatori e recitano i loro monologhi. Gli intervistatori fanno le domande, e i personaggi rispondono improvvisando.

Scrittura breve

Nello spazio apposito nella pagina che segue scrivete uno o due paragrafi scegliendo fra uno dei seguenti argomenti:

1. Scrivete una lettera di Nedda a Canio in cui lei gli dice perché lo lascia.

2. Scrivete un dialogo fra due personaggi riferito ad un momento specifico dell'opera.

3. Scrivete un finale diverso per l'opera.

6. Famose arie e duetti

Vesti la giubba (Primo atto)

Questa è l'aria più famosa dei Pagliacci, *in cui Canio esprime l'angoscia provocata dalla necessità di recitare il ruolo di Pagliaccio sul palcoscenico, mentre nella sua vita personale si sta svolgendo un terribile dramma. Quest'aria, nell'interpretazione del grande tenore Enrico Caruso (1873–1921), è stato il primo brano musicale al mondo a raggiungere la vendita di un milione di copie di dischi.*

Figura 3.6 Luciano Pavarotti, nel ruolo di Canio, canta "Vesti la giubba"

⤷ Ascoltate le parole 🎧 📽 ⤶

Lavorate in coppie. Leggete il testo dell'aria e riempite gli spazi vuoti con il presente indicativo dei verbi dati fra parentesi. Se necessario, leggete la traduzione nell'Appendice. Poi, con un / una compagno/a, correggete quello che avete scritto. Infine ascoltate l'aria e correggete di nuovo.

Recitar!

Mentre, preso dal delirio,

non _____ (io / sapere) più

quel che _____ (io / dire)

e quel che _____ (io / fare)!

Eppur è d'uopo, sforzati!

Bah! _____ (Essere) tu forse un uomo?

Tu _____ (essere) Pagliaccio!

Vesti la giubba!

E la faccia infarina!

La gente _____ (pagare)

e rider _____ (volere) qua.

E se Arlecchin

t'_____ (involare) Colombina,

ridi, Pagliaccio,

e ognun t'applaudirà!

Tramuta in lazzi

lo spasmo e il pianto,

in una smorfia

il singhiozzo e il dolor!

Ridi, Pagliaccio,

sul tuo amore infranto!

Ridi del duol che

t'_____ (avvelenare) il cor!

⇌📢 Parlate dell'aria 📢⇌

A. Leggete di nuovo le parole dell'aria. Poi dividetevi in coppie, leggete le frasi che seguono, e completatele correttamente. Poi discutete le vostre scelte con il resto della classe.

1. Nell'aria Canio dice che è preso dal delirio. Significa che è _____.

   A. triste

   B. confuso

   C. folle di disperazione e di gelosia

2. "Giubba" è una parola dell'italiano antico che significa "giacca". Canio se la mette perché _____.

   A. ha freddo

   B. deve entrare in scena

   C. non ha un altro vestito

3. Canio dice che deve trasformare in riso "lo spasmo e il pianto". Un'altra parola, più moderna, per questa espressione è _____.

   A. l'angoscia

   B. la paura

   C. lo spasmo muscolare

4. Pagliaccio deve far ridere, così la gente _____.

   A. andrà via

   B. sarà contenta

   C. sarà triste

5. Canio dice che deve ridere anche se è stato tradito. È stato tradito da _____.

   A. Tonio

   B. Silvio

   C. Nedda

B. Scrivete una frase per riassumere il contenuto dell'aria. Scambiatevi i riassunti con un/una compagno/a e discuteteli.

7. Attività di esplorazione

 **Discussione**

L'OPERA

Lavorate in piccoli gruppi. Oralmente rispondete alle domande. Poi discutete le vostre idee con il resto della classe.

1. Secondo voi, Nedda ha deciso di scappare perché ama Silvio o perché vuole *ferire* Canio? Spiegate.

2. In che modo Nedda usa la tecnica dell'improvvisazione, tipica della commedia dell'arte, per cercare di annullare la gelosia di Canio sul palcoscenico?

3. Conoscete delle altre opere teatrali che utilizzano l'espediente del "dramma dentro il dramma"? Se sì, quali?

4. Quale aspetto della storia vi ha colpito di più? Pensate ai comportamenti dei protagonisti e alle loro reazioni.

5. Che cosa devono saper fare gli interpreti di questa opera? Spiegate. Come giudicate la loro interpretazione (canto e recitazione)?

ferire   to hurt

L'UMORISMO E L'OPERA

Leggete il brano che segue. Poi, a coppie, oralmente rispondete alle domande che seguono. Infine discutete le vostre risposte con tutta la classe.

La parola "claque" indica un gruppo di spettatori pagati per applaudire. Questo fenomeno sembra essere nato a Parigi nel 1820, per iniziativa di due frequentatori abituali dell'opera. L'iniziativa ebbe molto successo e diventò poi una pratica tradizionale nei teatri dell'opera, soprattutto quelli italiani.

> Prezzi per le prestazioni della claque:
> Applauso di spettatore all'entrata dei cantanti: 25 lire
> Applauso di spettatrice all'entrata dei cantanti: 15 lire
> Applausi normali durante lo spettacolo: 10 lire l'uno
> Applausi insistenti durante lo spettacolo: 15 lire l'uno
> Applausi particolarmente insistenti: 17 lire
> "Bene!" "Bravo!": 5 lire
> "*Bis*" con insistenza: 50 lire
> Manifestazioni di eccezionale entusiasmo: somma da *pattuire*

(R. Cialdini, *The Psychology of Persuasion* [New York: William Morrow, 1993], 159)

bis   encore
pattuire   to stipulate

1. Qual era, secondo la lista, la prestazione meglio pagata, nel 1800?

2. Esiste oggi un fenomeno simile a quello della claque, nel mondo dei media? Potete descriverlo?

GLI APPASSIONATI D'OPERA

Guardate la foto (figura 3.7), e leggete il dialogo che segue. Poi, a coppie, rispondete alle domande che seguono, scrivendo le risposte negli spazi appositi. Infine discutete le vostre risposte con tutta la classe.

*Figura 3.7 Tony e Sally Amato, fondatori della Amato
Opera House di New York*

Intervistatrice: Quando vi siete trasferiti negli Stati Uniti?

Tony Amato: Sally è nata negli Stati Uniti, io invece sono emigrato nel 1927 da un paese vicino a Napoli. I primi anni ho fatto il macellaio, perché i miei genitori non volevano che mi dedicassi al canto, ma la mia passione è sempre stata l'opera.

Intervistatrice: E come è nata l'Amato Opera House?

Tony Amato: Quando io e Sally ci siamo conosciuti su un palcoscenico, nel 1943, abbiamo deciso di dedicarci esclusivamente all'opera.

Sally Amato: La nostra missione è sempre stata quella di rendere l'opera accessibile a tutti, e di offrire un'opportunità a cantanti giovani e non ancora famosi.

1. Secondo voi, l'opera può piacere a tutti (bambini, giovani, vecchi, pubblico medio, intellettuali)? Perché sì, perché no?

_____

_____

_____

2. Ci sono associazioni culturali nella vostra città? Di che cosa si occupano?

_____

_____

_____

Composizione

A casa scegliete uno dei seguenti temi. Usate le idee, il lessico, e la grammatica che avete imparato. Scrivete la composizione su un foglio a parte.

1. Per quest'opera Leoncavallo si è ispirato a un fatto di cronaca nera pubblicato su un quotidiano. Immaginate di essere un/una giornalista e scrivete l'articolo che racconta questo avvenimento per il vostro giornale.

2. Descrivete la relazione che c'è fra un personaggio e il ruolo che recita nel "dramma dentro il dramma".

3. Descrivete gli avvenimenti dell'opera dal punto di vista di uno dei personaggi, spiegando e difendendo le vostre ragioni.

4. Analizzate il modo in cui è sviluppato uno dei temi dell'opera (amore, odio, sofferenza, gelosia, finzione e realtà, ecc.).

5. Il critico musicale Michele Girardi ha scritto che l'originalità di Leoncavallo sta nel modo in cui riesce a combinare cronaca e teatro in una tragedia di singolare violenza, cancellando la differenza fra vita e palcoscenico. Commentate con degli esempi le parole di questo critico.

Ricerca

Lavorate in coppie. Scegliete uno dei seguenti progetti. Fate ricerca fuori dalla classe e poi preparate una presentazione orale per la classe. Potete fare la ricerca in italiano o in inglese, ma la presentazione deve essere fatta in italiano.

PROGETTO UNO: LETTURA

Scegliete una delle seguenti domande oppure formulate voi una domanda che vi sembra interessante. Fate ricerca sull'internet. Potete consultare un indirizzo (www.operabase.com o www.lascala.milano.it), usando una parola chiave (opera, *Pagliacci,* Leoncavallo, ecc.), oppure fare ricerca in biblioteca. Usate fonti in lingua italiana quando è possibile.

1. Fate una ricerca sulla commedia dell'arte. Quali erano le maschere tipiche di questo teatro? In quali città europee recitavano le compagnie più famose?

2. Fate una ricerca sulla storia del successo dell'opera *Pagliacci.* Cercate esempi di recensioni positive e negative, e confrontatele fra di loro.

3. Cercate informazioni sulla vita di Leoncavallo. Dove ha vissuto? Quali altre opere ha scritto?

PROGETTO DUE: INTERVISTA

Intervistate due o tre appassionati di opera. Scrivete le loro risposte su un foglio a parte. Presentate i risultati alla classe.

1. Che cosa pensa/i dell'opera in generale?

2. Quale è la Sua / tua opera preferita?

3. Che cosa pensa/i dei *Pagliacci?*

4. Formulate voi una o due domande a scelta.

PROGETTO TRE: AL CINEMA O A TEATRO

Scegliete uno dei progetti che seguono. Presentate i risultati alla classe.

1. *Cavalleria Rusticana,* di Pietro Mascagni, e *Pagliacci,* di Leoncavallo, sono di solito rappresentate insieme perché sono brevi e hanno certi elementi in comune. Guardate un video della *Cavalleria rusticana* e confrontate le due opere.

2. Confrontate il finale dei *Pagliacci* con quello di un'altra opera che conoscete, mettendo in rilievo somiglianze e / o differenze.

UNITÀ

4

Otello

Musica di Giuseppe Verdi (1813–1901)
Libretto di Arrigo Boito

1. Presentazione dell'opera

⇝ Quello che sapete già ⇜

Leggete le domande che seguono. Rispondete con un/una compagno/a. Poi discutete con il resto della classe.

1. Guardate la fotografia (figura 4.1). Per la composizione di *Otello*, Verdi si è ispirato all'*Othello* di William Shakespeare. Conoscete la tragedia di Shakespeare? Sapete chi sono i personaggi principali e qual è il tema centrale della tragedia? Spiegate.

2. Immaginate: un amico/un'amica vi dice che la persona che amate vi tradisce con un vostro caro amico/una vostra cara amica. Che cosa fate?

⇝ Il contesto ⇜

L'insegnante vi farà una mini-conferenza sull'*Otello*. Mentre ascoltate, prendete appunti e interrompete l'insegnante quando non capite (potete usare espressioni come "Non ho

Figura 4.1 Plácido Domingo (Otello) e Carol Vaness (Desdemona) in una produzione del Metropolitan Opera

capito", "Cosa vuol dire?", "Può ripetere?", ecc.). Poi, a coppie, usando i vostri appunti, rispondete alle domande di comprensione, inserendo le lettere appropriate negli spazi appositi. Quindi discutete le vostre risposte con il resto della classe. Infine controllate il testo che segue le domande.

DOMANDE DI COMPRENSIONE

I temi

1. I temi principali di quest'opera sono _____.

   A. l'amore e l'amicizia

   B. la gelosia e la vendetta

   C. l'amicizia e la vendetta

2. Iago si vendica di Otello provocando _____.

   A. la gelosia di Otello

   B. la gelosia di Desdemona

   C. la gelosia di Cassio

Le fonti

3. L'opera è basata su _____ .

    A. una tragedia di Shakespeare

    B. un dramma italiano

    C. una precedente opera italiana

4. Cipro alla fine del 1400 _____ .

    A. era indipendente

    B. apparteneva alla Repubblica di Venezia

    C. apparteneva alla Turchia degli ottomanni

La fortuna

5. *Otello,* la prima volta che viene rappresentato, _____ .

    A. ha un grande successo

    B. non ha successo

    C. ha poco successo

6. *Otello* è considerata un'opera _____ .

    A. facile per i cantanti

    B. difficile per i musicisti

    C. difficile per il pubblico

L'ambientazione e la storia

7. Otello è un nobile generale _____ .

    A. veneziano

    B. nordafricano

    C. turco

8. Desdemona è una nobildonna _____ .

    A. turca

    B. africana

    C. veneziana

9. Otello ha vinto contro _____ .

    A. i veneziani

    B. i turchi

    C. gli africani

10. Iago è _____.
   A. un soldato turco
   B. l'alfiere di Otello
   C. un capitano di Otello

MINI-CONFERENZA

I temi

I temi principali dell'opera sono la gelosia e la vendetta. Otello, un grande generale mercenario della Repubblica di Venezia, è sposato con una nobildonna veneziana, Desdemona. Dopo una vittoria sui turchi, Otello nomina il suo soldato Cassio capitano. Iago, un altro soldato di Otello, è geloso della promozione di Cassio e della fortuna di Otello. Per vendicarsi, Iago dice ad Otello che sua moglie Desdemona lo tradisce con Cassio.

Le fonti

Nel 1604 Shakespeare scrisse la tragedia *Othello,* basata su una novella italiana intitolata *Il moro di Venezia.* Nel 1887 Verdi compose la sua opera *Otello,* basandosi sulla tragedia di Shakespeare. La storia di *Otello* è immaginaria, ma i fatti storici su cui è basata sono reali. Infatti, dal 1489 al 1571 l'isola di Cipro appartenne a Venezia, e le battaglie per mare fra veneziani e turchi furono molto frequenti. Nel 1571 Cipro venne conquistata dai turchi.

La fortuna

Otello fu una delle ultime opere composte da Verdi. Venne rappresentata per la prima volta alla Scala di Milano nel 1887, a New York nel 1888, e a Londra nel 1889. Verdi, in quel momento, era uno dei compositori più famosi d'Europa, e la prima dell'*Otello* ebbe un enorme successo. *Otello* non è però oggi una delle opere più rappresentate di Verdi, forse perché è considerata difficile per i musicisti. È tuttavia riconosciuta da tutti come un capolavoro.

L'ambientazione e la storia

L'opera si svolge interamente in una piccola città sulla costa di Cipro, alla fine del XV° secolo. In questo periodo Cipro apparteneva alla Repubblica di Venezia ed era una delle sue più grandi fonti di ricchezza e di potere nel mediterraneo orientale. Otello, un nobile di origine nordafricana, generale mercenario della Repubblica di Venezia e governatore di Cipro, si è appena sposato con Desdemona, figlia di un senatore veneziano. Dopo una vittoria contro i turchi, Otello nomina il suo fedele soldato Cassio capitano. Iago, alfiere di Otello, geloso della promozione data a Cassio e della fortuna di Otello, decide di vendicarsi.

I PERSONAGGI IN ORDINE DI IMPORTANZA

Otello, un moro, generale dell'armata veneta	Tenore
Iago, l'alfiere di Otello	Baritono
Desdemona, moglie di Otello, figlia di un senatore veneziano	Soprano
Cassio, capitano	Tenore
Roderigo, un gentiluomo veneziano innamorato di Desdemona	Tenore
Emilia, la moglie di Iago	Mezzo-soprano
Lodovico, un ambasciatore della repubblica veneziana	Basso

*Figura 4.2 Sherrill Milnes (Iago) e Plácido Domingo
(Otello) in una produzione del Metropolitan Opera*

2. La trama

Primo atto

⤷ Guardate e rispondete 📽 ⤶

Guardate tutto il primo atto (32 minuti circa). Mentre guardate, leggete i sottotitoli. Poi fate l'esercizio che segue.

LA CRONOLOGIA

A coppie, leggete le frasi che seguono. Mettete gli eventi in ordine cronologico, scrivendo il numero corrispondente nello spazio vuoto di fianco ad ogni frase. Poi confrontate le vostre risposte con quelle del resto della classe.

_____ Iago *incita* Cassio ad *ubriacarsi* per celebrare la *vittoria* di Otello nella *battaglia* contra i *turchi* e le *nozze* di Otello e Desdemona.

_____ Iago è geloso perché Otello *ha promosso* Cassio al *grado* di *capitano*.

_____ Roderigo, un *gentiluomo* veneziano, dice a Iago di essere innamorato di Desdemona, e Iago lo incita a sperare.

_____ Quando tutto è tranquillo, Desdemona e Otello ricordano i primi tempi del loro amore.

_____ Mentre è *ubriaco*, Cassio *si azzuffa* con Roderigo. Iago fa chiamare Otello, che *abbassa* Cassio di *grado*.

_____1_____ Durante una terribile tempesta, la nave di Otello entra in porto dopo una vittoria sui turchi, e Otello viene *festeggiato* come un *eroe*.

_____ Otello bacia Desdemona *appassionatamente*.

incitare	to egg on	*capitano*	captain
ubriacarsi	to get drunk	*gentiluomo*	gentleman
vittoria	victory	*ubriaco*	drunk
battaglia	battle	*azzuffarsi*	to brawl
turco	Turk	*abbassare*	to lower
nozze	wedding	*festeggiare*	to celebrate
promuovere	to promote	*eroe*	hero
grado	rank	*appassionatamente*	passionately

🎜 Descrivete i personaggi 🎝

Lavorate in coppie. Rispondete alle domande facendo riferimento a quello che avete visto e scrivendo le risposte negli spazi appositi. Poi discutete con il resto della classe, giustificando le vostre opinioni.

1. È giustificata, secondo voi, la *rabbia* di Iago? Perché sì, perché no?

_____

_____

2. Otello è molto esperto nelle arti della guerra. Secondo voi è anche un esperto conoscitore dei sentimenti umani? Spiegate.

_____

_____

3. Che tipo di donna è Desdemona? Fedele, infedele, dolce, *leale*, crudele, falsa, traditrice? Che sentimenti prova per Otello?

_____

_____

rabbia   rage
leale   loyal

🎜 Ripassate la trama 🎝

Leggete il riassunto del primo atto, e poi rispondete alle domande sulla trama, inserendo le lettere appropriate negli spazi appositi. In classe, confrontate le vostre risposte con quelle di un/una compagno/a. Se non siete d'accordo, confrontatele con quelle del resto della classe.

Otello, salutato come un eroe, entra in porto dopo *aver sconfitto* i turchi ("Evviva Otello! Vittoria! Vittoria!"). A terra l'aspetta Iago, da anni suo *fedele alfiere, braccio destro* ed amico *fidato*. Benché *stimi* molto Iago, Otello, dopo la vittoria, *nomina* Cassio capitano. Iago, che pensa di *meritare* lui questo onore, è geloso, anche se *finge di* essere il fedele amico di sempre ("Bench'io finga d'amarlo, *odio* quel *moro*"). Iago odia anche Cassio, perché "usurpa il grado.... che in cento.... battaglie" lui stesso pensa di avere meritato, e decide di *vendicarsi*. Quando Roderigo, un nobile veneziano, esprime il suo amore segreto per Desdemona, moglie di Otello, Iago lo incoraggia a sperare, dicendogli che Desdemona *si stancherà* presto di Otello.

sconfiggere	to defeat	*meritare*	to deserve
fedele	faithful	*fingere di*	to pretend
alfiere	ensign	*odiare*	to hate
braccio destro	right-hand man	*moro*	Moor
fidato	trusted	*vendicarsi*	to avenge oneself
stimare	to esteem	*stancarsi*	to become tired
nominare	to appoint		

1. Otello _____.
   A. ha sconfitto i turchi
   B. è sconfitto dai turchi
   C. ha perso la sua nave

2. Otello _____.
   A. non stima Iago, e perciò nomina Cassio capitano
   B. stima sia Iago che Cassio, ma nomina Cassio capitano
   C. non stima né Cassio né Iago

3. Iago _____.
   A. non odia né Cassio né Otello, ma vorrebbe diventare capitano
   B. odia Desdemona
   C. odia sia Cassio che Otello

Iago incita Cassio a bere in onore delle recenti nozze di Otello e Desdemona. Mentre Cassio beve, facendo *innocentemente* le lodi di Desdemona, Iago insinua, parlando con Roderigo, innamorato di Desdemona, che Cassio è un *seduttore* pericoloso. Iago poi incita Cassio a bere sempre di più, fino a che Cassio è "*ubriaco fradicio*". Iago poi *spinge* Roderigo a provocarlo, e Cassio e Roderigo si azzuffano. Iago allora fa chiamare Otello, che abbassa Cassio di grado ("Cassio, non sei più capitano!"), mentre Iago mormora in segreto: "Oh, mio trionfo!"

innocentemente	innocently	*ubriaco fradicio*	dead drunk
seduttore	seducer	*spingere*	to push

4. Iago _____.
   A. non vuole che Cassio si ubriachi
   B. vuole che Cassio si ubriachi
   C. vuole che Roderigo si ubriachi

5. Otello abbassa di grado _____.

    A. Roderigo

    B. Iago

    C. Cassio

Otello e Desdemona ricordano come si sono innamorati ("E tu m'amavi per le mie *sventure*, e io t'amavo per la tua *pietà*".... "E io t'amavo per le tue sventure, e tu m'amavi per la mia pietà"), quando Otello raccontava le sue *imprese militari* e Desdemona lo ascoltava affascinata, *provando* pietà per "gli spasimi sofferti e le catene e dello *schiavo* il *duol*". Otello ha paura che la sua gioia presente non durerà ("Temo che più non mi sarà *concesso* quest'attimo divino nell'*ignoto avvenir* del mio destino"). Infine Otello bacia Desdemona ("Un bacio.... un bacio, ancora un bacio").

sventura	woe	*duol(o)*	archaic for "dolore," pain
pietà	compassion	*concedere*	to grant, to allow
impresa militare	military feat	*ignoto*	unknown
provare	to feel, to try, to prove	*avvenire*	future
schiavo	slave		

6. Desdemona ama Otello _____.

    A. per sua bellezza

    B. per la sua bravura militare e per la sua dura vita

    C. per la sua fortuna

7. Otello ama Desdemona per _____.

    A. la sua ricchezza

    B. la sua bontà

    C. le sue sventure

Pensate all'atto

Lavorate in coppie. Negli esercizi che seguono rispondete alle domande facendo riferimento a quello che avete visto e letto, e usando il vocabolario dei riassunti. Scrivete le risposte negli spazi appositi e poi discutete le vostre risposte con il resto della classe.

RICOSTRUITE QUELLO CHE È SUCCESSO

1. Qual è il primo passo di Iago per realizzare il suo piano?

_____

_____

2. In che modo Cassio favorisce involontariamente il piano di Iago?

_____

_____

3. Vanno d'accordo Otello e Desdemona? Che cosa li attrae reciprocamente? Spiegate.

_____

_____

ANALIZZATE LE MOTIVAZIONI DEI PERSONAGGI

1. Iago è furioso esclusivamente perché vorrebbe diventare capitano. Siete d'accordo con questa affermazione? Spiegate.

_____

_____

2. Perché Cassio non cerca di difendersi dalla accuse di Otello?

_____

_____

3. Perché Iago sceglie di usare Desdemona per vendicarsi?

_____

_____

ANALIZZATE I RAPPORTI FRA I PERSONAGGI

1. Che tipo di rapporto c'è fra Iago e Otello? Si ammirano e si stimano? Si fidano l'uno dell'altro? Spiegate.

_____

_____

2. Com'è il rapporto fra Otello e Desdemona? Si amano? Si fidano l'uno dell'altra? Sono sicuri del loro amore reciproco? Spiegate.

_____

_____

3. Secondo voi, Iago è geloso del titolo di Cassio, dell'amicizia di Otello per Cassio o della fama di Otello? Spiegate.

_____

_____

Secondo atto

Leggete e rispondete

Leggete il riassunto del secondo atto, prima di guardarlo. Poi rispondete alle domande che seguono, inserendo le lettere appropriate negli spazi appositi. In classe, confrontate le vostre risposte con quelle di un / una compagno/a. Se non siete d'accordo, confrontate le vostre risposte con quelle del resto della classe.

Iago *consiglia* a Cassio di chiedere aiuto a Desdemona per ottenere il perdono di Otello. Poi dichiara trionfalmente a se stesso di essere *malvagio* ("*Vile* sono nato. Sono *scellerato*, perché son uomo, e sento il *fango* originario in me!"). Mentre Cassio e Desdemona parlano in giardino, Iago *insinua subdolamente* in Otello il *sospetto* che Desdemona lo *tradisca* con Cassio. Otello è *sconvolto* all'idea, ma dice a Iago che prima del *dubbio ci vuole* "l'*indagine,* dopo il dubbio la *prova*".

consigliare	to advise		*sospetto*	suspicion
malvagio	evil		*tradire*	to cheat on somebody, to betray
vile	(obs.) vile; cowardly		*sconvolto*	deeply upset
scellerato	wicked		*dubbio*	doubt
fango	mud		*volerci*	to be necessary
insinuare	to insinuate		*indagine*	inquiry
subdolamente	deceitfully		*prova*	proof

1. Iago consiglia a Cassio di chiedere l'aiuto di Desdemona _____.
   A. perché vuole aiutare Cassio
   B. perché vuole fare insospettire Otello
   C. perché vuole fare insospettire Desdemona

2. Otello dice che prima di tutto ci vuole _____.
   A. il dubbio
   B. la prova
   C. l'indagine

Desdemona chiede ad Otello di perdonare Cassio. Otello *si insospettisce* sempre di più e, mentre Desdemona gli *asciuga* la fronte bagnata di *sudore, butta per terra* il *fazzoletto ricamato* di Desdemona; Emilia, cameriera di Desdemona e moglie di Iago, lo *raccoglie;* Iago però glielo prende con la forza e decide di *nasconderlo* in casa di Cassio. Desdemona chiede persono ad Otello se *inconsapevolmente ha peccato* contro di lui. Otello non la ascolta, e *si chiede* se Desdemona lo tradisce perché non è esperto in amore, oppure perché non è più giovane, oppure perché ha la *pelle scura*. Intanto, Iago guarda con piacere Otello angosciato dal sospetto. ("Il mio *velen* lavora!"). Rimasto solo con Iago, Otello si dispera sulla sua felicità perduta ("Ora e per sempre addio, sante memorie.... addio vittorie.... della gloria d'Otello è questo il fin"). Poi Otello, tormentato dal dubbio, rivela a Iago: "Credo leale Desdemona e credo che non lo sia; te credo onesto e credo disleale.... La prova io voglio, voglio la *certezza!*"

insospettirsi	to become suspicious	*nascondere*	to hide
asciugare	to dry off	*inconsapevolmente*	unconsciously
sudore	sweat	*peccare*	to sin
buttare	to throw	*chiedersi*	to ask oneself, to wonder
per terra	on the ground	*pelle*	skin
fazzoletto	handkerchief	*scuro*	dark
ricamato	embroidered	*veleno*	poison
raccogliere	to pick up	*certezza*	certainty

3. Quando Desdemona gli chiede di perdonare Cassio, Otello _____.
   A. le spiega i suoi dubbi
   B. lo perdona
   C. si infuria

4. Il fazzoletto di Desdemona viene raccolto da _____.
   A. Otello
   B. Desdemona
   C. Emilia

5. Iago _____.
   A. restituisce il fazzoletto a Desdemona
   B. prende il fazzoletto di Desdemona
   C. dà il fazzoletto di Desdemona ad Otello

Iago allora racconta ad Otello che ha sentito Cassio parlare nel *sonno* mentre *sognava* Desdemona, "un sogno che può dare forma di prova ad altro *indizio*"; Iago dice infatti di avere visto il fazzoletto che Otello ha regalato a Desdemona ("*pegno* primo d'amore") *in mano a* Cassio. Otello si convince dell'*infedeltà* di Desdemona e *giura* di vendicarsi di lei ("Sangue, sangue, sangue!").

sonno	sleep	*in mano a*	in the hands of
sognare	to dream	*infedeltà*	infidelity
indizio	clue	*giurare*	to swear
pegno	token		

6. Iago _____.
   A. dice ad Otello di avere messo il fazzoletto di Desdemona in casa di Cassio
   B. dice ad Otello di avere visto il fazzoletto di Desdemona in mano a Cassio
   C. dà ad Otello il fazzoletto di Desdemona

7. Otello _____.
   A. non ci crede
   B. ci crede
   C. decide di parlare con Desdemona

⮚ Discutete quello che è successo ⮘

Lavorate in coppie. Oralmente, rispondete alle domande. Poi discutete con il resto della classe.

1. Iago costruisce la sua *vendetta* passo per passo. Quali sono gli indizi e le prove che inventa Iago? Qual è l'unica prova tangibile, anche se falsa, che Iago dà ad Otello?
2. Come *reagisce* Otello? Descrivete le sue reazioni.

vendetta   revenge   *reagire*   to react

⮚ Guardate e rispondete 📽 ⮘

Adesso guardate il secondo atto (31 minuti circa), o parti di esso. Mentre guardate, leggete i sottotitoli. Poi fate l'esercizio che segue.

LA CRONOLOGIA

A coppie, leggete le frasi che seguono. Mettete gli eventi in ordine cronologico, scrivendo il numero corrispondente nello spazio vuoto di fianco ad ogni frase. Poi confrontate le vostre risposte con quelle del resto della classe.

_____ Desdemona asciuga la fronte ad Otello con un fazzoletto ricamato che questo butta per terra.

____1____ Iago consiglia a Cassio di chiedere aiuto a Desdemona per ottenere il perdono di Otello. Poi provoca i sospetti e la gelosia di Otello.

_____ Desdemona chiede ad Otello di perdonare Cassio. Otello reagisce con violenza perché Iago ha insinuato *falsamente* che i due siano amanti.

_____ Emilia (la moglie di Iago) raccoglie il fazzoletto di Desdemona, ma Iago glielo prende.

_____ Otello, di fronte alle *insinuazioni* di Iago, dice che vuole una prova.

_____ Iago allora consiglia ad Otello di ascoltare attentamente le parole di Desdemona.

_____ Rimasto solo con Iago, Otello, *fuori di sé,* chiede "una visibil prova" del *tradimento* di Desdemona.

_____ Otello giura di vendicarsi di Desdemona e di Cassio.

_____ Come prova del tradimento, Iago dice che ha sentito Cassio pronunciare il nome di Desdemona nel sonno; poi aggiunge che ha visto il fazzoletto di Desdemona in mano a Cassio.

falsamente	falsely	*fuori di sé*	beside himself
insinuazione	insinuation	*tradimento*	betrayal

🔄 Analizzate quello che è successo 🔄

Lavorate in coppie. Rispondete alle domande facendo riferimento a quello che avete visto e letto, e usando il vocabolario dei riassunti. Scrivete le vostre risposte negli spazi appositi, poi confrontatele con il resto della classe.

1. Quali sono le "coincidenze" che favoriscono il piano di Iago?

_____

_____

_____

2. Otello pensa a varie possibili ragioni per cui Desdemona potrebbe tradirlo. Quali sono queste ragioni?

_____

_____

_____

3. Qual è lo stato d'animo di Desdemona?

_____

_____

_____

 Immaginate e rispondete

In piccoli gruppi, leggete "Quello che è successo". Discutete, e poi scrivete le vostre risposte in "Quello che succederà". Se conoscete l'opera, raccontate ai compagni quello che sapete. Discutete le vostre previsioni con il resto della classe. Poi leggete il riassunto del terzo atto.

QUELLO CHE È SUCCESSO

Dopo una vittoria contro i turchi, Otello ha nominato Cassio capitano. Iago, geloso della fortuna di Otello e della promozione di Cassio, vuole vendicarsi, e perciò incita Cassio ad ubriacarsi. Otello abbassa Cassio di grado. Iago consiglia a Cassio di chiedere l'aiuto di Desdemona per ottenere il perdono di Otello. Quando Desdemona gli chiede di perdonare Cassio, Otello si infuria con lei. Dopo avere preso il fazzoletto di Desdemona, Iago dice ad Otello che ha sentito Cassio parlare di Desdemona nel sonno, e che ha visto il suo fazzoletto in mano a Cassio. Otello, sconvolto dalla gelosia, giura vendetta.

QUELLO CHE SUCCEDERÀ

_____

_____

_____

_____

_____

_____

_____

_____

_____

Terzo atto

Leggete e rispondete

Leggete il riassunto del terzo atto, prima di guardarlo. Poi rispondete alle domande che seguono, inserendo le lettere appropriate negli spazi appositi. In classe, confrontate le vostre risposte con quelle di un/una compagno/a. Se non siete d'accordo, confrontate le vostre risposte con quelle del resto della classe.

Ti piacerebbe frequentare questo caffè? Perché sì, perché no? Quali altri caffè "a tema" conosci, e ti piace o ti piacerebbe frequentare?

Figura 4.3 Il caffè La Fortuna, a New York, dove paste e caffè sono serviti con l'accompagnamento di arie famose

Siamo nel *castello*. Iago esorta Otello a osservare Desdemona pazientemente ("Paziente siate.... Finger conviene"). Otello chiede a Desdemona il fazzoletto. Desdemona gliene dà uno, ma Otello insiste che vuole quello che le ha regalato lui. Desdemona risponde che non ce l'ha. Otello allora le dice che il fazzoletto è un talismano, e che *smarrirlo* oppure *donarlo* porta sfortuna. Desdemona crede che Otello cerchi una scusa per evitare di parlare di Cassio, e gli chiede nuovamente di perdonarlo. Otello si infuria e chiama Desdemona "impura". Mentre questa si difende, giurando di essere "*casta*", Otello la chiama "vil *cortigiana*" e la manda via con violenza.

castello	castle	*casto*	chaste
smarrire	to lose	*cortigiana*	courtesan; kept woman (archaic)
donare	to give as a present		

1. Quando Otello chiede a Desdemona il fazzoletto, questa risponde che _____.
   A. non l'ha con sé

B. l'ha perduto

C. l'ha preso Emilia

2. Otello le dice che perdere quel fazzoletto _____.

   A. è impossibile

   B. porta fortuna

   C. porta sfortuna

3. Desdemona reagisce alle accuse di Otello _____.

   A. stando zitta

   B. difendendosi

   C. arrabbiandosi

Mentre Otello, dietro consiglio di Iago, ascolta *di nascosto,* Iago chiede a Cassio della sua amante, Bianca. Cassio risponde ridendo. Otello, che non sente quello che i due si dicono, crede che Cassio stia parlando di Desdemona. Cassio poi mostra a Iago un fazzoletto che ha ricevuto da un'*ammiratrice* anonima. È il fazzoletto di Desdemona, che Iago ha nascosto in casa sua. Otello lo riconosce ("È quello, è quello!"). Divorato dalla gelosia, Otello decide di *soffocare* Desdemona nel suo letto. Iago dice che *ucciderà* Cassio, e Otello lo nomina capitano.

di nascosto	surreptitiously	*soffocare*	to smother
ammiratrice	female admirer	*uccidere*	to kill

4. Mentre Otello guarda, Cassio ride e parla di _____.

   A. Desdemona

   B. Bianca, la sua amante

   C. Emilia, la moglie di Iago

5. Otello decide di _____.

   A. uccidere Desdemona con il veleno

   B. uccidere Desdemona soffocandola

   C. parlare con Desdemona

Arrivano degli *ambasciatori* da Venezia con una lettera che richiama Otello a Venezia e nomina Cassio governatore di Cipro. Otello dice che obbedirà e che partirà con Desdemona il giorno dopo. Otello poi insulta Desdemona davanti a tutti. Mentre la *folla* grida: "Viva il *Leone* di Venezia", Otello *sviene,* e Iago conclude *sarcasticamente:* "Ecco il Leone!"

ambasciatore	ambasciador	*svenire*	to faint
folla	crowd	*sarcasticamente*	sarcastically
leone	lion		

6. Dopo aver ricevuto una lettera da Venezia, Otello dice che _____.
   A. obbedirà agli ordini
   B. disobbedirà agli ordini
   C. porterà Cassio con sé

7. Otello, davanti a tutti, _____.
   A. è gentile con Desdemona
   B. ignora Desdemona
   C. tratta male Desdemona

Discutete quello che è successo

Lavorate in coppie. Oralmente, rispondete alle domande. Poi discutete con il resto della classe.

1. Perché il fazzoletto è così importante per Otello? In che modo rappresenta letteralmente e simbolicamente il tradimento di Desdemona?

2. Iago completa la sua vendetta usando nuovamente Cassio come attore involontario. In che modo?

Guardate e rispondete

Adesso guardate il terzo atto (32 minuti circa), o parti di esso. Mentre guardate, leggete i sottotitoli. Poi fate l'esercizio che segue.

VERO O FALSO

A coppie, indicate "vero" o "falso" di fianco a ciascuna affermazione. Se scegliete "falso", spiegate perché. Se non siete d'accordo, discutete con il resto della classe e giustificate le vostre opinioni.

1. Cassio e Desdemona sono attratti l'uno all'altra. _____

2. Desdemona ha dato a Cassio il fazzoletto che le ha regalato Otello. _____

3. Iago dice ad Otello che ha visto Cassio fare l'amore con Desdemona. _____

4. Iago dice che ha messo il fazzoletto di Desdemona in casa di Cassio. _____

5. Otello deve tornare a Venezia. _____

⟳ Analizzate quello che è successo ⟲

Lavorate in coppie. Rispondete alle domande facendo riferimento a quello che avete visto e letto, e usando il vocabolario dei riassunti. Scrivete le vostre risposte negli spazi appositi, poi confrontatele con il resto della classe.

1. Qual è la responsabilità di Emilia in quello che succede?

_____

_____

_____

2. Che cosa dimostra che Otello si fida *cecamente* di Iago?

_____

_____

_____

3. In che modo Iago usa ancora una volta *magistralmente* Cassio?

_____

_____

_____

cecamente blindly   *magistralmente* masterfully

Quarto atto

⟳ Leggete e rispondete ⟲

Leggete il riassunto del quarto atto, prima di guardarlo. Poi rispondete alle domande che seguono, inserendo le lettere appropriate negli spazi appositi. In classe, confrontate le vostre risposte con quelle di un / una compagno/a. Se non siete d'accordo, confrontate le vostre risposte con quelle del resto della classe.

Otello entra in camera di Desdemona, che sta pregando, e le dice di chiedere perdono dei suoi *peccati* ("Uccidere non voglio l'*anima* tua!"). Poi l'*accusa* di essere l'amante di Cassio: "Ami Cassio!... Confessa!" Desdemona insiste che è innocente, e chiede di chiamare Cassio per una spiegazione, ma Otello gli risponde che Cassio è morto. Desdemona *inorridisce,* e Otello crede che sia perché lo ama. Desdemona chiede ad Otello di lasciarla vivere ancora "questa notte.... un'ora.... un istante", ma Otello la soffoca. Quando Emilia sente i lamenti di Desdemona ("Uccisa ingiustamente, muoio innocente!") e le accuse di Otello, rivela che Iago ha preso il fazzoletto di Desdemona. Otello chiede conferma a Iago, ma questo fugge. In quel momento arriva anche Cassio, che conferma di aver trovato il fazzoletto di Desdemona misteriosamente in casa sua, mentre Montano (il precedente governatore di Cipro) rivela il piano *diabolico* di Iago. Otello capisce il suo tragico errore, *si uccide* e muore baciando Desdemona ("Un bacio, un bacio ancora, un altro bacio").

peccato	sin	*inorridire*	to be horrified
anima	soul	*diabolico*	diabolic
accusare	to accuse	*uccidersi*	to kill oneself

1. Desdemona giura di essere innocente e chiede ad Otello _____.
   A. di chiamare Iago
   B. di chiamare Cassio
   C. di chiamare Emilia

2. Otello dice a Desdemona che Cassio _____.
   A. è scappato
   B. è morto
   C. l'ha accusata

3. Otello uccide Desdemona _____.
   A. con un pugnale
   B. con una spada
   C. soffocandola

4. Iago _____.
   A. confessa
   B. fugge
   C. si uccide

5. Otello _____.
   A. fugge
   B. si uccide
   C. uccide Emilia

꩜ Discutete quello che è successo ꩜

Lavorate in coppie. Oralmente, rispondete alle domande. Poi discutete con il resto della classe.

1. In che modo la vendetta di Iago viene completata nel quarto atto?
2. Come viene a sapere il piano diabolico di Iago, Otello?

꩜ Guardate e rispondete 🎥 ꩜

Adesso guardate il quarto atto (25 minuti circa), o parti di esso. Poi fate l'esercizio che segue.

VERO O FALSO

A coppie, indicate "vero" o "falso" di fianco a ciascuna affermazione. Se scegliete "falso", spiegate perché. Se non siete d'accordo, discutete con il resto della classe e giustificate le vostre opinioni.

1. Otello soffoca Desdemona. _____

2. Iago confessa la verità. _____

3. Otello fugge. _____

꩜ Le vostre reazioni e le vostre opinioni ꩜

Con il resto della classe, paragonate quello che avete visto alle vostre previsioni. Poi, individualmente, leggete le domande che seguono e scrivete le vostre risposte. Quindi fate le domande a un/una compagno/a, e scrivete le sue risposte. Infine raccontate le vostre idee a tutta la classe.

1. Che cosa avresti fatto tu al posto di Otello?

Tu _____

Un/una compagno/a _____

2. Che cosa avresti fatto tu al posto di Desdemona?

Tu _____

Un/una compagno/a _____

Figura 4.4 Piazza Giuseppe Verdi, vicino al Teatro Comunale di Bologna, nella zona universitaria

3. Che cosa avresti fatto tu al posto di Emilia?

Tu _____

Un/una compagno/a _____

4. Quali sono le qualità positive e quelle negative di ogni personaggio? (Pensate ad

Otello, Desdemona, Cassio e Iago.)

Tu _____

Un/una compagno/a _____

5. Quale personaggio ti piacerebbe interpretare? Perché?

Tu _____

Un/una compagno/a _____

3. Parole, parole, parole

⇥ Parole utili ⇤

A. Lavorate in piccoli gruppi. Inserite le forme appropriate delle parole date nelle frasi
che seguono. Correggete le risposte con un/una compagno/a.

braccio destro
fidato
promuovere
stimare
vittoria

1. La nave di Otello entra in porto dopo una _____ contro i

turchi.

2. Otello considera Iago il suo _____ e amico

_____.

3. Anche se Otello _____ Iago, non lo nomina capitano.

4. Otello _____ Cassio al grado di capitano.

dubbio
meritare
tradire
ubriaco fradicio
vendicarsi

5. Iago crede di _____ lui la promozione.

6. Iago decide di _____ di Otello.

7. Iago incita Cassio a bere fino a che Cassio è _____.

8. Iago insinua che Desdemona _____ Otello con Cassio.

9. Otello è divorato dal _____.
fazzoletto
prova
sospetto
vendetta

10. Iago provoca subdolamente i _____ di Otello.

11. Otello chiede a Iago una _____ visibile.

12. Iago dice ad Otello che ha visto il _____ di Desdemona
    in mano a Cassio.

13. La _____ di Iago è diabolica.

B. Completate il riassunto di *Otello* con le forme appropriate delle parole date. Poi
   confrontate le vostre risposte con quelle di un/una compagno/a.

abbassare
accusare
braccio destro
fazzoletto
gelosia
indizio
in mano a
meritare
prova
soffocare
sospetto
subdolamente
tradimento
ubriaco
uccidersi
vendicarsi

Iago, fedele portabandiera, amico fidato e _____ di

Otello, pensa di _____ lui il titolo di capitano che

Otello ha invece dato a Cassio, e decide di _____.

Iago incita Cassio a bere e, quando questo è _____,

convince Roderigo ad insultarlo, così i due si azzuffano. Otello allora

_____ Cassio di grado. Iago poi provoca

_____ in Otello il _____ del

_____ di Desdemona, usando vari

_____ falsi, primo fra tutti il

_____ ricamato che Otello le ha regalato come pegno

d'amore, e che Iago dice di avere visto _____ Cassio.

Otello, divorato dalla _____, crede alle

_____ false di Iago, _____

Desdemona di essere l'amante di Cassio, e la _____

nel suo letto. Quando scopre la verità, disperato per quello che ha fatto,

Otello _____.

✥ Esplorazione linguistica ✥

VARIAZIONI SUL TEMA

Leggete le frasi che seguono. Completate con la forma appropriata delle parole date.
Correggete con un / una compagno/a.

prova (nome) (usare due volte con due significati diversi)
provare / provarsi (verbi)
tradimento / traditore (nomi)
tradire (verbo)
vendetta (nome)
vendicare / vendicarsi (verbi)
vendicativo (aggettivo)

1. Non bisognerebbe mai _____ le proprie convinzioni.

2. Prima di condannare qualcuno, ci vogliono delle _____

   sicure.

3. Mi piace fare le spese, ma odio _____ i vestiti.

4. Iago vuole _____ di Otello perché Otello non lo ha

   promosso capitano.

5. Prima di scrivere un lungo tema, ti consiglio di _____ a scrivere due paragrafi sull'argomento.

6. È terribile non essere sicuri del _____ di una persona.

7. Iago è il _____ per eccellenza.

8. Prima della rappresentazione finale, dobbiamo fare ancora molte

_____.

9. Secondo un antico proverbio italiano, la miglior _____ è il perdono.

10. L'eroe voleva _____ le ingiustizie subite dai poveri.

11. Una persona _____ può essere molto pericolosa.

PARLATE

Discutete in coppie, e poi con il resto della classe.

Siete d'accordo con il proverbio italiano che dice che "la miglior vendetta è il perdono"? Chi avrebbe potuto perdonare chi, nell'opera, e in quali momenti? Conoscete altri modi di dire sulla vendetta?

❧ Frasi del libretto ❧

Le frasi nella colonna di sinistra sono tratte dal libretto dell'*Otello,* quelle di destra descrivono varie situazioni di vita reale. Decidete in quale situazione sarebbe possibile usare o citare *scherzosamente* le frasi del libretto e scrivete la lettera corrispondente alla situazione nello spazio apposito. Poi confrontate le vostre risposte con quelle di un/una compagno/a. Discutete con l'insegnante per stabilire quali frasi sono usate nell'italiano moderno.

scherzosamente   playfully

1. Un bacio, ancora un bacio.... _____

2. Ecco il leone! _____

3. Una prova sicura. _____

4. Non bevo più. _____

5. Ho il cuore di gelo. _____

a. Sospetti qualcuno, ma prima di incriminarlo hai bisogno di....

b. Sei angosciato e disperato.

c. Hai un mal di testa tremendo.

d. Arriva un tuo amico molto in forma.

e. Saluti la persona che ami prima di andare via.

Figura 4.5 La statua di Giuseppe Verdi in Verdi
Square, nella settantaduesima strada di New York

Ripasso di parole

A casa scrivete uno o due paragrafi su un argomento di vostra scelta usando circa
quindici "parole utili" date sopra. Se volete, potete usare una o più delle seguenti frasi
come ispirazione:

—Sospettavo, ma era necessario....

—Dicono che la miglior vendetta è il perdono, ma....

—Non era giusto: dopo tutti i miei sforzi....

4. Grammatica

Il condizionale presente; il condizionale passato; il pronome "ne" con i pronomi di
quantità ("uno", "nessuno," "molto," "poco"); i pronomi "ci", "ce lo" e "ce ne"; il
passato prossimo con i pronomi diretti ("lo", "la", "li", "le") e indiretti ("gli", "le")
e con "ne"; il passato prossimo con i pronomi combinati

Il condizionale presente

ESERCIZIO ORALE

Lavorate in coppie. Lo studente A fa le domande e lo studente B risponde. Poi ripetete le domande scambiandovi di ruolo. Rispondete usando il condizionale presente. Poi confrontate le vostre reazioni con quelle del resto della classe.

1. Immagina: Un amico/un'amica riceve una promozione che desideri molto tu. Che cosa faresti?

2. Immagina: Il tuo fidanzato/la tua fidanzata ti accusa di avere una relazione con il fidanzato/la fidanzata di un amico/un'amica comune. Che cosa faresti?

Il condizionale passato

ESERCIZIO ORALE

A coppie, rispondete alle domande che seguono e poi discutete le vostre risposte con il resto della classe.

1. Che cosa ha fatto Iago quando Otello ha nominato Cassio capitano? Immaginate Iago non vendicativo: che cosa avrebbe fatto?

2. Che cosa ha fatto Otello quando Iago ha insinuato che Desdemona lo tradiva? Immaginate Otello non geloso: che cosa avrebbe fatto?

3. Che cosa ha fatto Desdemona, quando Otello l'ha trattata male? Immaginate Desdemona più loquace: che cosa avrebbe fatto?

4. Che cosa ha fatto Emilia quando Cassio ha preso il fazzoletto di Desdemona? Immaginate Emilia meno timorosa: che cosa avrebbe fatto?

Il pronome "ne" con i pronomi di quantità ("uno", "nessuno", "molto", "poco")

Rispondete alle domande usando "ne", un pronome di quantità ("uno", "nessuno", "molto", "poco") nella forma appropriata, e il tempo richiesto. Se usate il passato prossimo, fate la concordanza fra il participio passato e il pronome di quantità. Ricordate che "uno" e "nessuno" sono sempre singolari (maschile e femminile), mentre "molto" e "poco" possono essere sia singolari che plurali (maschile e femminile).

Esempio: Quanti <u>amanti</u> ha avuto Desdemona?
Probabilmente <u>non ne ha avuto</u> nessuno.

1. Quanti <u>amici</u> veri <u>aveva</u> Otello, secondo te?

_____

2. Quanta <u>pazienza aveva</u> Desdemona?

_____

3. Quanti <u>indizi ha falsificato</u> Iago?

_____

4. Quante <u>prove</u> definitive <u>ha visto</u> Otello?

_____

5. Quante <u>battaglie ha vinto</u> Otello?

_____

6. Cassio <u>ha compiuto degli atti di coraggio</u> in battaglia?

_____

7. Otello <u>ha avuto dei momenti</u> di dubbio sulla *lealtà* di Iago?

_____

8. Iago <u>ha avuto dei momenti</u> di pentimento?

_____

9. Iago <u>ha falsificato degli indizi</u>?

_____

10. Otello <u>ha fatto degli errori</u>?

_____

11. Desdemona <u>ha confessato delle colpe</u> nei confronti di Otello?

_____

12. Otello <u>ha avuto dei rimorsi</u> alla fine?

_____

13. Iago <u>ha avuto dei rimorsi</u> alla fine?

_____

14. L'opera <u>ha ricevuto degli applausi</u> la sera della prima?

_____

lealtà   loyalty

⇛ I pronomi "ci", "ce lo" e "ce ne" ⇚

Rispondete alle domande sulla trama usando "ci", "ce lo" o "ce ne". Poi confrontate le vostre risposte con il resto della classe.

1. Chi <u>ha pensato al modo</u> di rovinare Cassio agli occhi di Otello?

_____

2. Chi <u>è andato da Desdemona</u> per ottenere il suo aiuto?

_____

3. Chi <u>ha insinuato il sospetto</u> <u>nella mente</u> di Otello?

_____

4. Chi <u>è andato da Otello</u> per chiedergli di perdonare Cassio?

_____

5. Chi <u>ha creduto alle insinuazioni</u> di Iago?

_____

6. Chi <u>ha messo il fazzoletto di Desdemona</u> <u>in casa</u> di Cassio?

_____

7. Quanti <u>momenti</u> di angoscia <u>ci sono</u> nell'opera?

_____

8. Quante <u>scene</u> d'amore <u>ci sono</u> nell'opera?

_____

⇛ Il passato prossimo con i pronomi diretti ⇚
("lo", "la", "li", "le") e indiretti
("gli", "le") e con "ne"

ESERCIZIO ORALE

Lavorate in coppie. Piegate il foglio a metà. Lo studente A fa le prime cinque domande, lo studente B guarda solo la sua parte della pagina, ascolta, e risponde, usando i pronomi diretti ("lo", "la", "li", "le") e indiretti ("gli", "le") o "ne", e facendo la concordanza quando necessaria. Lo studente A corregge, se necessario, usando le risposte date fra parentesi quadra. Poi lo studente B fa le domande 7–12 e lo studente A risponde.

Studente A	*Studente B*
1. Desdemona ha tradito Otello?	No, non _____ ha tradit____.
[No, non lo/l'ha tradito.]	
2. Cassio ha tradito la fiducia di Otello?	No, non _____ ha tradit____.
[No, non la/l'ha tradita.]	
3. Otello ha nominato Cassio capitano?	Sì, _____ ha nominat____ capitano.
[Sì, lo/l'ha nominato capitano.]	
4. Cassio ha parlato a Desdemona?	Sì, _____ ha parlat____.
[Sì, le ha parlato.]	
5. Otello ha visto Cassio e Desdemona	Sì, _____ ha vist____.
insieme in giardino?	
[Sì, li ha visti.]	
6. Iago ha falsificato gli indizi?	Sì, _____ ha falsificat____ tutt____.
[Sì, li ha falsificati tutti./Sì, ne ha	Sì, _____ ha falsificat____ molt____.
falsificati molti.]	
Scambiatevi di ruolo.	

Studente B	*Studente A*
7. Otello ha sentito le parole di Cassio e	No, non _____ ha sentit____.
Desdemona?	
[No, non le ha sentite.]	
8. Desdemona ha parlato a Otello per	Sì, _____ ha parlat____.
ottenere il perdono per Cassio?	
[Sì, gli ha parlato.]	
9. Iago ha preso il fazzoletto di	Sì, _____ ha pres____.
Desdemona?	
[Sì, lo/l'ha preso.]	
10. Come ha trattato Desdemona, Otello?	_____ ha trattat____ male.
[La/l'ha trattata male.]	
11. Quanti errori ha fatto Otello?	_____ ha fatt____ molt____.
[Ne ha fatti molti.]	
12. Ha causato molte morti Iago?	Sì, _____ ha causat____ molt____.
[Sì, ne ha causate molte./Si, le ha	Sì, _____ ha causat____ tutt____.
causate tutte.]	

⇄ Il passato prossimo con i pronomi combinati ⇄

Rispondete alle domande usando "glielo", "gliela", "glieli", "gliele", "gliene" e il passato prossimo; fate la concordanza fra il participio passato e il pronome di oggetto diretto. Poi confrontate le vostre risposte con quelle del resto della classe.

Esempio: Cassio ha chiesto a Desdemona di scappare con lei?
No, non glielo/gliel' ha chiesto.

1. Otello ha chiesto subito a Desdemona se lei lo tradiva?

   Sì/No, _____.

2. Desdemona ha detto a Otello che lo amava?

   Sì/No, _____.

3. Cassio ha fatto delle dichiarazioni di amore a Desdemona?

   Sì/No, _____.

4. Desdemona ha fatto delle promesse di amore a Cassio?

   Sì/No, _____.

5. Desdemona ha dato a Otello delle ragioni di dubitare di lei?

   Sì/No, _____.

6. Iago ha dato ad Otello le prove del tradimento di Desdemona?

   Sì/No, _____.

7. Otello ha raccontato a Desdemona tutti i suoi dubbi?

   Sì/No, _____.

8. Otello ha raccontato a Cassio i suoi sospetti?

   Sì/No, _____.

9. Desdemona ha detto la verità a Otello?

   Sì/No _____.

10. Quanti baci ha dato Otello a Desdemona dopo averla uccisa?

   _____.

5. I personaggi in carne ed ossa

✑ Intervistate i personaggi ✑

A. In classe, dividetevi in "personaggi" e "intervistatori".

Personaggi: A casa, preparate un monologo di un minuto o due su di voi. Dite come siete fisicamente, che cosa fate, qual è la vostra condizione sociale ed economica, quali sono i vostri problemi sentimentali e psicologici, i vostri desideri, i vostri ideali, le vostre ambizioni, e le vostre speranze.

Intervistatori: A casa, preparate due o tre domande da fare ai vari personaggi sulla loro vita, sui loro rapporti con gli altri e sulle loro motivazioni. Per esempio, potete chiedere a Iago: "Perché odi tanto Otello?" O a Desdemona: "Hai mai pensato di tradire Otello?"

B. Il giorno dell'intervista, i personaggi si siedono a semicerchio davanti agli intervistatori e recitano i loro monologhi. Gli intervistatori fanno le domande, e i personaggi rispondono improvvisando.

✈ Scrittura breve ✈

Nello spazio apposito nella pagina che segue scrivete uno o due paragrafi scegliendo fra uno dei seguenti argomenti.

1. Scrivete una lettera che uno dei personaggi (Desdemona, Otello, Cassio o Iago) avrebbe potuto scrivere ad un altro, in un momento specifico dell'opera.
2. Scrivete una pagina del diario di uno dei personaggi usando alcune delle informazioni che avete sentito nell'intervista.
3. Scrivete un finale diverso per l'opera.

6. Famose arie e duetti

Niun mi tema (Quarto atto)

Figura 4.6 Otello (Plácido Domingo) canta "Niun mi tema", con Desdemona (Carol Vaness), morta, fra le braccia

⤵ Ascoltate le parole 🎧 📽 ⤴

Lavorate in coppie. Leggete il testo dell'aria e riempite gli spazi vuoti con le terminazioni femminili e quelle maschili degli aggettivi. Se necessario, leggete la traduzione nell'Appendice. Poi, confrontate le vostre risposte con quella di un / una compagno/a. Infine ascoltate l'aria e correggete di nuovo.

Niun mi tema
s'ancor armat_____ mi vede.
Ecco la fine
del mio cammin....
Oh! Gloria!
Otello fu.

E tu, come sei pallid____,
e stanc____, e mut____, e bell____,
pi____ creatura
nata sotto malign____ stella.
Fredd____ come la casta tu____ vita,
e in cielo assort____.
Desdemona, Desdemona!
Ah! Mort____!... Mort____!... Mort____!
Ho un'arma ancor!
[Cassio: Ah! Ferma!
Tutti: Sciagurat____!]
Pria di ucciderti,
sposa, ti baciai.
Or morendo,
nell'ombra.... in cui mi giaccio,
un bacio, un bacio ancora.... un altro bacio.

pria   archaic for "prima," before

⇶ Parlate dell'aria ⇷

A. Leggete di nuovo le parole dell'aria. Poi dividetevi in coppie, leggete le frasi che seguono, e completatele correttamente. Poi discutete le vostre scelte con il resto della classe.

1. Nell'aria Otello parla con Desdemona _____.
   A. prima di ucciderla
   B. dopo averla uccisa
   C. mentre la uccide

2. "Nata sotto maligna stella" significa _____.
   A. sfortunata
   B. fortunata
   C. bella

3. Otello ricorda che prima di uccidere Desdemona _____.
   A. ha parlato con lei
   B. l'ha baciata
   C. l'ha accusata

4. Otello alla fine dell'aria _____.

   A. lascia Desdemona morta

   B. guarda Desdemona morta

   C. bacia Desdemona morta

B. Guardate la figura 4.6. Scrivete una frase per riassumere il contenuto di "Niun mi tema". Scambiatevi i riassunti con un / una compagno/a e discuteteli.

7. Attività di esplorazione

 **Discussione**

L'OPERA

Lavorate in piccoli gruppi. Oralmente rispondete alle domande. Poi discutete le vostre idee con il resto della classe.

1. Alcune persone dicono che Iago è il personaggio più malvagio che sia mai stato creato, ma lo ammirano per il suo genio diabolico. C'è qualcosa che pensate che sia possibile ammirare in Iago?

2. Perché Iago può essere definito non solo malvagio, ma anche *subdolo*? Spiegate la tecnica che Iago usa per insinuare il dubbio prima, e la certezza poi, nella mente di Otello.

subdolo   deceitful

L'UMORISMO E L'OPERA

Leggete il brano che segue. Poi, a coppie, rispondete oralmente alle domande. Infine discutete con il resto della classe.

   A Night at the Opera, un film dei fratelli Marx, ridicolizza il mondo dell'opera: Harpo Marx *ondeggia* sul *palcoscenico* attaccato ad una *corda*, stile Tarzan, e vari scenari *calano* senza *preavviso* mentre i cantanti, confusissimi, cercano disperatamente di concludere la rappresentazione del *Trovatore* di Verdi.

   Secondo voi, ci sono aspetti dell'opera che *si prestano* ad essere ridicolizzati? Potete fare degli esempi?

ondeggiare	to swing	*calare*	to come down
palcoscenico	stage	*preavviso*	notice
corda	rope	*prestarsi*	to lend oneself

Figura 4.7 Una nuova generazione di appassionati di opera

GLI APPASSIONATI D'OPERA

Guardate la foto (figura 4.7). Poi leggete l'intervista con Marc Scorca, presidente di Opera America. Infine, a coppie, rispondete alle domande scrivendo le risposte negli spazi appositi.

Intervistatrice: È vero che il pubblico dell'opera negli Stati Uniti e in Canada è in aumento?

Marc Scorca: Sì, sta aumentando come quantità, e sta diminuendo come età.

Intervistatrice: Diminuendo come età?

Marc Scorca: Sì. È interessante: l'opera ha una specie di risonanza naturale con i video musicali: lo stesso misto di musica, di parole e di immagini, la stessa fusione che produce un messaggio fortemente emotivo.

Intervistatrice: In altre parole, l'opera sta perdendo la sua immagine di elite?

Marc Scorca: Certamente è in corso una grossa demistificazione dell'opera, e l'uso dei sottotitoli è stato fondamentale. E poi anche il fatto che ci sono delle opere moderne, come *Death of Klinghoffer* e *Jackie O.*

Intervistatrice: Anche i "tre tenori" hanno contribuito a questa demistificazione, no?

Marc Scorca: Certamente. E un altro fattore è l'uso crescente dell'opera nella pubblicità.

Intervistatrice: Allora le compagnie d'opera sono *in attivo*?

Marc Scorca: Nel complesso sì. Anche se ogni anno la metà circa sono in deficit, non sempre le stesse. E l'altra metà è in attivo.

in attivo   in the black

1. Siete d'accordo con l'affermazione che c'è una certa risonanza tra opera e video musicali? Quali sono le somiglianze e quali le differenze?

_____

_____

_____

2. Per quali ragioni l'opera piace, secondo voi?

_____

_____

_____

✎ Composizione ✎

A casa scegliete uno dei seguenti temi. Usate le idee, il lessico, e la grammatica che avete imparato. Scrivete la composizione su un foglio a parte.

1. Analizzate il tema della gelosia e il modo in cui viene trattato nell'opera.

2. Analizzate il personaggio di Desdemona e la sua caratterizzazione.

3. Il dilemma di Otello è se credere alla lealtà di Iago o a quella di Desdemona. Otello non *intuisce* la *malvagità* di Iago, e crede a lui invece che a Desdemona. Spiegate, dando diverse ragioni.

4. Verdi inizialmente aveva pensato di chiamare quest'opera "Iago". Sarebbe stato un titolo più appropriato, secondo voi? Perché, secondo voi, il compositore ha cambiato il titolo? Spiegate.

5. In *Shakespeare, the Invention of the Human,* Harold Bloom ha scritto: "Chi, prima di Iago, nella letteratura o nella vita, ha perfezionato l'arte della disinformazione, del disorientamento e dello sviamento?" Date degli esempi tratti dall'opera delle tre "arti" di Iago.

intuire   to intuit

malvagità   evil

⋙ Ricerca ⋘

Lavorate in coppie. Scegliete uno dei seguenti progetti. Fate ricerca fuori dalla classe e poi preparate una presentazione orale per la classe. Potete fare la ricerca in italiano o in inglese, ma la presentazione deve essere fatta in italiano.

PROGETTO UNO: LETTURA

Scegliete una delle seguenti domande oppure formulate voi una domanda che vi sembra interessante. Fate ricerca sull'internet. Potete consultare un'indirizzo (www.operabase. com o www.lascala.milano.it), usando una parola chiave (opera, *Otello*, Verdi, ecc.), oppure fare ricerca in biblioteca. Usate fonti in lingua italiana quando è possibile.

1. Verdi amava molto Shakespeare; infatti prima dell'*Otello* aveva già composto un'altra opera basata su un'altra tragedia di Shakespeare, *Macbeth*. Cercate la trama di questa tragedia e riassumetela.
2. Fate una ricerca sulla organizzazione della Repubblica di Venezia tra la fine del XV° e il XVI° secolo. Quale era la struttura della repubblica e dei suoi organi?
3. Fate una ricerca sulla storia dell'isola di Cipro.
4. Fate una ricerca sull'impiego dei soldati mercenari.

PROGETTO DUE: INTERVISTA

Intervistate due o tre appassionati di opera. Scrivete le loro risposte su un foglio a parte. Presentate i risultati alla classe.

1. Che cosa pensa/i dell'opera in generale?
2. Quale è la Sua/tua opera preferita?
3. Che cosa pensa/i dell'*Otello*?
4. Può/puoi paragonare una delle prime opere di Verdi, come *Rigoletto, La traviata* o *Il trovatore* a una dell'ultimo periodo, come *Otello* e *Falstaff*?
5. Formulate voi una o due domande a scelta.

PROGETTO TRE: AL CINEMA O A TEATRO

Scegliete uno dei progetti che seguono. Presentate i risultati alla classe.

1. Se conoscete l'*Othello* di Shakespeare, paragonatelo all'*Otello* di Verdi. In che modo Boito e Verdi hanno modificato la trama in modo da renderla più adatta ad un'opera? Considerate tre elementi: l'omissione nell'opera del primo atto della tragedia di Shakespeare; la caratterizzazione di Iago; e il ruolo del fazzoletto. Infine spiegate se preferite il dramma o l'opera, e perché.
2. Esistono vari film tratti dall'*Othello* di Shakespeare, per esempio, quello di Orson Welles del 1955, quello di John Dexter con Laurence Olivier del 1964 e quello di Jonathan Miller del 1981 con Anthony Hopkins, per la BBC. Guardatene uno, e paragonatelo all'opera di Verdi.

UNITÀ

5

Tosca

Musica di Giacomo Puccini (1858–1924)

Libretto di Giuseppe Giacosa e Luigi Illica

1. Presentazione dell'opera

⮞ Quello che sapete già ⮜

Leggete le domande che seguono. Rispondete con un/una compagno/a. Poi discutete con il resto della classe.

1. Guardate le foto dei personaggi (figura 5.1). Descrivete la donna. Che cosa pensate che faccia di professione? E ora descrivete gli uomini: chi è il "buono" e chi è il "cattivo"?

2. La protagonista di quest'opera è una cantante, una diva del mondo della musica: Floria Tosca. Conoscete qualche diva del mondo del cinema, della moda o della musica? Potete fare un elenco di caratteristiche positive e negative associate alle dive?

3. Quali sono, secondo voi, gli ideali e le cause importanti nel vostro paese oggi? Per quale causa voi sareste pronti a partecipare ad una manifestazione?

Figura 5.1 Luciano Pavarotti (Cavaradossi), Carol Vaness (Tosca) e Sherrill Milnes (Scarpia) in una produzione della Tosca *al Metropolitan Opera*

⇥ Il contesto ⇤

L'insegnante vi farà una mini-conferenza sulla *Tosca*. Mentre ascoltate, prendete appunti e interrompete l'insegnante quando non capite (potete usare espressioni come "Non ho capito", "Cosa vuol dire?", "Può ripetere?", ecc.). Poi, a coppie, usando i vostri appunti, rispondete alle domande di comprensione, inserendo le lettere appropriate negli spazi appositi. Quindi discutete le vostre risposte con il resto della classe. Infine controllate il testo che segue le domande.

DOMANDE DI COMPRENSIONE

I temi

1. Mario e Tosca sono _____.
   A. due pittori
   B. due cantanti
   C. due artisti

Figura 5.2 L'Italia prima della rivoluzione francese

Guardate la cartina dell'Italia prima della rivoluzione francese. Quali stati, regni e ducati c'erano nel nord d'Italia, quali nel centro, e quali nel sud?

2. Mario simpatizza con _____.
   A. la coalizione anti-napoleonica
   B. le idee di Napoleone
   C. il Papa

Le fonti

3. La *Tosca* è ambientata in _____.
   A. luoghi immaginari
   B. luoghi reali della città di Roma
   C. Austria

La fortuna

4. La sera della prima della *Tosca* _____.
   A. fu molto tranquilla
   B. fu un grande successo
   C. ci furono dei problemi

5. Oggi la *Tosca* _____.
   A. è molto rappresentata
   B. è poco rappresentata.
   C. non è rappresentata

L'ambientazione e la storia

6. Napoleone, per i repubblicani italiani del 1800, è il simbolo _____.
   A. dell'impero
   B. delle idee repubbliche
   C. di Roma

7. Nel 1800, durante il periodo in cui si svolge la *Tosca*, Roma _____.
   A. è una repubblica sul modello francese
   B. è occupata dai francesi
   C. è occupata da una coalizione anti-napoleonica

MINI-CONFERENZA

I temi

I temi principali della *Tosca* sono l'amore, la gelosia, la passione politica, l'arte e il coraggio. Due artisti, il pittore Mario Cavaradossi e la cantante Floria Tosca, hanno un'appassionata relazione d'amore. La loro passione è tanto forte quanto la passione politica di Mario, che simpatizza con le idee repubblicane di Napoleone.

Le fonti

Puccini derivò la trama della sua opera dal dramma in cinque atti *La Tosca* (1887) del drammaturgo francese Victorien Sardou. I personaggi e i fatti della *Tosca* hanno la loro radice in eventi storici. I luoghi in cui l'opera è ambientata (la chiesa di Sant'Andrea, Palazzo Farnese e Castel Sant'Angelo) sono reali e parte integrale della città di Roma ancora oggi.

La fortuna

La prima della *Tosca,* avvenuta nel gennaio del 1900, fu turbolenta: infatti, il pubblico romano era sospettoso di un'opera ambientata a Roma, scritta da un compositore non romano. Ci fu anche il falso allarme di una bomba in teatro. In breve, però, la *Tosca* ebbe un grande successo, ed oggi è una delle opere più rappresentate del mondo.

L'ambientazione e la storia

Dopo la rivoluzione francese (1789–99), Napoleone comincia la sua conquista dell'Europa. Anche in Italia arrivano gli ideali repubblicani della rivoluzione francese: il Papa, fino a questo momento capo dello Stato della Chiesa, deve lasciare Roma che, nel 1798, dichiara la repubblica. Nel 1799, però, le truppe anti-napoleoniche della coalizione napoletano-austriaca occupano Roma e imprigionano i repubblicani.

La *Tosca* si svolge a Roma nel giugno del 1800, durante la repressione della repubblica da parte della coalizione anti-napoleonica. Angelotti, ex-console della repubblica romana fuggito dalle prigioni di Roma, si nasconde nella chiesa dove Mario, un pittore che simpatizza con le idee repubblicane, sta lavorando.

I PERSONAGGI IN ORDINE DI IMPORTANZA

Floria Tosca, una cantante d'opera	Soprano
Mario Cavaradossi, un pittore, amante di Tosca	Tenore
Il barone Scarpia, capo della polizia di Roma	Baritono
Cesare Angelotti, ex console della repubblica romana	Basso
Il sacrestano	Baritono
Spoletta, un agente di polizia	Tenore
Sciarrone, attendente di Scarpia	Basso

2. La trama

Primo atto

Figura 5.3 Riproduzione scenica della chiesa di Sant'Andrea della Valle

 Guardate e rispondete

Guardate tutto il primo atto *(48 minuti circa)*. Mentre guardate, leggete i sottotitoli. Poi fate gli esercizi che seguono.

VERO O FALSO

A coppie, indicate "vero" o "falso" di fianco a ciascuna affermazione. Se scegliete "falso", spiegate perché. Se non siete d'accordo, discutete con il resto della classe e giustificate le vostre opinioni.

1. Mario Cavaradossi, in chiesa, dipinge un ritratto di Tosca. _____

2. Angelotti, un rivoluzionario repubblicano, è scappato dalle prigioni di

   Roma. _____

3. La sorella di Angelotti, la marchesa Attavanti, ha lasciato in chiesa la *chiave* della cappella Attavanti per suo fratello. _____

4. Cavaradossi e Angelotti si conoscono già. _____

5. Mario ha una relazione amorosa con la marchesa Attavanti. _____

6. Tosca è gelosa perché pensa che Mario nasconda una donna in chiesa. _____

7. Cavaradossi presenta Angelotti a Tosca. _____

8. Tosca è molto religiosa. _____

9. A Tosca piacciono gli occhi della donna del ritratto. _____

10. Cavaradossi aiuta Angelotti a nascondersi nella sua villa. _____

11. Cavaradossi ama due donne. _____

12. Scarpia, il capo della polizia romana, cerca Angelotti. _____

13. Scarpia riesce a *fare ingelosire* Tosca. _____

14. Le guardie di Scarpia seguono Mario alla villa. _____

15. Scarpia vuole *catturare* Angelotti ed avere Tosca. _____

chiave	key	*catturare*	to capture
fare ingelosire	to make someone jealous		

CHI È?

Lavorate in coppie. Scegliete fra Tosca, Scarpia, Mario, Angelotti e la marchesa Attavanti.

1. _____ annuncia una grande festa per la vittoria su Napoleone.

2. Scarpia cerca l'ex-prigioniero politico _____.

3. _____ fa finta di essere pio e religioso.

4. _____ è pia e religiosa.

5. _____ aiuta Angelotti a nascondersi.

6. Mario ha visto _____ in chiesa.

7. _____ trova un *ventaglio* e capisce che la marchesa Attavanti ha aiutato il fratello a nascondersi in chiesa.

8. _____ ha paura che Mario abbia un'amante.

9. _____ usa il ventaglio per provocare la gelosia di Tosca.

10. _____ si arrabbia e *si ingelosisce*.

11. _____ corre alla villa di Mario pensando di sorprenderlo

con la marchesa Attavanti.

12. Scarpia fa seguire _____ per trovare Mario, perché ha

capito che questo ha aiutato il fuggiasco.

ventaglio fan   *ingelosirsi* to become jealous

↔ Descrivete i personaggi ↔

Lavorate in coppie. Rispondete alle domande facendo riferimento a quello che avete visto e scrivendo le risposte negli spazi appositi. Poi discutete con il resto della classe, giustificando le vostre opinioni.

1. Tosca è una donna gelosa, religiosa e famosa. Come lo sapete?

_____

_____

2. Quali sono le passioni di Mario?

_____

_____

3. Scarpia allude alla tragedia di Shakespeare, *Othello,* quando dice: "Iago ebbe un *fazzoletto,* io un ventaglio". Se conoscete *Othello,* potete spiegare questa allusione? Sapete chi ha scritto l'opera *Otello?*

_____

_____

fazzoletto handkerchief

↔ Ripassate la trama ↔

Leggete il riassunto del primo atto, e poi rispondete alle domande sulla trama, inserendo le lettere appropriate negli spazi appositi. In classe, confrontate le vostre risposte con quelle di un / una compagno/a. Se non siete d'accordo, confrontatele con quelle del resto della classe.

Angelotti, ex-console della repubblica di Roma e *fuggiasco* dalle prigioni di Roma, *si nasconde* in chiesa, dove cerca e trova la chiave della *cappella* Attavanti ("Ecco la chiave! Ed ecco la cappella!"), che gli ha lasciato la sorella. Angelotti, il fratello della marchesa Attavanti, è infatti *scappato* dalle prigioni, e si è nascosto nella chiesa dove Mario *sta dipingendo* un *quadro* di Maria Maddalena, modellato su una bella *sconosciuta*. Mario contempla il medaglione con il *ritratto* di Tosca e paragona la bellezza delle due donne. Poi Mario vede Angelotti, lo *riconosce* e promette di aiutarlo.

fuggiasco	fugitive	*quadro*	painting
nascondersi	to hide (oneself)	*sconosciuto*	unknown person
cappella	chapel	*ritratto*	portrait
scappare	to flee	*riconoscere*	to recognize
dipingere	to paint		

1. Angelotti va in chiesa perché _____.
   A. vuole parlare con sua sorella
   B. spera che Mario lo aiuti
   C. vuole nascondersi nella cappella Attavanti

2. Angelotti è _____.
   A. monarchico
   B. repubblicano
   C. anarchico

3. Mario _____.
   A. lo riconosce
   B. non lo conosce
   C. dipinge il suo ritratto

4. Mario _____.
   A. ha paura di aiutarlo
   B. non sa se aiutarlo
   C. vuole aiutarlo

In quel momento arriva in chiesa Floria Tosca, famosa cantante e amante di Mario, donna appassionata e gelosa. Il fuggiasco si nasconde nella cappella Attavanti con il *cestino* del pranzo che gli dà Mario. Prima di entrare in chiesa, Tosca ha sentito delle voci e pensa che Mario sia con un'altra donna ("A chi parlavi?"). Mario la *rassicura*, ma non le dice niente di Angelotti: Tosca, infatti, è molto religiosa e racconta tutto al suo confessore. Tosca e Mario decidono di vedersi la sera nella casa di campagna di Mario. Prima di andare via, Tosca, però, nota il ritratto della Maddalena e *si accorge* che *somiglia* alla marchesa Attavanti, che lei conosce *di vista* ("Chi è quella donna bionda lassù?... È troppo bella!... È l'Attavanti!... Ah, la *civetta!*"). Allora, Tosca fa una scenata di gelosia a Mario ("La vedi? Ti ama? Tu l'ami?... Ah, quegli occhi!"). Mario la rassicura, e le dice che non conosce personalmente la marchesa, ma l'ha vista pregare in chiesa e l'ha semplicemente usata come modello per il suo quadro ("Giura!" "Giuro!"). Poi Mario canta la bellezza *impareggiabile* degli occhi neri di Tosca ("Qual occhio al mondo può *star di paro* all'occhio tuo nero?"). Tosca finalmente si tranquillizza ("Ah, come la sai bene l'arte di farti amare! Ma, falle gli occhi neri!") e va via. Mario dà a Angelotti la chiave della sua villa e gli dice di nascondersi, in caso di bisogno, nel *pozzo* del giardino. Quando sente il *cannone* della prigione, però, decide di accompagnarlo personalmente.

cestino	basket	*civetta*	little owl, fig. for flirt, coquette
rassicurare	to reassure	*impareggiabile*	unparalleled
accorgersi	to realize	*star di paro*	archaic for "stare alla pari," to be equal
somigliare	to look like	*pozzo*	well
di vista	by sight	*cannone*	cannon

5. Mario non dice niente a Tosca di Angelotti perché _____.
   A. Tosca è gelosa
   B. Tosca racconta sempre tutto al confessore
   C. Mario non si fida di Tosca

6. Tosca fa una scenata di gelosia a Mario perché _____.
   A. vede la marchesa in chiesa
   B. pensa che Mario sia un *dongiovanni*
   C. riconosce la marchesa nel ritratto che Mario sta dipingendo

7. Mario _____.
   A. conosce la marchesa personalmente
   B. ha visto per caso la marchesa in chiesa
   C. vorrebbe conoscere la marchesa

8. Mario _____.
   A. manda Angelotti alla sua villa
   B. accompagna Angelotti alla sua villa
   C. va alla sua villa senza Angelotti

dongiovanni   Don Juan

La *fuga* di Angelotti *è stata scoperta*, e Scarpia, il capo della polizia, arriva in chiesa per cercare il fuggiasco. Scarpia annuncia che ci sarà una gran festa per la *sconfitta* di Napoleone; poi trova tre *indizi* che confermano il passaggio del *prigioniero* in chiesa: il ventaglio dimenticato dalla sorella di Angelotti, con lo *stemma* della famiglia Attavanti, la porta della cappella Attavanti aperta, e il cestino del pranzo di Mario vuoto (il cappellano dice che Mario non ha mangiato).

fuga	flight	*indizio*	clue
scoprire	to discover	*prigioniero*	prisoner
sconfitta	defeat	*stemma*	family crest

9. Scarpia va in chiesa per cercare _____.
   A. Mario
   B. Tosca
   C. Angelotti

10. Scarpia annuncia una celebrazione perché _____.
    A. Napoleone ha vinto
    B. Napoleone ha perso
    C. Napoleone ha lasciato l'Italia

11. Gli indizi che Scarpia trova indicano _____.
    A. che Angelotti è nascosto alla villa di Mario
    B. che Tosca è stata in chiesa per vedere Mario
    C. che Angelotti si è nascosto nella cappella Attavanti con la complicità della sorella e di Mario

In quel momento Tosca ritorna in chiesa per informare Mario che quella sera non potrà andare all'appuntamento con lui perché dovrà cantare alla festa per la vittoria dell'Austria su Napoleone. Non trova però Mario, ma Scarpia, che la saluta galantemente e le offre l'acqua benedetta ("Tosca divina, la mano mia la vostra aspetta, piccola manina"). Tosca *diffida di* lui ma, non trovando Mario in chiesa, *si insospettisce*. Scarpia, che conosce la gelosia di Tosca, le *fa vedere* il ventaglio con lo stemma della marchesa Attavanti e *insinua* che questa sia stata in chiesa per vedere Mario. Tosca pensa che Mario la *tradisca*, piange e si ingelosisce ("Traditor!"), mentre Scarpia le mormora: "Io darei la vita per *asciugare* quel pianto". Tosca decide di andare alla villa di Mario per *sorprenderlo* con la marchesa. Scarpia la *fa seguire* segretamente dalle sue guardie, sperando che Tosca lo porti a Mario, e Mario ad Angelotti. Il suo piano è duplice: catturare Angelotti ed avere Tosca ("L'uno al *capestro*, l'altra fra le mie braccia!").

diffidare di	to mistrust	*asciugare*	to dry off
insospettirsi	to become suspicious	*sorprendere*	to catch in the act
fare vedere	to show	*fare seguire*	to have someone followed
insinuare	to insinuate	*capestro*	gallows
tradire	to cheat on, to betray		

12. Scarpia usa il ventaglio _____.
   A. per accusare Angelotti
   B. per farsi vento
   C. per fare ingelosire Tosca

13. Scarpia vuole ottenere _____.
   A. solo l'amore di Tosca
   B. solo la cattura di Angelotti
   C. la cattura di Angelotti e una relazione con Tosca

14. Tosca va alla villa di Mario perché _____.
   A. pensa di sorprendere Mario con la marchesa
   B. vuole trovare Angelotti
   C. vuole che le guardie arrestino Mario

〉 Pensate all'atto 〈

Lavorate in coppie. Negli esercizi che seguono rispondete alle domande facendo riferimento a quello che avete visto e letto, e usando il vocabolario dei riassunti. Scrivete le risposte negli spazi appositi e poi discutete le vostre risposte con il resto della classe.

RICOSTRUITE QUELLO CHE È SUCCESSO

1. Qual è la posizione politica di Angelotti?

_____

_____

2. Che cosa fa Mario in chiesa?

_____

_____

3. Perché Tosca va in chiesa?

_____

_____

4. Perché Scarpia va in chiesa?

_____

_____

5. Quali indizi trova Scarpia in chiesa?

_____

_____

6. In che modo Scarpia *sfrutta* la gelosia di Tosca per i suoi fini?

_____

_____

sfruttare   to exploit

ANALIZZATE LE MOTIVAZIONI DEI PERSONAGGI

1. Perché Mario aiuta Angelotti? Quali idee hanno in comune?

_____

_____

Scarpia riesce a conquistare le grazie di Tosca?

Figura 5.4 Scarpia (Sherrill Milnes) fa il galante con Tosca (Carol Vaness)

2. Scarpia vuole fare ingelosire Tosca per due motivi. Quali sono questi motivi?

_____

_____

ANALIZZATE I RAPPORTI FRA I PERSONAGGI

1. Quali rapporti ha Mario con la marchesa Attavanti? E con Tosca?

_____

_____

2. Quali rapporti ha Scarpia con Angelotti e con Mario?

_____

_____

Secondo atto

 Leggete e rispondete

Leggete il riassunto del secondo atto, prima di guardarlo. Poi rispondete alle domande che seguono, inserendo le lettere appropriate negli spazi appositi. In classe, confrontate le vostre risposte con quelle di un / una compagno/a. Se non siete d'accordo, confrontate le vostre risposte con quelle del resto della classe.

Alla villa, Tosca ha trovato Mario con Angelotti, e Mario le ha rivelato tutto. Le guardie di Scarpia, che hanno seguito Tosca alla villa, non hanno trovato Angelotti, che era nascosto nel pozzo. Hanno però catturato Mario, e lo hanno portato a Palazzo Farnese, negli appartamenti di Scarpia, che ha invitato anche Tosca ("Ella verrà, per amor del suo Mario"). Mario *nega* di sapere dov'è Angelotti ("Ov'è Angelotti?" "Non lo so". "Negate avergli dato cibo?" "Nego". "E vesti?" "Nego". "E asilo alla villa?" "Nego"). Scarpia lo fa torturare, ma Mario non parla. Tosca però non *sopporta* le *grida* di *dolore* di Mario e rivela il *nascondiglio* di Angelotti ("Son io che così torturate!... Nel pozzo del giardino!"). Mario si infuria ("Ah, m'hai tradito!"). *Intanto,* però arriva la *notizia* che Napoleone *ha sconfitto* gli austriaci a Marengo. Mario grida di gioia ("Vittoria! Vittoria!"), e Scarpia lo condanna a morte ("Va! Il capestro t'aspetta!").

negare	to deny	*nascondiglio*	hiding place
sopportare	to put up with	*intanto*	in the meanwhile
grido (plurali: gridi, m. /grida, f.)	scream	*notizia*	piece of news
dolore	pain	*sconfiggere*	to defeat

1. Le guardie di Scarpia _____.
   A. catturano Angelotti
   B. catturano Mario
   C. trovano Mario con Angelotti

2. Il nascondiglio di Angelotti _____.
   A. viene rivelato da Mario sotto tortura
   B. non viene rivelato
   C. viene rivelato da Tosca che non sopporta le grida di Mario

3. Arriva la notizia che Napoleone _____.
   A. ha vinto
   B. è morto
   C. è stato sconfitto

4. Scarpia _____.
   A. *uccide* Mario
   B. condanna a morte Mario
   C. grida di gioia

uccidere   to kill

Tosca prega Scarpia di liberare Mario, ma Scarpia rifiuta. Allora, Tosca gli offre del denaro ("Quanto.... Il prezzo!"). Scarpia, però, non accetta ("A donna bella io non mi vendo a prezzo di moneta") e chiede che, in cambio, Tosca gli *si conceda*. Tosca è disperata ("L'orribile mercato!... Non toccarmi, demonio! T'*odio*, t'odio, abietto, vile!"). Alla fine però accetta, in cambio della *grazia* per Mario e di un *salvacondotto* per fuggire da Roma con lui. Scarpia però dice a Tosca che non può *graziare* Mario apertamente, ma che lo deve condannare a morte. Però le promette che ci sarà "un'*uccisione* simulata". Dopo, Mario e Tosca saranno liberi di fuggire insieme.

concedersi	to give oneself	*salvacondotto*	travel permit (archaic)
odiare	to hate	*graziare*	to pardon
grazia	pardon	*uccisione*	a killing

5. Scarpia _____.
   A. dice che non grazierà mai Mario
   B. accetta il denaro di Tosca in cambio della vita di Mario
   C. vuole una notte con Tosca in cambio della vita di Mario

6. Tosca _____.
   A. non accetta
   B. prima rifiuta e poi accetta
   C. rifiuta e scappa

7. Scarpia _____.

   A. non vuole graziare Mario

   B. dice che grazierà Mario apertamente

   C. dice che non può graziare Mario apertamente

8. Scarpia promette che _____.

   A. ci sarà una *esecuzione* vera

   B. ci sarà una esecuzione finta

   C. non ci sarà nessuna esecuzione

Mentre Scarpia scrive il salvacondotto, Tosca *si avvicina* alla tavola per prendere un bicchiere di vino, e trova un *coltello*. Quando Scarpia si avvicina a Tosca ("Tosca, finalmente mia!"), questa lo *colpisce* ("Questo è il bacio di Tosca!... Guardami! Son Tosca, Oh Scarpia!... Muori! Muori! Muori!... Ah, è morto! *Or* gli perdono! E avanti a lui tremava tutta Roma!"). Poi Tosca si lava le dita, e cerca *freneticamente* il salvacondotto, che trova nella mano del morto. Infine mette due candele ai lati di Scarpia morto, ed esce silenziosamente.

esecuzione	execution	*colpire*	to strike, to hit
avvicinarsi	to get near	*or*	poetic for "ora," now
coltello	knife	*freneticamente*	frantically

9. Tosca trova _____.

   A. un fucile

   B. un paio di forbici

   C. un coltello

10. Tosca, dopo avere ucciso Scarpia, gli mette vicino _____.

   A. l'arma del delitto

   B. un biglietto

   C. un simbolo religioso

⮆ Discutete quello che è successo ⮌

Lavorate in coppie. Oralmente, rispondete alle domande. Poi discutete con il resto della classe.

1. Che cosa è successo alla villa di Mario?

2. Chi confessa dove è nascosto Angelotti e perché?

3. Chi ha vinto la battaglia di Marengo?

4. Che cosa cerca di ottenere Tosca? E Scarpia?

⮫ Guardate e rispondete 📽 ⮬

Adesso guardate il secondo atto (39 minuti circa), o parti di esso. Mentre guardate, leggete i sottotitoli. Poi fate l'esercizio che segue.

VERO O FALSO

A coppie, indicate "vero" o "falso" di fianco a ciascuna affermazione. Se scegliete "falso", spiegate perché. Se non siete d'accordo, discutete con il resto della classe e giustificate le vostre opinioni.

1. Le guardie di Scarpia catturano Angelotti. _____

2. Tosca ora sa tutta la verità. _____

3. Mario rivela il nascondiglio di Angelotti sotto tortura. _____

4. Tosca cerca di comprare la vita di Mario con i suoi gioielli. _____

5. Scarpia accetta. _____

6. Scarpia vuole sposarsi con Tosca. _____

7. Tosca infine accetta la proposta di Scarpia. _____

8. Scarpia scrive un salvacondotto per Tosca e Mario. _____

9. Scarpia promette a Tosca che non ci sarà nessuna esecuzione. _____

10. Scarpia uccide Tosca. _____

⮫ Analizzate quello che è successo ⮬

Lavorate in coppie. Rispondete alle domande facendo riferimento a quello che avete visto e letto, e usando il vocabolario dei riassunti. Scrivete le vostre risposte negli spazi appositi, poi confrontatele con il resto della classe.

1. Tosca è una donna forte, coraggiosa, paurosa, timida, passionale, egoista, generosa...? Spiegate.

_____

_____

2. Quali sono le passioni dei protagonisti, e in che modo determinano lo sviluppo della trama?

_____

_____

⇒ Immaginate e rispondete ⇐

In piccoli gruppi, leggete "Quello che è successo". Discutete, e poi scrivete le vostre risposte in "Quello che succederà". Se conoscete l'opera, raccontate ai compagni quello che sapete. Discutete le vostre previsioni con il resto della classe. Poi leggete il riassunto del terzo atto.

QUELLO CHE È SUCCESSO

Mario, un pittore di idee repubblicane, ha aiutato l'ex-console della repubblica romana a nascondersi nella sua villa. Scarpia, il capo della polizia di Roma, ha catturato Mario e lo ha condannato a morte. Tosca, famosa cantante e amante di Mario, ha chiesto a Scarpia di graziare Mario, e Scarpia le ha chiesto una notte in cambio della vita di Mario. Tosca gliel'ha promessa. Scarpia in cambio ha promesso un'esecuzione simulata e ha scritto un salvacondotto per Mario e Tosca. Tosca poi ha ucciso Scarpia, ha preso il salvacondotto ed è corsa in prigione da Mario.

QUELLO CHE SUCCEDERÀ

_____

_____

_____

_____

_____

_____

_____

Terzo atto

⇒ Leggete e rispondete ⇐

Leggete il riassunto del terzo atto, prima di guardarlo. Poi rispondete alle domande che seguono, inserendo le lettere appropriate negli spazi appositi. In classe, confrontate le vostre risposte con quelle di un/una compagno/a. Se non siete d'accordo, confrontate le vostre risposte con quelle del resto della classe.

Figura 5.5 Castel Sant'Angelo, dov'è imprigionato Mario Cavaradossi

Tosca corre a Castel Sant'Angelo, dove Mario, aspettando l'esecuzione, pensa ai momenti di amore con lei ("E lucevan le stelle") e al passato perduto per sempre ("L'ora è fuggita, e muoio disperato!"). Tosca fa vedere a Mario il salvacondotto, e gli racconta di avere ucciso Scarpia. Mario bacia le sue mani, "*mansuete* e pure", che hanno ucciso per lui. Poi gli amanti sognano un futuro felice. Intanto, le guardie vengono a prendere Mario. Tosca gli fa le ultime raccomandazioni per l'uccisione simulata ("*Cadi* bene.... Come la Tosca in teatro!"). Le guardie *sparano*, e Mario cade. Quando si avvicina a Mario, però, Tosca lo trova morto veramente. Scarpia *ha mentito* e *ha fatto* solo *finta di* ordinare un'esecuzione falsa. Mentre le guardie, avendo saputo della morte di Scarpia, si avvicinano per catturarla, Tosca *si getta* dal *tetto* del castello gridando: "Oh Scarpia, avanti a Dio! Avanti a Dio!"

mansueto	meek	*fare finta di*	to pretend
cadere	to fall	*gettarsi*	to throw oneself
sparare	to shoot	*tetto*	roof
mentire	to lie		

1. Quando Tosca gli dice che ha ucciso Scarpia, Mario _____.
   A. si arrabbia
   B. ha paura
   C. è grato a Tosca

2. Scarpia _____.
   A. ha detto la verità a Tosca
   B. ha mentito a Tosca
   C. si è sbagliato

3. Tosca _____.
   A. fugge
   B. viene uccisa
   C. si uccide

〰 Discutete quello che è successo 〰

Lavorate in coppie. Oralmente, rispondete alle domande. Poi discutete con il resto della classe.

1. Quali diverse emozioni prova Tosca durante il terzo atto?
2. E Mario?
3. Chi vince alla fine? Tosca o Scarpia?

〰 Guardate e rispondete 🎥 〰

Adesso guardate il terzo atto (26 minuti circa), o parti di esso. Mentre guardate, leggete i sottotitoli. Poi fate l'esercizio che segue.

VERO O FALSO

A coppie, indicate "vero" o "falso" di fianco a ciascuna affermazione. Se scegliete "falso", spiegate perché. Se non siete d'accordo, discutete con il resto della classe e giustificate le vostre opinioni.

1. Mario è in prigione a Castel Sant'Angelo. _____

2. Tosca corre da lui e gli dice che ha ucciso Scarpia. _____

3. Mario non crede a Tosca. _____

4. Le guardie fanno finta di uccidere Mario. _____

5. Le guardie catturano Tosca. _____

ᗺ Le vostre reazioni e le vostre opinioni ᘉ

Con il resto della classe, paragonate quello che avete visto alle vostre previsioni. Poi, individualmente, leggete le domande che seguono e scrivete le vostre risposte. Quindi fate le domande a un/una compagno/a, e scrivete le sue risposte. Infine raccontate le vostre idee a tutta la classe.

1. Che cosa hanno ottenuto Tosca, Scarpia e Mario?

   Tu _____

   Un/una compagno/a _____

2. Chi è il personaggio più complesso, secondo te? Perché?

   Tu _____

   Un/una compagno/a _____

3. Quale personaggio ti piacerebbe interpretare? Perché?

   Tu _____

   Un/una compagno/a _____

3. Parole, parole, parole

ᗺ Parole utili ᘉ

A. Lavorate in piccoli gruppi. Inserite le forme appropriate delle parole date nelle frasi che seguono. Poi controllate con il resto della classe.

cappella
dipingere
nascondersi
riconoscere
ritratto
somigliare

1. Angelotti entra in chiesa e trova la chiave della _____

   Attavanti che gli ha lasciato la sorella.

2. Mario conosce già Angelotti, e quando lo vede in chiesa lo

   _____.

3. Mario dà ad Angelotti la chiave della sua villa e questo

_____ nel pozzo.

4. Mario guarda il _____ di Tosca e pensa al mistero

dell'arte.

5. Tosca arriva in chiesa mentre Mario sta _____ .

6. Tosca si arrabbia quando vede che il quadro della Maddalena

_____ moltissimo alla marchesa Attavanti.

catturare

cercare

fare vedere

indizio

ingelosirsi

seguire

7. Scarpia _____ Angelotti in chiesa.

8. Scarpia trova tre _____ rivelatori in chiesa.

9. Scarpia _____ il ventaglio della marchesa a Tosca.

10. Quando Scarpia le fa vedere il ventaglio, Tosca _____ .

11. Scarpia fa _____ Tosca sperando di trovare Mario e

Angelotti.

12. Alla villa, le guardie di Scarpia _____ Mario.

gettarsi

grido (plurali: gridi, m. / grida, f.)

sconfitta

uccidere

vittoria

13. Tosca rivela a Scarpia il nascondiglio di Angelotti quando sente le

_____ di dolore di Mario, mentre lo torturano.

14. Inizialmente, tutti credono che la battaglia di Marengo sia finita con la

_____ di Napoleone.

15. Dopo, però, si viene a sapere che è stata una _____ per

Napoleone.

16. Alla fine, le guardie _____ realmente Mario.

17. Tosca _____ da Castel Sant'Angelo.

B. Completate il riassunto della *Tosca* con le forme appropriate delle parole date. Poi
   confrontate le vostre risposte con quelle di un / una compagno/a.

cappella

catturare

cestino

chiesa

coltello

condannare

esecuzione

fuggire

gelosia

geloso

gettarsi

gridare

indizio

morire

nascondersi

nascondiglio

pozzo

promettere

riconoscere

somigliare

sopportare

sorprendere

sparare

tradire

ventaglio

villa

Siamo nella _____ di Sant'Andrea della Valle. Mario

_____ Angelotti e _____ di

aiutarlo. Floria Tosca, l'amante di Mario, donna appassionata e

_____, entra in chiesa, ma Mario non le dice niente

di Angelotti. Mentre sta per andare via, Tosca nota che la Maria Maddalena del quadro

_____ alla marchesa Attavanti e fa una scenata di

_____ a Mario, che la rassicura e canta la bellezza

dei suoi occhi neri. Quando Tosca va via, Mario dà ad Angelotti le chiavi

della sua _____ e gli dice di

_____, in caso di bisogno, nel

_____ del giardino. Scarpia trova tre

_____ che indicano il passaggio di Angelotti in

chiesa: il _____ della sorella di Angelotti, la porta

della _____ Attavanti aperta, ed il

_____ del pranzo di Mario, vuoto. Tosca ritorna in

chiesa, dove trova non Mario ma Scarpia, che le fa vedere il ventaglio della

marchesa. Tosca allora pensa che Mario la _____ e

decide di andare alla villa per _____ lo con la

marchesa. Scarpia, allora, la fa seguire dalle sue guardie, che

_____ Mario. Scarpia fa torturare Mario, e Tosca, che

non _____ le sue grida di dolore, rivela il

_____ di Angelotti. Intanto, arriva la notizia che

Napoleone ha sconfitto gli austriaci a Marengo. Mario

_____, di gioia e Scarpia lo

_____ a morte. Scarpia vuole che Tosca gli si conceda

in cambio della grazia per Mario e di un salvacondotto per

_____ da Roma con lui. Scarpia le promette che ci

sarà un'_____ simulata. Quando Scarpia si avvicina a

Tosca, lei lo uccide con un _____. Tosca poi corre a

Castel Sant'Angelo e dice tutto a Mario. Quando le guardie

_____, però, Mario _____

veramente. Allora, Tosca _____ nel vuoto.

❧ Esplorazione linguistica ❧

VARIAZIONI SUL TEMA

Leggete le frasi che seguono. Completate con la forma appropriata delle parole date.
Correggete con un / una compagno/a.
di nascosto (espressione avverbiale)
fare finta di / fingere di (verbi)

finzione (nome)
fuga / fuggiasco (nomi)
fuggevole (aggettivo)
fuggire (verbi)
gelosia (nome)
geloso (aggettivo)
ingelosire / ingelosirsi (verbi)
nascondere / nascondersi (verbi)
nascondiglio (nome)

1. La _____ eccessiva può creare dei problemi.

2. La polizia ha scoperto la _____ del prigioniero.

3. Ci sono molti ipocriti che non si comportano in modo onesto, ma
_____ essere pii e religiosi.

4. Tosca è molto possessiva e _____.

5. Quando cerco una scusa per andarmene, di solito _____
avere un appuntamento urgente.

6. Quando ha visto il ritratto di un'altra, Tosca _____.

7. Le guardie hanno cercato il _____ dappertutto, ma non
l'hanno trovato.

8. Prima di partire per un viaggio, io _____ sempre i soldi
sotto il *materasso.*

9. Lui le aveva detto che l'amava, e invece era tutta una
_____.

10. Da piccolo/a, mi piaceva _____ sotto i tavoli.

11. Le guardie alla fine hanno scoperto il _____ del
fuggiasco.

12. Non volevo che mi vedessero, così sono entrato in casa
_____.

13. Scarpia ha fatto di tutto per fare _____ Tosca.

14. La felicità, sfortunatamente, è spesso solo un momento
_____.

15. Nel terzo atto della *Tosca,* Mario canta: "L'ora _____ e

muoio disperato!"

materasso   mattress

PARLATE

Lavorate in coppie. Ascoltate il vostro compagno / la vostra compagna che dice delle cose su di voi. Rispondete "vero" o "falso" o "qualche volta". Se la frase è falsa, correggetela dicendo la verità. Poi scambiatevi i ruoli. Alla fine raccontate alla classe quello che avete scoperto.

1. Ti interessi di politica.
2. Ti piace fare ingelosire le persone.
3. Quando una situazione è pericolosa, fuggi.
4. Quando eri piccolo/a, ti piaceva giocare a nasconderti.
5. Ti interessa più l'amore che la politica.
6. Sei geloso/a.
7. Dici spesso ai tuoi amici di smettere di fumare.
8. Ti piace dipingere.
9. Sei convinto di somigliare a un attore famoso / un'attrice famosa.
10. Sei disposto a lottare per le tue convinzioni personali.

⑆ Frasi del libretto ⑇

Le frasi nella colonna di sinistra sono tratte dal libretto della *Tosca,* quelle di destra descrivono varie situazioni di vita reale. Decidete in quale situazione sarebbe possibile usare o citare *scherzosamente* le frasi del libretto e scrivete la lettera corrispondente alla situazione nello spazio apposito. Poi confrontate le vostre risposte con quelle di un / una compagno/a. Discutete con l'insegnante per stabilire quali frasi sono usate nell'italiano moderno.

scherzosamente   playfully

1. Il mio sol pensier sei tu! _____

2. L'ora è fuggita! _____

3. Vittoria, vittoria! _____

4. La povera mia cena fu interrotta. _____

a. Il candidato / la candidata per cui hai votato alle elezioni ha vinto.

b. Vuoi sapere quanto costa un costosissimo cappotto di pelle.

c. Lo dici a una persona che è molto importante per te.

5. Quanto?... Il prezzo! _____

    d. Purtroppo devi smettere di mangiare perché suonano alla porta.

    e. Sei a una bella festa dove ti diverti molto, quando improvvisamente ti accorgi che è tardissimo.

✥ **Ripasso di parole** ✥

A casa scrivete uno o due paragrafi su un argomento di vostra scelta usando circa quindici "parole utili" date sopra. Se volete, potete usare una o più delle seguenti frasi come ispirazione:

—Dovevo assolutamente nascondermi....

—L'ora è fuggita....

—Quel ritratto mi ricordava qualcuno....

4. Grammatica

Il presente congiuntivo; il presente congiuntivo ed il presente indicativo; il presente congiuntivo e l'infinito presente; il passato congiuntivo; il passato congiuntivo e il passato prossimo indicativo; il passato congiuntivo e l'infinito passato; l'imperativo informale; l'imperativo formale

Conversazioni telefoniche

Negli esercizi che seguono, due amici/amiche parlano dell'opera. Leggete le conversazioni e riempite gli spazi vuoti con le forme appropriate dei verbi fra parentesi. In classe, confrontate le vostre risposte con quelle di un/una compagno/a e poi della classe. Infine, a coppie, leggete i dialoghi ad alta voce, simulando delle conversazioni telefoniche. Fate particolare attenzione alla pronuncia e all'intonazione.

✥ **Il presente congiuntivo** ✥

Completate con il presente congiuntivo. Usate i pronomi dati fra parentesi solo se sono necessari per evitare ambiguità.

Tu: Pronto, ciao, sono [nome].

L'altro/a: Ah, ciao, come va?

Tu: Così, così, non benissimo.

L'altro/a: Oh, mi dispiace che tu non _____ (stare) bene!

Tu: Ti telefono perché voglio che mi _____ (tu/raccontare) come è andata all'opera.

L'altro/a: È proprio un peccato che tu non sia venuto/a ieri sera. È stato incredibile!

Vuoi che ti _____ (io/dire) tutto quello che è successo?

Tu: Sì, anche se lo posso immaginare. Mi sembra che le opere

_____ (essere) abbastanza *prevedibili!*

prevedibile   predictable

⮒ Il presente congiuntivo e il presente indicativo ⮒

Completate con il presente congiuntivo o indicativo. Usate i pronomi dati fra parentesi solo quando sono necessari per evitare ambiguità.

L'altro/a: Ah, allora vuoi che ti _____ (io/raccontare) il

primo atto, o lo conosci già?

Tu: Beh, so che _____ (essere) una storia d'amore, e

che Tosca e Mario _____ (amarsi) moltissimo. Ma poi,

mi pare che _____ (succedere) qualcosa di brutto e

che la storia _____ (finire) male. È possibile che

Mario _____ (tradire) Tosca e che Tosca

_____ (ingelosirsi) e _____

(vendicarsi)?

L'altro/a: Sai almeno chi _____ (essere) Scarpia?

Tu: Mi sembra che _____ (essere) l'eroe, e che

_____ (lui/aiutare) Tosca a vendicarsi.

L'altro/a: Bisogna proprio che _____ (tu/andare)

a vedere l'opera, perché hai le idee un po' confuse!

Tu: Credo che _____ (tu/sbagliarsi), perché tutti sanno che

la mia memoria e il mio intuito _____ (essere) infallibili!

❦ Il presente congiuntivo e l'infinito presente ❦

Aggiungete la congiunzione "che" prima del presente congiuntivo e la preposizione "di", o niente, prima dell'infinito presente. Usate i nomi dati fra parentesi per completare le frasi; usate i pronomi dati fra parentesi solo quando sono necessari per evitare ambiguità nelle frasi con il congiuntivo.

L'altro/a: Allora, vuoi _____ (io/raccontarti) quello che è

successo, o no?

Tu: Sì, anche se te l'ho già detto, penso _____ (io/saperlo)

già!

L'altro/a: Già, lo so che credi _____ (tu/avere)

un'intuizione infallibile, ma ho paura _____

(tu/sbagliarsi)! Comunque, ecco la storia: benché Mario e Tosca

_____ (amarsi) follemente, a un certo punto Tosca crede

_____ (Mario/la/tradire) con un'altra donna,

la marchesa Attavanti, perché Mario l'ha ritratta in un quadro, e anche perché

Scarpia, il capo della polizia di Roma, usa il ventaglio della marchesa per farla

ingelosire.

Tu: Allora, avevo ragione io!

L'altro/a: Ma sei *fissato/a*, credi sempre _____ (tu/avere)

ragione! Bisogna proprio _____ (tu/vedere) l'opera.

Tu: Sì, spero _____ (io/stare) meglio e

_____ (io/potere) andarci domani sera, se trovo un

biglietto.

L'altro/a: Sono contento/a _____ (tu/ci/andare), perché mi

sembra _____ (tu/avere) troppa fantasia. E poi,

penso _____ (la musica/essere) bellissima!

Tu: Grazie, allora!

L'altro/a: Di niente, ciao!

fissato/a   fixated

⮞⮞ Il passato congiuntivo ⮜⮜

Completate con il passato congiuntivo.

L'altro/a: Ciao! Allora, non sei andato/a all'opera neanche ieri?

Tu: Macché, purtroppo sto ancora poco bene! Allora mi racconti come è andata a finire?

L'altro/a: Sentiamo il tuo famoso intuito. Dimmi: cosa pensi che

_____ (succedere)?

Tu: Beh, penso che Scarpia _____ (fare) seguire Tosca....

L'altro/a: Sì....

Tu: Poi, penso che le guardie _____ (catturare) Angelotti....

L'altro/a: Uhm....

Tu: E credo che Mario _____ (uccidere) Scarpia....

L'altro/a: Uhm, uhm....

Tu: E poi, immagino che lui e Tosca _____ (cercare) di

fuggire insieme. Però, ho paura che le guardie li _____

(catturare) e che Mario _____ (suicidarsi).

L'altro/a: E io ho paura che tu _____ (sbagliare) di un bel po'!

Tu: Uffa!

⮞⮞ Il passato congiuntivo e il passato ⮜⮜
prossimo indicativo

Completate con il passato congiuntivo o il passato prossimo indicativo. Usate i pronomi dati fra parentesi solo quando sono necessari per evitare ambiguità.

Tu: Allora, raccontami tu che cosa _____ (succedere)!

L'altro/a: Dunque, Scarpia non trova Angelotti, ma cattura Mario perché sospetta

che _____ (lui / aiutare) Angelotti a nascondersi. A questo

punto, Tosca sa che Mario non l'_____ (tradire), perché

lo _____ (trovare) alla villa con Angelotti, e lui le

_____ (spiegare) tutto.

Tu: Allora, Tosca non crede più che Mario _____ (avere)

una storia con la marchesa?

L'altro/a: Nooo! Ti ho detto che Mario le _____ (spiegare)

tutto. A questo punto Scarpia _____ (fare) torturare

Mario, Tosca non (resistere) _____ alle sue grida di

dolore e _____ (rivelare) il nascondiglio a Scarpia.

Tu: Ahi, ahi, ahi! E poi?

L'altro/a: E poi, sarà meglio che tu veda la fine in video, perché sono stanco/a!

𝔰 Il passato congiuntivo e l'infinito passato 𝔤

Completate con il passato congiuntivo o l'infinito passato. Aggiungete la congiunzione
"che" prima del congiuntivo e la preposizione "di", o niente, prima dell'infinito. Usate i
pronomi dati fra parentesi solo quando sono necessari per evitare ambiguità.

Tu: Ciao! Ho visto la fine dell'opera!

L'altro/a: Sì, e...?

Tu: È la storia più tragica _____ mai _____ (io/vedere)! E ho paura

_____ (io/essere) un po' superficiale quando ho detto

che le opere sono prevedibili!

L'altro/a: Beh, sono contento/a _____ (essere) una

esperienza interessante per te!

Tu: Di sicuro! Mi fa piacere _____ (Tosca/uccidere) Scarpia,

ma non credo _____ (Mario/morire) veramente! Credo

_____ (fare) finta di morire, e _____

(lui/mettere) un materasso sotto Castel Sant'Angelo

per Tosca, e _____ (lui e Tosca/fuggire) insieme!

L'altro/a: Sei proprio un gran romantico/una gran romantica e un/un'ottimista

inguaribile!

𝔰 Il presente congiuntivo 𝔤

ESERCIZIO ORALE

Lo studente A fa le prime quattro domande mentre lo studente B ascolta. Poi, lo
studente B risponde, usando il presente congiuntivo. Lo studente A lo corregge, quando

è necessario, usando le risposte fra parentesi quadra. Poi chiede "perché?" e lo studente B risponde improvvisando. Lo studente A dice se è d'accordo o no e perché. Poi gli studenti si scambiano i ruoli.

Esempio:

Studente A: Pensi che Tosca sia coraggiosa?

Studente B: Sì, penso che sia coraggiosa.

Studente A: Perché?

Studente B: Perché non fa quello che vuole Scarpia.

Studente A: Sono d'accordo/Non sono d'accordo, perché difende Mario e uccide Scarpia.

Studente A

1. Pensi che Mario sia innamorato della marchesa Attavanti?

   [Sì/No, non penso che sia innamorato della marchesa Attavanti.]

2. Pensi che Tosca sia troppo gelosa?

   [Sì/No, non penso che sia troppo gelosa.]

3. Pensi che Tosca ami molto Mario?

   [Sì/No, non penso che ami molto Mario.]

4. È giusto che Scarpia venga ucciso?

   [Sì/No, non è giusto che venga ucciso.]

      Scambiatevi di ruolo.

Studente B

5. Pensi che Scarpia sia innamorato di Tosca?

   [Sì/No, non penso che Scarpia sia innamorato di Tosca.]

6. Pensi che Mario sia generoso?

   [Sì/No, non penso che sia generoso.]

7. Pensi che sia giusto che Tosca riveli il nascondiglio di Angelotti?

   [Sì/No, non penso che sia giusto.]

8. È giusto che Tosca muoia alla fine?

   [Sì/No, non è giusto che Tosca muoia alla fine.]

⟗ Il passato congiuntivo ⟗

ESERCIZIO ORALE

Lavorate a coppie. Piegate il foglio a metà. Lo studente A guarda solo la sua parte della pagina e lo studente B guarda solo la sua. Lo studente A legge le prime cinque domande nella colonna di sinistra, e lo studente B risponde usando la congiunzione "che", le parole date nella colonna di destra, e il passato congiuntivo del verbo dato. Lo studente A lo corregge, quando è necessario, usando le risposte date fra parentesi quadra. Poi gli studenti si scambiano i ruoli: lo studente B legge le domande 6–10 e lo studente A risponde.

Studente A

1. Perché Tosca fa una scenata di gelosia quando vede il ritratto della marchesa?
   [Perché pensa che Mario la/l'abbia tradita.]

2. Perché Scarpia proclama una grande festa?
   [Perché crede che gli austriaci abbiano vinto.]

3. Perché Tosca si ingelosisce quando non trova Mario in chiesa?
   [Perché ha paura che lui sia andato alla villa con la marchesa.]

4. Perché Scarpia va in chiesa?
   [Perché immagina che Angelotti ci si sia nascosto.]

5. Perché Tosca si arrabbia quando Scarpia le fa vedere il ventaglio della marchesa?
   [Perché sospetta che la marchesa sia andata in chiesa per vedere Mario.]
   Scambiatevi di ruolo.

Studente B

Perché pensa _____ Mario la/l'_____ (tradire).

Perché crede _____ gli austriaci _____ (vincere).

Perché ha paura _____ lui _____ (andare) alla villa con la marchesa.

Perché immagina _____ Angelotti ci _____ (nascondersi).

Perché sospetta _____ la marchesa _____ (andare) in chiesa per vedere Mario.

Studente B

6. Perché Scarpia fa seguire Tosca?
   [Perché immagina che Tosca abbia deciso di andare da Mario.]

7. Perché Scarpia fa torturare Mario?
   [Perché crede che Mario abbia nascosto Angelotti.]

8. Perché Mario canta disperatamente?
   [Perché ha paura che l'ora sia fuggita.]

9. Perché Tosca dice a Mario che saranno liberi?
   [Perché pensa che Scarpia abbia detto la verità.]

Studente A

Perché immagina _____ Tosca _____ (decidere) di andare da Mario.

Perché crede _____ Mario _____ (nascondere) Angelotti.

Perché ha paura _____ l'ora _____ (fuggire).

Perché pensa _____ Scarpia _____ (dire) la verità.

10. Perché Tosca dice a Mario di alzarsi
    dopo l'esecuzione?
    [Perché crede che Mario non sia
    morto.]

Perché crede _____

Mario non _____ (morire).

⇉ L'imperativo informale ⇇

DIALOGO

Lavorate a coppie. Leggete il dialogo fra Tosca e Mario, che proviene dal libretto.
Riempite gli spazi vuoti con l'imperativo informale dei verbi dati fra parentesi. Poi
confrontate le vostre risposte con quelle del resto della classe.

Carceriere: L'ora!

Cavaradossi: Son pronto.

Tosca: _____ (tenere) a mente. Al primo colpo, giù!

Cavaradossi: Giù!

Tosca: Né rialzati innanzi ch'io ti chiami.

Cavaradossi: No, amore!

Tosca: E _____ (cadere) bene!

Cavaradossi: Come la Tosca in teatro!

Tosca: Non _____ (ridere)!

Cavaradossi: Così?

Tosca: Così! Com'è lunga l'attesa!... Perché indugiano ancora? Già sorge il sole.... Perché
indugiano ancora? È una commedia, lo so, ma questa angoscia eterna pare! Ecco!

Apprestano l'armi.... com'è bello il mio Mario! Là, _____

(morire)! Ecco un artista! O Mario, non ti _____

(muovere)! Si avviano. _____ (Tacere)! Vanno....

scendono.... scendono.... Ancora non ti _____ (muovere)!

Mario, su presto. _____ (andare/noi)!

_____ (andare/noi)! Su! Su! Del sangue? Morto! Morto!

Oh, Mario.... morto!

carceriere jailer

ISTRUZIONI PER UN/UN'AMICO/A

Scrivete una lista di istruzioni per un/un'amico/a. Potete scegliere fra le seguenti
situazioni:

1. Un vostro amico/una vostra amica deve recitare una scena in un dramma di vostra composizione. Ditegli/le che cosa fare.
2. Un amico/un'amica vi ha chiesto come si cucina il vostro piatto forte. Spiegateglielo.
3. Siete all'aeroporto quando vi accorgete di avere dimenticato il passaporto. Mandate un fax all'amico/a che ha le vostre chiavi di casa con istruzioni dettagliate per entrare in casa vostra, trovare il passaporto e portarvelo all'aeroporto.

✤ L'imperativo formale ✤

CONSIGLI A UNA DIVA IN ERBA

Leggete la lettera che segue, con i consigli di una diva *affermata* a una giovane cantante che aspira ad interpretare Tosca. A coppie, riempite gli spazi vuoti con l'imperativo formale dei verbi fra parentesi. Poi controllate con il resto della classe.

Cara Signorina,

Le scrivo per darle dei consigli che spero Le siano utili. Prima di tutto, non

_____ (Lei/pensare) che tutti Le siano amici nel mondo

dell'opera. *Anzi,* _____ (aspettarsi) il contrario, e

non _____ (fidarsi) di nessuno. Soprattutto,

_____ (fare) degli *sforzi* per conquistarsi gli

aiutanti di scena. Non _____ (chiedere) mai troppe

cose. _____ (essere) gentile con tutti. Non

_____ (perdere) la pazienza facilmente.

_____ (noi/ammetterlo): noi "dive" abbiamo una

cattiva reputazione! Un consiglio: _____ (guardare)

bene prima di gettarsi da Castel Sant'Angelo! _____ (stare)

bene, e _____ (continuare) la sua brillante carriera!

Le faccio i migliori auguri.

Cordiali saluti.

(Firma) _____

affermato	established	*sforzo*	effort
anzi	on the contrary	*aiutante di scena*	stagehand

CONSIGLI A UNA PERSONA FAMOSA

Immaginate di scrivere una lettera in cui date dei consigli a una persona famosa di vostra scelta, usando l'imperativo formale.

5. I personaggi in carne ed ossa

⇨ Intervistate i personaggi ⇦

A. In classe, dividetevi in "personaggi" e "intervistatori".

Personaggi: A casa, preparate un monologo di un minuto o due su di voi. Dite come siete fisicamente, che cosa fate, qual è la vostra condizione sociale ed economica, quali sono i vostri problemi sentimentali e psicologici, i vostri desideri, i vostri ideali, le vostre ambizioni, e le vostre speranze.

Intervistatori: A casa, preparate due o tre domande da fare ai vari personaggi sulla loro vita, sui loro rapporti con gli altri e sulle loro motivazioni. Per esempio, potete chiedere a Tosca: "Perché sei così gelosa di Mario?" E ad Angelotti: "Perché ti sei suicidato?"

B. Il giorno dell'intervista, i personaggi si siedono a semicerchio davanti agli intervistatori e recitano i loro monologhi. Gli intervistatori fanno le domande, e i personaggi rispondono improvvisando.

⇨ Scrittura breve ⇦

Nello spazio apposito nella pagina che segue scrivete uno o due paragrafi scegliendo fra uno dei seguenti argomenti.

1. Scrivete la lettera che Mario avrebbe potuto scrivere a Tosca dalla prigione, mentre aspettava di essere giustiziato, oppure una lettera che Tosca avrebbe potuto mandare a Mario, in prigione.

2. Scrivete un dialogo in cui Mario e Tosca discutono la gelosia di Tosca e le sue conseguenze.

3. Scrivete un finale diverso per l'opera.

6. Famose arie e duetti

Recondita armonia (Primo atto)

"Recondita armonia" è una delle arie più famose della Tosca. *Il pittore Cavaradossi contempla il suo quadro della Maria Maddalena ed un piccolo ritratto di Floria Tosca, e canta il suo amore per quest'ultima.*

Figura 5.6 Cavaradossi (Luciano Pavarotti), in chiesa, canta "Recondita armonia"

🔊 Ascoltate le parole 🎧 🎥 📢

Lavorate in coppie. Leggete il testo dell'aria e riempite gli spazi vuoti con le terminazioni maschili, femminili, singolari o plurali delle parole date. Se necessario, leggete la traduzione nell'Appendice. Poi, con un/una compagno/a correggete quello che avete scritto. Infine ascoltate l'aria e correggete di nuovo.

Recondit___ armonia di bellezze divers___!

È brun___ Floria,

l'ardent___ amante mia,

e te, beltade ignot___,

cinta di chiome biond___,

tu azzurr____ hai l'occhio,

Tosca ha l'occhio ner____!

L'arte nel suo mistero

le divers____ bellezze insiem confonde:

ma nel ritrarre costei,

il mio sol____ pensiero,

il mio sol pensier sei tu, Tosca, sei tu!

Parlate dell'aria

A. Leggete di nuovo le parole dell'aria. Poi, in coppie, leggete le domande che seguono, e rispondete oralmente. Poi discutete le vostre risposte con quelle del resto della classe.

1. Mario parla di due donne. A chi si riferisce: "l'ardente amante mia", e a chi si riferisce: "beltade ignota"? Che connotazioni hanno le due espressioni? Qual è più intensa e passionale? Quale più distaccata ed impersonale?

2. Le donne sono belle tutte e due, ma hanno colori diversi. Di che colore sono gli occhi di Tosca, e di che colore sono quelli della marchesa? Quali preferisce Mario e perché? Come lo sapete?

3. Mario è un pittore. Quale relazione fra Mario uomo e Mario artista è espressa nell'aria?

B. Scrivete una frase per riassumere il contenuto dell'aria. Scambiatevi i riassunti con un/una compagno/a e discuteteli.

7. Attività di esplorazione

Discussione

L'OPERA

Lavorate in piccoli gruppi. Oralmente rispondete alle domande. Poi discutete le vostre idee con il resto della classe.

1. Tosca è un personaggio femminile stereotipico? Perché sì, perché no?

2. I rapporti tra Mario e Tosca non sono sempre idilliaci. In più di un'occasione, infatti, gli amanti hanno dei contrasti. Descriveteli.

3. Che funzione hanno questi contrasti nella trama?

4. Alla fine dell'opera trionfa il bene o il male? Spiegate.

L'UMORISMO E L'OPERA

Leggete l'aneddoto che segue. Poi, a coppie, oralmente discutete le domande che seguono. Infine discutete con il resto della classe.

Hugh Vickers, nel delizioso libricino *Great Operatic Disasters,* narra che una prima donna che intepretava Tosca al City Center di New York *litigò* parecchie volte con gli aiutanti di scena a causa del suo carattere difficile. Questi decisero allora di vendicarsi della soprano. Nell'ultima scena, quando Tosca si butta nel vuoto dal tetto di Castel Sant'Angelo, di solito *atterra* su un materasso situato un metro circa sotto il palcoscenico. Durante una memorabile serata, però, Tosca atterrò invece su un trampolino, che gli aiutanti di scena avevano preparato *a sua insaputa*. Si dice che la cantante *sia rimbalzata* quindici volte prima che il *sipario calasse* definitivamente sulla indimenticabile rappresentazione.

litigare	to quarrel	*rimbalzare*	to bounce
atterrare	to land	*sipario*	curtain
a sua insaputa	without his/her knowing it	*calare*	to come down

1. Che tipo era la prima donna di cui si parla?
2. Come si vendicarono della prima donna gli aiutanti di scena?
3. Perché fu memorabile la serata di cui si parla?

GLI APPASSIONATI D'OPERA

Guardate la foto (figura 5.7), e leggete il dialogo. Poi rispondete alle domande, scrivendo le risposte negli spazi appositi. Infine discutete con il resto della classe.

Intervistatrice: Sono circa settant'anni che Lei va all'opera. Ci può dire perché?

Dottie Kish: Beh, è una forma di teatro totale. E poi ha qualcosa da dare a tutti. Io ho cominciato ad andare all'opera nel 1925, e non ho più smesso.

Intervistatrice: So che Lei si occupa di opera non solo da spettatrice....

Dottie Kish: Beh, sì, nel 1993 ho creato una borsa di studio per uno studente meritevole al primo anno della Yale Music School, dove mi sono laureata nel 1924.

Intervistatrice: E ne è soddisfatta?

Dottie Kish: Non c'è niente di più bello che aiutare degli artisti in erba. Per me è una soddisfazione enorme. È una specie di ringraziamento per il piacere che l'opera mi ha sempre dato e continua a darmi.

1. Perché si torna a vedere la stessa opera più di una volta?

_____

_____

_____

Figura 5.7 Dottie Kish, appassionata d'opera e patrona delle arti

2. Pensate che sia possibile amare un'opera una volta e odiarla un'altra?

_____

_____

_____

_____

3. Nel suo libro *Opera in History,* Herbert Linderberger ha scritto che gli appassionati di opera si dividono in varie categorie: gli avidi, i passivi, i coscienziosi, gli ipercritici e coloro che non fanno compromessi. In quale categoria rientra Dottie? In quale rientrate voi?

_____

_____

_____

_____

⇝ Composizione ⇜

A casa scegliete uno dei seguenti temi. Usate le idee, il lessico, e la grammatica che avete imparato. Scrivete la composizione su un foglio a parte.

1. Che cosa rende la *Tosca* una delle opere più famose di tutti i tempi? Considerate la complessità della trama, i personaggi, l'ambientazione e la musica.

2. Analizzate il rapporto di Mario con l'arte, l'amore e la politica.

3. Il critico William Thierfielder ha scritto: "Quattro opere di Puccini finiscono con il suicidio di quattro donne: Floria Tosca in *Tosca* (1900), Cio-Cio San in *Madama Butterfly* (1904), Angelica in *Suor Angelica* (1918), Liu in *Turandot* (1924)." E ha aggiunto che queste donne, attraverso il suicidio, "difendono le loro convinzioni e asseriscono la loro integrità fisica, morale e spirituale". Secondo voi, Tosca è una vittima o un'eroina? Scrivete un breve tema analizzando il personaggio di Tosca e rispondendo all'interpretazione di Thierfielder.

Figura 5.8 James Levine, direttore d'orchestra, pianista, insegnante e direttore artistico del Metropolitan Opera di New York, ha debuttato dirigendo la Tosca *al Metropolitan nel 1971*

⟫) **Ricerca** (⟪

Lavorate in coppie. Scegliete uno dei seguenti progetti. Fate ricerca fuori dalla classe e poi preparate una presentazione orale per la classe. Potete fare la ricerca in italiano o in inglese, ma la presentazione deve essere fatta in italiano.

PROGETTO UNO: LETTURA

Scegliete una delle seguenti domande oppure formulate voi una domanda che vi sembra interessante. Fate ricerca sull'internet. Potete consultare un'indirizzo (www.operabase. com o www.lascala.milano.it), usando una parola chiave (opera, *Tosca*, Puccini, ecc.), oppure fare ricerca in biblioteca. Usate fonti in lingua italiana quando è possibile.

1. Cercate informazioni su Maria Callas e sulle sue interpretazioni di Tosca.
2. Fate ricerca sulla storia d'Italia nel periodo 1789–1815. Quali sono gli avvenimenti storici più importanti di questo periodo?
3. Cercate informazioni sulla vita di Puccini: ha avuto una vita tranquilla o molto movimentata? Si può trovare un riflesso della sua vita nelle sue opere?

PROGETTO DUE: INTERVISTA

Intervistate due o tre appassionati di opera. Scrivete le loro risposte su un foglio a parte. Presentate i risultati alla classe.

1. Che cosa pensa/i dell'opera in generale?
2. Quale è la Sua/tua opera preferita?
3. Che cosa pensa/i della *Tosca*?
4. Formulate voi una o due domande a scelta.

PROGETTO TRE: AL CINEMA O A TEATRO

Scegliete uno dei progetti che seguono. Presentate i risultati alla classe.

1. Guardate un'altra produzione della *Tosca* a teatro o su video. Descrivete e commentate alcune differenze fra le due produzioni. Dite quale vi è piaciuta di più e perché.
2. Pensate a un film che contiene gli stessi temi di intrigo politico e di passione della *Tosca*. Potete descriverlo e fare dei paragoni fra i personaggi dei due lavori?

UNITÀ

6

La traviata

Musica di Giuseppe Verdi (1813–1901)
Libretto di Francesco Maria Piave

1. Presentazione dell'opera

Quello che sapete già

Leggete le domande che seguono. Rispondete con un/una compagno/a. Poi discutete
con il resto della classe.

1. Il verbo "traviare" significa "portare fuori dalla diritta via", "corrompere". Descrivete la
   protagonista nella foto (figura 6.1), e immaginate che cosa fa nella vita.
2. Che cosa fareste se i vostri genitori non approvassero la persona che amate?
   Smettereste di vederla o andreste contro i loro desideri? Giustificate la vostra
   posizione.

Il contesto

L'insegnante vi farà una mini-conferenza sulla *Traviata*. Mentre ascoltate, prendete
appunti e interrompete l'insegnante quando non capite (potete usare espressioni come

Figura 6.1 Edita Gruberova, nel ruolo di Violetta, canta "Sempre libera" nella scena iniziale della Traviata

"Non ho capito", "Cosa vuol dire?", "Può ripetere?", ecc.). Poi, a coppie, usando i vostri appunti, rispondete alle domande di comprensione, inserendo le lettere appropriate negli spazi appositi. Quindi discutete le vostre risposte con il resto della classe. Infine controllate il testo che segue le domande.

DOMANDE DI COMPRENSIONE

I temi

1. *La traviata* tratta di un amore _____.
   A. felice
   B. infelice
   C. finito

2. Violetta è _____.
   A. una giovane donna borghese
   B. una nobildonna
   C. una cortigiana

Le fonti

3. *La traviata* è basata su un dramma di un autore _____.

   A. francese

   B. italiano

   C. tedesco

La fortuna

4. La prima della *Traviata* non ebbe successo perché il contenuto dell'opera era troppo _____.

   A. religioso

   B. scandaloso

   C. conformista

L'ambientazione e la storia

5. *La traviata* si svolge _____.

   A. in Italia nel XIX° secolo

   B. in Francia nel XVIII° secolo

   C. in Germania nel XX° secolo

I temi

L'opera tratta dell'amore contrastato fra Alfredo, un giovane benestante di famiglia borghese, e Violetta, una cortigiana parigina. Il contrasto fra l'amore di Alfredo per Violetta e la morale borghese è uno dei temi principali di questa opera.

Le fonti

La traviata è basata sul dramma di uno scrittore francese, Alexandre Dumas figlio, scritto nel 1852, e intitolato *La dame aux camélias* (in italiano, *La signora delle camelie*), a sua volta basato sul romanzo di Dumas dallo stesso titolo.

La fortuna

La prima rappresentazione della *Traviata*, al Teatro la Fenice di Venezia, nel 1853, non ebbe successo, forse perché il contenuto era molto scandaloso e non poteva non causare una reazione negativa nel pubblico. In breve, però, l'opera divenne una delle più amate del mondo.

L'ambientazione e la storia

La traviata si svolge in Francia, nel XVIII° secolo. La storia, però, riflette la sensibilità del secolo in cui fu scritta, il XIX°, e infatti a teatro viene quasi sempre ambientata in questo periodo. L'opera inizia durante una serata mondana nella splendida casa di Violetta. Alfredo viene presentato a Violetta da un amico comune, e le confessa che la ama segretamente da un anno.

I PERSONAGGI IN ORDINE DI IMPORTANZA

Violetta, una cortigiana	Soprano
Alfredo, un giovane di famiglia borghese	Tenore
Germont, padre di Alfredo	Tenore
Il barone Douphol	Baritono
Annina, la cameriera di Violetta	Soprano

2. La trama

Primo atto

 **Guardate e rispondete**

Guardate tutto il primo atto *(34 minuti circa)*. Mentre guardate, leggete i sottotitoli. Poi fate gli esercizi che seguono.

VERO O FALSO

A coppie indicate "vero" o "falso" di fianco a ciascuna affermazione. Se scegliete "falso", spiegate perché. Se non siete d'accordo, discutete con il resto della classe e giustificate le vostre opinioni.

1. Violetta ama le feste, il *divertimento,* e la vita *frivola* e *mondana.* _____

2. Alfredo è simpatico al barone Douphol. _____

3. Alfredo canta le gioie del vino e dell'amore. _____

4. Violetta canta il *piacere* e il *godimento.* _____

5. Violetta è *malata.* _____

6. Alfredo dice che vorrebbe *prendersi cura di* Violetta. _____

7. Alfredo è segretamente *innamorato di* Violetta da un mese. _____

8. Violetta dice che non vuole *innamorarsi.* _____

9. Violetta dà un fiore ad Alfredo. _____

10. Violetta dà un appuntamento ad Alfredo per la settimana seguente. _____

divertimento	fun	*piacere*	pleasure	*prendersi cura di*	to take care of
frivolo	frivolous	*godimento*	enjoyment	*innamorato di*	in love with
mondano	social	*malato*	ill, sick	*innamorarsi*	to fall in love

Descrivete i personaggi

Lavorate in coppie. Rispondete alle domande facendo riferimento a quello che avete visto e scrivendo le risposte negli spazi appositi. Poi discutete con il resto della classe, giustificando le vostre opinioni.

1. Secondo voi, perché Violetta ama tanto il divertimento e il piacere?

_____

_____

2. L'atteggiamento di Alfredo nei confronti dell'amore è simile a quello di Violetta o diverso? Spiegate.

_____

_____

Ripassate la trama

Leggete il riassunto del primo atto, e poi rispondete alle domande sulla trama, inserendo le lettere appropriate negli spazi appositi. In classe, confrontate le vostre risposte con quelle di un/una compagno/a. Se non siete d'accordo, confrontatele con quelle del resto della classe.

Violetta, una *cortigiana* parigina, riceve un gruppo di amici nel suo salotto. Un amico le presenta Alfredo, che *fa un brindisi* alle gioie del vino e dell'amore ("Libiam nei lieti *calici*.... Libiamo! Amor fra i calici più caldi baci avrà"). Violetta risponde *brindando* al piacere e al godimento ("Tutto è follia nel mondo ciò che non è piacer"). Mentre gli ospiti vanno a ballare, Violetta si sente male. Rimasto solo con lei, Alfredo le confessa che è innamorato di lei segretamente da un anno, e che vorrebbe prendersi cura di lei. Violetta prima gli chiede di non parlarle più d'amore, ma poi gli *regala* un fiore e gli chiede di ritornare quando *sarà appassito*. Rimasta sola, Violetta si sente toccata dalle

parole di Alfredo e dal pensiero dell'amore, "*croce* e *delizia* al cor", ma subito aggiunge:
"Follie, follie! Delirio vano è questo!", e conclude che per una "povera donna, sola,
abbandonata in questo popoloso deserto.... Parigi", l'unica cosa possibile è *divertirsi* e
passare "sempre libera.... di gioia in gioia" fino alla morte.

cortigiana	courtesan; kept woman (archaic)	*regalare*	to give as a present
fare un brindisi	to make a toast	*appassire*	to wither
calice	wine glass	*croce*	cross
brindare	to toast	*delizia*	delight
		divertirsi	to have fun

1. A Violetta piace molto _____.
   A. dormire
   B. stare in casa
   C. divertirsi

2. Alfredo _____.
   A. e Violetta *si conoscono* da un anno
   B. e Violetta si amano da un anno
   C. ama Violetta, senza conoscerla personalmente, da un anno

3. Violetta è una donna _____.
   A. profondamente felice
   B. *gravemente* malata
   C. perfettamente *sana*

4. Violetta regala ad Alfredo un fiore chiedendogli di _____.
   A. non tornare più
   B. tornare con un altro fiore
   C. tornare quando il fiore appassirà

conoscersi	to meet someone for the first time	*sano*	healthy
gravemente	seriously		

⟫⟫ Pensate all'atto ⟪⟪

Lavorate in coppie. Negli esercizi che seguono rispondete alle domande facendo
riferimento a quello che avete visto e letto, e usando il vocabolario dei riassunti.
Scrivete le risposte negli spazi appositi e poi discutete le vostre risposte con il resto della
classe.

RICOSTRUITE QUELLO CHE È SUCCESSO

1. In che occasione si conoscono Alfredo e Violetta?

_____

_____

2. In che modo Alfredo conquista Violetta? È una conquista facile o difficile? Spiegate.

_____

_____

ANALIZZATE I RAPPORTI FRA I PERSONAGGI

1. Quali sono le rispettive posizioni sociali di Violetta e di Alfredo? Pensate che siano compatibili?

_____

_____

2. Pensate che l'atteggiamento nei confronti della vita di Alfredo e quello di Violetta siano riconciliabili? Perché sì, perché no?

_____

_____

Secondo atto

Leggete e rispondete

Leggete il riassunto del secondo atto, prima di guardarlo. Poi rispondete alle domande che seguono, inserendo le lettere appropriate negli spazi appositi. In classe, confrontate le vostre risposte con quelle di un/una compagno/a. Se non siete d'accordo, confrontate le vostre risposte con quelle del resto della classe.

Sono passati alcuni mesi. Alfredo e Violetta *si sono trasferiti* in una villa di campagna, fuori Parigi, dove vivono felici e tranquilli, lontani dalla vita mondana della capitale e dai ricordi del passato. Un giorno, però, Alfredo *viene a sapere* da Annina, la cameriera di Violetta, che Violetta sta vendendo tutto quello che possiede per pagare le spese della villa di campagna, e decide *improvvisamente* di andare a Parigi per trovare dei soldi.

trasferirsi	to change place of residence	*improvvisamente*	suddenly
venire a sapere	to find out		

1. Violetta in campagna _____.
   A. si annoia
   B. sta bene
   C. si sente sola

2. Dal punto di vista economico, _____.
   A. Violetta è indipendente
   B. Alfredo mantiene Violetta
   C. il padre di Alfredo paga le spese

Violetta riceve da Flora un invito a una festa a Parigi, ma non ha nessuna intenzione di andarci ("Invano mi aspetterà"), perché è perfettamente felice della sua vita tranquilla con Alfredo. All'improvviso, però, arriva Germont, il padre di Alfredo, convinto che Alfredo stia spendendo per Violetta tutti i suoi soldi. Anche se *si rende conto* subito che questa è in realtà una donna economicamente indipendente e generosa, Germont cerca lo stesso di *convincerla* a lasciare Alfredo: le rivela infatti di avere anche una figlia ("Pura siccome un angelo Iddio mi diè una figlia...."), che sta per essere abbandonata dal fidanzato per *colpa* di Violetta, cioè per il disonore di avere il suo nome associato a quello di una cortigiana.

rendersi conto	to realize	*colpa*	fault
convincere	to convince		

3. Germont vuole convincere Violetta a _____.
   A. tornare a Parigi
   B. lasciare Alfredo
   C. spendere meno

Violetta dapprima pensa che Germont le stia chiedendo di separarsi da Alfredo solo per un certo periodo di tempo ("Ah, comprendo, dovrò per alcun tempo da Alfredo allontanarmi"), ma Germont le dice che questo "non basta", e che la separazione deve essere per sempre. Violetta prima *rifiuta,* dicendo che è completamente sola ("Né amici, né parenti io non conto fra i viventi") e che ama *appassionatamente* Alfredo, e aggiunge: "M'è impossibile, lui solo amar vogl'io". Germont allora le dice che ora è ancora giovane e bella ("Bella Voi siete, e giovane"), ma che col tempo, quando la sua bellezza *svanirà* e la passione fra lei e Alfredo *cederà* alla noia, non potrà godere della consolazione di un'unione *benedetta* dal cielo.

rifiutare	to refuse	*cedere*	to give way; to give in
appassionatamente	passionately	*benedetto*	blessed
svanire	to vanish		

*Figura 6.2 Germont (Nicolai Gedda) e Violetta
(Rosario Andrade)*

4. Violetta _____.

   A. capisce subito quello che le chiede Germont

   B. non capisce subito quello che le chiede Germont

   C. non ascolta Germont

5. Germont allora le dice che Alfredo _____.

   A. non è più innamorato di lei

   B. è stanco di vivere in campagna

   C. si stancherà di lei

Alla fine, Violetta cede e promette di lasciare Alfredo. Chiede quindi a Germont di dire alla sorella di Alfredo che una donna *infelice si è sacrificata* per lei e che "morrà". Germont a questo punto suggerisce a Violetta di dire ad Alfredo che non lo ama più, ma questa dice che lui non le crederà; allora, Germont le suggerisce di partire, ma lei dice che lui la seguirà. Violetta assicura infine Germont che in qualche maniera farà quello che gli ha promesso. Rimasta sola, e *soffrendo* per il terribile *sacrificio,* Violetta *accetta* l'invito alla festa di Flora a Parigi. Poi scrive un *biglietto* di addio ad Alfredo, senza però dirgli che ha conosciuto suo padre, e senza spiegargli il vero motivo della sua *decisione.* Alfredo, tornando da Parigi, trova Violetta che scrive, e le chiede: "Che fai?... Scrivevi?... A chi scrivevi?"... "Perché *piangi?*" Violetta risponde che aveva bisogno di *lacrime,* ma che ora è tranquilla ("Lo vedi? Ti sorrido!"). Poi, Violetta chiede ad Alfredo di amarla, come lei ama lui ("Amami Alfredo, quant'io t'amo!").

infelice	unhappy	*biglietto*	note, brief letter
sacrificarsi	to sacrifice oneself	*decisione*	decision
soffrire	to suffer	*piangere*	to cry
sacrificio	sacrifice	*lacrima*	tear
accettare	to accept		

6. Violetta non vuole che per colpa sua _____.

   A. Alfredo diventi povero

   B. la sorella di Alfredo non si sposi

   C. Germont si arrabbi

7. Alla richiesta di Germont, Violetta alla fine risponde _____.

   A. che ci vuole pensare

   B. di sì

   C. di no

Rimasto solo, Alfredo riceve il biglietto di Violetta che gli dice addio senza spiegargli la vera ragione della sua decisione. Alfredo sospetta che Violetta l'abbia lasciato per un altro uomo, forse il barone Douphol, e *si ingelosisce*. Intanto ritorna Germont, che consola Alfredo dell'abbandono di Violetta ("Mio figlio! Oh, quanto soffri!") ricordandogli la loro vita familiare e la loro casa in Provenza. Alfredo, però, non lo ascolta, e trova l'invito di Flora. Così, decide di andare anche lui alla festa a Parigi per vedere Violetta.

ingelosirsi	to become jealous

8. Violetta nel biglietto _____.

   A. spiega la verità ad Alfredo

   B. dice ad Alfredo che lo lascia, senza spiegargli la verità

   C. non lascia Alfredo

9. Alfredo decide di andare alla festa di Flora perché _____.

   A. ha voglia di vedere gente

   B. è geloso e vuole vedere Violetta

   C. vuole parlare con Flora

Alla festa, Alfredo *gioca d'azzardo* con il barone e *vince* ("Sfortuna nell'amore, fortuna.... al gioco"). L'atmosfera è carica di tensione. Violetta, preoccupata delle conseguenze, dice ad Alfredo di andare via, e per convincerlo aggiunge che non lo ama,

Figura 6.3 Cornell MacNeil (Alfredo) e Nicolai Gedda (Germont) in una produzione del Metropolitan Opera

e che ama invece il barone. *Divorato* dalla gelosia, Alfredo allora le *fa una scenata* terribile davanti a tutti, e le *getta* in faccia i soldi che ha vinto al gioco, dicendo di averla così ripagata per tutti i soldi che lei ha speso per lui ("Qui testimon vi chiamo che qui pagata io l'ho"). In quel momento entra Germont, che condanna Alfredo per il suo comportamento ("Dov'è mio figlio? Più non lo vedo"). Il barone *sfida* Alfredo a duello.

giocare d'azzardo	to gamble	*fare una scenata*	to make a scene
vincere	to win	*gettare*	to throw
divorato	devoured, consumed	*sfidare*	to challenge

10. Alfredo getta i soldi in faccia _____.
    A. al barone
    B. a suo padre
    C. a Violetta

11. Germont entra in quel momento e _____.
    A. rivela la verità ad Alfredo
    B. critica suo figlio, ma non gli dice la verità
    C. parla con il barone

12. Il barone _____.

    A. porta via Violetta

    B. parla con Germont

    C. sfida Alfredo a duello

⮂ Discutete quello che è successo ⮀

Lavorate in coppie. Oralmente, rispondete alle domande. Poi discutete con il resto della classe.

1. Perché Germont chiede a Violetta di lasciare suo figlio? Di quali conseguenze negative ha paura?

2. Quali sono gli *argomenti* con cui Germont convince Violetta a lasciare Alfredo? Perché Violetta alla fine accetta di fare quello che le chiede Germont?

3. Perché Alfredo va alla festa di Flora?

4. Alla festa di Flora gli eventi precipitano: che cosa succede? Di chi è la colpa, secondo voi?

argomento   argument, topic

Perché è angosciata Violetta?

Figura 6.4 Violetta (Kiri Te Kanawa) e membri del coro durante la festa a casa di Flora

🐾 Guardate e rispondete 📹 🐾

Adesso guardate il secondo atto (53 minuti circa), o parti di esso. Mentre guardate, leggete i sottotitoli. Poi fate gli esercizi che seguono.

LA CRONOLOGIA

A coppie, leggete le frasi che seguono. Mettete gli eventi in ordine cronologico, scrivendo il numero corrispondente nello spazio vuoto di fianco ad ogni frase. Poi confrontate le vostre risposte con quelle del resto della classe.

_____ Alfredo ritorna da Parigi e chiede a Violetta a chi sta scrivendo e perché sta piangendo.

_____ Violetta comincia a scrivere un biglietto di addio ad Alfredo.

____1____ Germont va a trovare Violetta e le chiede di lasciare Alfredo.

_____ Violetta accetta l'invito di Flora.

_____ Violetta cede e promette di non vedere più Alfredo.

_____ Violetta prima rifiuta di fare quello che le chiede Germont.

_____ Violetta rassicura Alfredo e gli dice che lo ama.

_____ Germont allora usa due argomenti per convincere Violetta.

VERO O FALSO

A coppie indicate "vero" o "falso" di fianco a ciascuna affermazione. Se scegliete "falso", spiegate perché. Se non siete d'accordo, discutete con il resto della classe e giustificate le vostre opinioni.

1. Alfredo va alla festa a casa di Flora senza sapere che ci sarà anche Violetta. _____

2. Alfredo perde a carte. _____

3. Violetta gli dice che lo ama. _____

4. Alfredo si ingelosisce sempre di più. _____

5. Alfredo insulta Violetta e la getta in faccia i soldi che ha vinto al gioco. _____

6. Germont arriva e critica suo figlio. _____

7. Alfredo sfida a duello il barone. _____

🐾 Analizzate quello che è successo 🐾

Lavorate in coppie. Rispondete alle domande facendo riferimento a quello che avete visto e letto, e usando il vocabolario dei riassunti. Scrivete le vostre risposte negli spazi appositi, poi confrontatele con il resto della classe.

1. Perché, secondo voi, Violetta è così *sensibile* agli argomenti di Germont?

_____

_____

2. Secondo voi, Germont è un padre *egoista* e insensibile o *affettuoso* e *protettivo*? Giustificate la vostra opinione.

_____

_____

sensibile	sensitive	*affettuoso*	affectionate
egoista	selfish	*protettivo*	protective

⇌ Immaginate e rispondete ⇌

In piccoli gruppi, leggete "Quello che è successo". Discutete, e poi scrivete le vostre risposte in "Quello che succederà". Se conoscete l'opera, raccontate ai compagni quello che sapete. Discutete le vostre previsioni con il resto della classe. Poi leggete il riassunto del terzo atto.

QUELLO CHE È SUCCESSO

Violetta, una cortigiana parigina, e Alfredo, un giovane di famiglia *borghese* provenzale, si sono innamorati e sono andati a vivere insieme fuori Parigi. Il padre di Alfredo ha chiesto a Violetta di lasciare suo figlio per salvare l'onore della famiglia. Violetta, pur soffrendo terribilmente, ha promesso di farlo. Poi ha accettato l'invito della sua amica Flora a una festa a Parigi, dove si è recata in compagnia del barone Douphol. Alfredo ha trovato l'invito ed è andato alla festa, dove, sconvolto dalla gelosia, ha insultato Violetta. Germont ha rimproverato Alfredo, e il barone lo ha sfidato a duello.

QUELLO CHE SUCCEDERÀ

_____

_____

_____

_____

_____

_____

_____

_____

borghese   bourgeois

Terzo atto

ﯚ Leggete e rispondete ﯙ

Leggete il riassunto del terzo atto, prima di guardarlo. Poi rispondete alle domande che seguono, inserendo le lettere appropriate negli spazi appositi. In classe, confrontate le vostre risposte con quelle di un/una compagno/a. Se non siete d'accordo, confrontate le vostre risposte con quelle del resto della classe.

Violetta è in camera sua, gravemente malata. Arriva il dottore, che le fa coraggio ("La convalescenza è vicina"), ma ammette alla cameriera che la *tisi* lascia a Violetta solo poche ore di vita. Violetta rilegge una lettera in cui Germont le scrive che Alfredo è partito per un viaggio dopo *avere ferito* il barone in duello, che ora sa del sacrificio di Violetta, e che sta per tornare per chiederle perdono, come farà lui stesso. Violetta lamenta il passare del tempo e piange sulla sua bellezza consumata dalla *malattia.* Mentre le maschere di Carnevale riempiono le strade, arriva finalmente Alfredo ("Mia Violetta, *colpevol* sono! So tutto!"), le dice che lei *guarirà* e le promette che lasceranno Parigi insieme. Violetta vorrebbe vivere, ora che Alfredo è ritornato da lei, ma ha paura che *neanche* questo potrà salvarla dalla morte. Intanto, arrivano il dottore e Germont che, *pentito* e divorato dal rimorso, chiede perdono a Violetta ("Tutto il mal ch'io feci, ora sol vedo"). Violetta dà ad Alfredo il suo *ritratto,* dicendo di regalarlo alla ragazza che sposerà; poi sembra sentirsi meglio per un istante, ma infine muore.

tisi	tuberculosis	*guarire*	to heal
ferire	to wound	*neanche*	not even
malattia	illness	*pentito*	repentant
colpevole	guilty	*ritratto*	portrait

1. Violetta _____.
   A. sta bene
   B. sta peggio
   C. sta meglio

2. Nella lettera Germont le dice che nel duello _____.
   A. non è stato ferito nessuno
   B. è stato ferito Alfredo
   C. è stato ferito il barone

3. Alfredo torna e dice a Violetta che loro _____.
   A. vivranno insieme a Parigi
   B. andranno in Italia
   C. lasceranno Parigi

4. Germont è _____.
   A. pentito di quello che ha fatto
   B. contento di quello che ha fatto
   C. dubbioso su quello che ha fatto

5. Prima di morire, Violetta per un attimo _____.
   A. si sente peggio di prima
   B. si sente come prima
   C. si sente meglio di prima

⧓ Discutete quello che è successo ⧓

Lavorate in coppie. Oralmente, rispondete alle domande. Poi discutete con il resto della classe.

1. Che cosa ha capito Germont?
2. Perché Alfredo torna da Violetta?
3. Che cosa spera Violetta? E Alfredo?

⧓ Guardate e rispondete 🎥 ⧓

Adesso guardate il terzo atto (23 minuti circa), o parti di esso. Mentre guardate, leggete i sottotitoli. Poi fate l'esercizio che segue.

VERO O FALSO

A coppie indicate "vero" o "falso" di fianco a ciascuna affermazione. Se scegliete "falso", spiegate perché. Se non siete d'accordo, discutete con il resto della classe e giustificate le vostre opinioni.

1. È Natale. _____

2. Violetta sta meglio. _____

3. Violetta non aspetta più Alfredo. _____

4. Nella lettera, Germont dice di essere arrabbiato con Violetta. _____

5. Alfredo finalmente arriva a casa di Violetta._____

6. Arriva a casa di Violetta anche Germont, che chiede perdono a Violetta._____

7. Violetta muore di tubercolosi. _____

☙ Le vostre reazioni e le vostre opinioni ❧

Con il resto della classe, paragonate quello che avete visto alle vostre previsioni. Poi, individualmente, leggete le domande che seguono e scrivete le vostre risposte. Quindi fate le domande a un / una compagno/a e scrivete le sue risposte. Infine raccontate le vostre idee a tutta la classe.

1. Che cosa avresti fatto tu, al posto di Violetta?

    Tu _____

    Un / una compagno/a _____

2. Che cosa avresti fatto tu, al posto di Alfredo?

    Tu _____

    Un / una compagno/a _____

3. Che cosa avresti fatto tu, al posto di Germont?

    Tu _____

    Un / una compagno/a _____

4. Quali sono i lati positivi e quelli negativi dei vari personaggi?

    Tu _____

    Un / una compagno/a _____

5. Quale personaggio ti piacerebbe interpretare? Perché?

    Tu _____

    Un / una compagno/a _____

La Fenice di Venezia, uno dei più prestigiosi teatri italiani, fu fondata nel 1790. Allo stesso tempo furono costruiti anche un canale e un ponte per permettere l'accesso al teatro alle gondole. Bruciata una prima volta nel 1837, La Fenice fu ricostruita in meno di un anno. Il teatro veneziano è bruciato una seconda volta nel 1996. Sapete che cosa significa la parola "fenice"?

Figura 6.5 Teatro La Fenice

3. Parole, parole, parole

⇜ Parole utili ⇝

A. Lavorate in piccoli gruppi. Inserite le forme appropriate delle parole date nelle frasi che seguono. Poi controllate con il resto della classe.

brindare

conoscersi

decidere

divertirsi

innamorato

regalare

1. Alfredo e Violetta _____ a casa di Violetta durante una

serata mondana.

2. Violetta _____ al piacere, e Alfredo all'amore.

3. A Violetta piace ridere e ————————————————.

4. Violetta ———————————————— una camelia ad Alfredo dicendogli di

ritornare quando sarà appassita.

5. Alfredo è ———————————————— segretamente di Violetta da un anno.

6. Violetta ed Alfredo ———————————————— di andare a vivere insieme in

campagna.

colpa
convincere
rendersi conto
rifiutare
sacrificio

7. Quando Germont va a parlare con Violetta, ———————————————— che lei

è una donna indipendente e generosa.

8. Violetta ama Alfredo appassionatamente, e quando Germont le chiede di lasciarlo,

all'inizio ———————————————— di farlo.

9. Germont usa due argomenti per ———————————————— Violetta.

10. Germont dice a Violetta che sua figlia (la sorella di Alfredo) non può sposarsi

per ———————————————— sua.

11. Violetta chiede a Germont di raccontare ad Alfredo, quando lei sarà morta, il

terribile ———————————————— che ha fatto.

argomento
biglietto
giocare d'azzardo
promettere
spiegare

12. Uno degli ———————————————— che convincono Violetta è che la sorella

di Alfredo non può sposarsi per colpa sua.

13. Violetta ———————————————— di non vedere più Alfredo.

14. Violetta non parla direttamente con Alfredo, ma gli scrive un

————————————————.

15. Nel biglietto, non gli ———————————————— il vero motivo della sua

decisione.

16. Alla festa di Flora, Alfredo e il barone _____,_____.

ferire

gettare

insultare

lasciare

morire

sfidare

17. Alfredo crede che Violetta ami il barone, e l'_____

perché è geloso.

18. Alfredo _____ i soldi che ha vinto in faccia a Violetta.

19. Il barone allora _____ Alfredo a duello.

20. Durante il duello, Alfredo _____ il barone.

21. Alfredo torna da Violetta e le promette che _____ Parigi

insieme.

22. Alla fine, Violetta _____.

B. Completate il riassunto della *Traviata* con le forme appropriate delle parole date. Poi confrontate le vostre risposte con quelle di un / una compagno/a.

accettare

appassito

biglietto

brindare

Carnevale

cedere

colpa

convincere

gettare

giocare d'azzardo

guarire

ingelosirsi

innamorato

lasciare

malato

morire

presentare

promettere

regalare

rifiutare

scenata

sfidare

svanire

trasferirsi

vincere

Violetta riceve un gruppo di amici nel suo salotto. Un amico le

_____ Alfredo, che _____

alle gioie del vino e dell'amore. Rimasto solo con lei, Alfredo le confessa

che è _____ di lei segretamente da un anno. Violetta

gli _____ un fiore e gli chiede di ritornare quando

sarà _____. Alfredo e Violetta

_____ in una villa in campagna, fuori Parigi, dove

vivono innamorati e felici. All'improvviso, però, arriva Germont, il padre di

Alfredo, che vuole _____ Violetta a lasciare Alfredo:

le rivela infatti di avere anche una figlia che soffre per

_____ sua, cioè che non può sposarsi per il disonore

di avere il suo nome associato a quello di una cortigiana. Violetta dapprima

_____. Germont allora le dice che col tempo la sua

bellezza _____, e la passione fra lei e Alfredo

cederà alla noia. Violetta alla fine _____ e

_____ di lasciare Alfredo. Violetta poi

_____ l'invito alla festa di Flora a Parigi e scrive

un _____ di addio ad Alfredo. Alfredo sospetta che

Violetta l'abbia lasciato per il barone Douphol, e

_____. Alfredo poi trova l'invito di Flora e decide

di andare anche lui a Parigi. Alla festa di Flora, Alfredo

_____ con il barone e _____.

Violetta dice ad Alfredo che ama il barone. Alfredo le fa una

_____ terribile davanti a tutti, e le

_____ in faccia i soldi che ha vinto al gioco. Il

barone allora lo _____ a duello. Passa del tempo.

Violetta è sempre più _____, e riceve una lettera di

Germont che le annuncia il ritorno di Alfredo. Violetta sa che è tardi, e che

non _____. Mentre le maschere di

_____ ballano per le strade, arriva finalmente

Alfredo, che le promette che _____ Parigi insieme.

Violetta vorrebbe vivere, ma è troppo tardi, e _____.

🥸 Esplorazione linguistica 🥸

VARIAZIONI SUL TEMA

Leggete le frasi che seguono. Completate con la forma appropriata delle parole date.
Correggete con un/una compagno/a.

amante/amore (nomi)

amare/amarsi/innamorarsi (verbi)

decidere/decidersi (verbi)

decisamente (avverbio)

decisione (nome)

deciso (aggettivo)

divertente (aggettivo)

divertimento (nome)

divertirsi (verbo)

innamorato (aggettivo)

promessa (nome)

promettente (aggettivo)

promettere (verbo)

1. Il barone è davvero l'_____ di Violetta, come sospetta

   Alfredo?

2. Violetta all'inizio dell'opera dice che lei _____ solo il

   piacere.

3. È meglio _____ solo quello che si può mantenere.

4. Ieri sera alla festa io _____ molto.

5. Ho preso una _____ molto importante: mi trasferisco da

   Bologna a Milano.

6. È una persona sicura di sé e molto _____.

7. Alfredo è _____ di Violetta da un anno quando gliela

   presentano.

8. È un ragazzo intelligente e ha già una carriera molto

   _____ davanti a sé.

9. Violetta è _____ una figura romantica.

10. Ieri sera la festa è stata molto _____.

11. Nella città dove vado al mare, ci sono molti _____ per i

    bambini.

12. Violetta comincia a _____ di Alfredo alla fine della festa.

13. Bisognerebbe mantenere sempre le _____.

14. Violetta e Alfredo _____ molto, ma non riescono ad

    essere felici.

15. Io _____ di andare in Italia per sei mesi.

16. Finalmente, dopo tanti anni di litigi continui, loro _____

    a lasciarsi.

17. Violetta fa un sacrificio per _____ di Alfredo.

PARLATE

Lavorate in coppie. Ascoltate il vostro compagno / la vostra compagna che dice delle cose
su di voi. Rispondete "vero" o "falso" o "qualche volta". Se la frase è falsa, correggetela
dicendo la verità. Poi scambiatevi i ruoli. Alla fine raccontate alla classe quello che avete
scoperto.

1. Ti piacciono le persone che scherzano e ridono.

2. Ti fa piacere quando qualcuno ti regala dei fiori.

3. Ti accorgi se qualcuno ti dice la verità o una bugia.

4. Ti stanchi di studiare dopo pochi minuti.

5. Sei pronto/a a fare dei sacrifici per ottenere quello che vuoi.

6. Hai vinto molti soldi giocando d'azzardo.

7. Mantieni quello che prometti.

8. Per te, l'importante non è vincere ma partecipare.

9. Quando esci con i tuoi amici, ti convincono facilmente a fare quello che vogliono loro.

🎵 Frasi del libretto 🎵

Le frasi nella colonna di sinistra sono tratte dal libretto della *Traviata,* quelle di destra descrivono varie situazioni di vita reale. Decidete in quale situazione sarebbe possibile usare o citare *scherzosamente* le frasi del libretto e scrivete la lettera corrispondente alla situazione nello spazio apposito. Poi confrontate le vostre risposte con quelle di un/una compagno/a. Discutete con l'insegnante per stabilire quali frasi sono usate nell'italiano moderno. Notate l'uso del "Voi" per il "Lei" (nel verbo "prendere"), caratteristico dell'italiano ottocentesco.

scherzosamente   playfully

1. Prendete questo fiore. _____

2. La tua salute rifiorirà! _____

3. O, mio rimorso! _____

4. Parigi, oh caro/a, noi lasceremo! _____

5. Amami, Alfredo. _____

6. Follie, follie! _____

7. Perché piangi? _____

a. Offri una camelia a degli amici.

b. Incoraggi un amico che ha il raffreddore.

c. Trovi una tua amica in lacrime.

d. Tu e il/la tuo/a fidanzato/a siete stanchi di vivere nella capitale francese, e decidete di tornare a vivere in Italia.

e. Desideri l'amore di un cuoco italiano.

f. Hai accusato un amico di non averti restituito un libro, ma poi ti accorgi di non averglielo mai prestato.

g. Per un momento hai pensato di smettere di studiare.

🎵 Ripasso di parole 🎵

A casa scrivete uno o due paragrafi su un argomento di vostra scelta usando circa quindici "parole utili" date sopra. Se volete, potete usare una o più delle seguenti frasi come ispirazione:

—Era un sacrificio terribile, eppure....

—La amavo follemente, però credevo che lui/lei non mi amasse....

—Mi aveva fatto male, e volevo umiliarlo/a....

4. Grammatica

I verbi "andare via", "andarsene", "lasciare", "partire", "uscire", "andare fuori"; i pronomi combinati ("glielo", "gliela", "glieli", "gliene", "ce la"); il presente congiuntivo; il presente congiuntivo e il presente indicativo; il presente congiuntivo e l'infinito presente; il passato congiuntivo; l'imperfetto congiuntivo; il trapassato congiuntivo; il periodo ipotetico con il congiuntivo e il condizionale; il passato del condizionale come "futuro nel passato"

"Andare via", "andarsene", "lasciare", "partire", "uscire", "andare fuori"

Completate le frasi che seguono scegliendo fra i verbi dati e coniugandoli al presente, imperfetto e passato prossimo indicativo, o lasciandoli all'infinito. Potete usarli più di una volta. Poi confrontate le vostre risposte con quelle del resto della classe.

andare fuori

andare via

andarsene

lasciare

partire

uscire

1. Ieri sera, dopo la festa, era molto tardi quando gli ospiti

_____ .

2. Dopo la visita di Germont, Violetta ha scritto un biglietto ad Alfredo, e

_____ a Parigi da sola.

3. Alfredo sperava che lui e Violetta potessero _____ Parigi.

4. Dopo il duello, Alfredo _____ per un viaggio.

5. Quando erano in campagna, Alfredo e Violetta non _____

mai la sera.

6. A Violetta, prima di conoscere Alfredo, piaceva molto

_____ con gli amici.

7. La festa era noiosa, così io _____ presto.

8. I miei amici _____ ieri per Parigi.

9. È tardi, devo proprio _____ .

10. Sono stanca stasera: è tutta la settimana che _____ la sera

e vado a letto tardi.

11. Paolo e Francesca non stanno più insieme; lei lo _____ .

12. Preferisco stare in casa: fa troppo freddo per _____ .

⮑ I pronomi combinati ("glielo", "gliela", ⮐ "glieli", "gliene", "ce la")

Lavorate in coppie. Lo studente A legge le domande 1–6; lo studente B ascolta e risponde usando la lista con i pronomi combinati e facendo la concordanza del participio passato con il pronome diretto, quando necessario. Lo studente A corregge quando è necessario, usando le risposte fra parentesi quadra. Poi gli studenti si scambiano di ruolo.

glielo (gliel')

gliela (gliel')

glieli

gliene

ce la

Esempio:

Studente A: Un amico ha presentato Alfredo a Violetta?

Studente B: Sì, <u>gliel'ha</u> presentato.

Studente A

1. Alfredo ha detto a Violetta che l'amava?

   [Sì, glielo/gliel'ha detto.]

2. Violetta ha dato una camelia a Alfredo?

   [Sì, gliela/gliel'ha data.]

3. Violetta ha parlato ad Alfredo della visita di suo padre?

   [No, non gliene ha parlato.]

4. Violetta ha detto la verità ad Alfredo?

   [No, non gliela/gliel'ha detta.]

5. Flora ha invitato Violetta alla sua festa?

[Sì, ce la / ce l'ha invitata.]

6. Germont ha chiesto a Violetta di lasciare Alfredo?

[Sì, glielo / gliel'ha chiesto.]

Ora scambiatevi di ruolo.

Studente B

7. Violetta ha scritto una lettera ad Alfredo?

[Sì, gliela / gliel'ha scritta.]

8. Violetta ha parlato della sua vita a Germont?

[Sì, gliene ha parlato.]

9. Il barone ha accompagnato Violetta alla festa?

[Sì, ce la / ce l'ha accompagnata.]

10. Alfredo ha buttato i soldi in faccia a Violetta?

[Sì, glieli ha buttati.]

11. Germont ha chiesto perdono a Violetta?

[Sì, glielo / gliel'ha chiesto.]

12. Violetta ha dato il suo perdono ad Alfredo?

[Sì, glielo / gliel'ha dato.]

Conversazioni telefoniche

Negli esercizi che seguono, due amici / amiche parlano dell'opera. Leggete le conversazioni e riempite gli spazi vuoti con le forme appropriate dei verbi fra parentesi. In classe, confrontate le vostre risposte con quelle di un / una compagno/a e poi della classe. Infine, a coppie, leggete i dialoghi ad alta voce, simulando delle conversazioni telefoniche. Fate particolare attenzione alla pronuncia e all'intonazione.

⫷ Il presente congiuntivo ⫸

Completate con il presente congiuntivo. Usate i pronomi dati fra parentesi solo quando servono ad evitare ambiguità.

Un / un'amico/a: Pronto, sono (nome).

L'altro/a: Ciao, come va? Cosa c'è di nuovo?

Un / un'amico/a: Niente di speciale. Cosa ti è sembrato dell'opera di ieri sera?

L'altro/a: *La traviata?* Penso che _____ (essere) un'opera

splendida, ma la storia è pura follia!

Un / un'amico/a: In che senso, scusa?

L'altro/a: Ma scusa, prima di tutto credo che Violetta _____

(fare) un errore a lasciare Alfredo....

Un / un'amico/a: Ma hai capito perché lo ha lasciato?

L'altro/a: Scusa, credi proprio che _____ (io / essere)

cretino/a? Lo fa perché pensa che Alfredo non la _____

(amare) veramente e ha paura che, da un momento

all'altro, _____ (potere) stancarsi di lei. Sa che Alfredo

non la può sposare e ha paura che, prima o poi, _____

(finire) per lasciarla.

Un / un'amico/a: Ma allora, non hai capito niente! Violetta lascia Alfredo

benché _____ (sapere) che lui la ama follemente. Lo fa

perché si sente in colpa per la sua vita passata, e perché vuole che la sorella di

Alfredo _____ (essere) felice.

L'altro/a: Ma ti sembra giusto che _____ (lei / rinunciare)

alla sua felicità e che _____ (ferire) anche il povero

Alfredo?

Un / un'amico/a: Mah! Non so se _____ (essere) giusto,

ma.... c'est la vie!

⇄ Il presente congiuntivo e il presente indicativo ⇄

Completate con il presente congiuntivo o il presente indicativo. Usate i pronomi dati fra parentesi solo quando servono ad evitare ambiguità.

Un / un'amico/a: Pronto, sono (nome).

L'altro/a: Ciao.

Un / un'amico/a: Ah, allora, vuoi che ti _____

(io / raccontare) il primo atto?

L'altro/a: Non importa, perché conosco già la storia. So che

_____ (essere) una grande storia d'amore e che

Violetta e Alfredo _____ (amarsi) alla follia. Poi mi

sembra che _____ (succedere) qualcosa di brutto, e

che la storia _____ (finire) male. Mi pare che

Violetta _____ (tradire) Alfredo e che Alfredo

_____ (arrabbiarsi), o qualcosa del genere.

Un/un'amico/a: Sai chi _____ (essere) Germont?

L'altro/a: È possibile che _____ (essere) lo zio di Alfredo?

Un/un'amico/a: Bisogna proprio che _____ (tu/leggere) il

riassunto, perché hai le idee un po' confuse!

L'altro/a: Eppure, sono sicura che la mia memoria _____

(essere) infallibile!

⟫ Il presente congiuntivo e l'infinito presente ⟪

Aggiungete la congiunzione "che" prima del presente congiuntivo e la preposizione "di",
o niente, prima dell'infinito. Nelle frasi con il congiuntivo, usate sempre i nomi fra
parentesi per completare le frasi; usate i pronomi fra parentesi solo quando servono ad
evitare ambiguità.

Un/un'amico/a: Pronto, sono (nome).

L'altro/a: Ciao.

Un/un'amico/a: Allora, vuoi _____ (tu/raccontarmi) la

trama?

L'altro/a: Va bene. Vuoi _____ (io/raccontarti) tutto quello

che è successo?

Un/un'amico/a: Sì, anche se penso _____ (io/saperlo).

L'altro/a: Credi sempre _____ (tu/sapere) tutto, ma ho

paura _____ (tu/sbagliarsi)! Comunque, ecco qua:

sebbene Violetta _____ (amare) follemente Alfredo,

Germont, il padre di Alfredo, ha paura _____ (il

figlio/spendere) tutti i suoi soldi per lei, perché sa che è una cortigiana. Poi, teme

anche _____ (sua figlia/non potere) sposarsi, perché

Alfredo è legato ad una cortigiana.

Un/un'amico/a: E allora Violetta e Alfredo fuggono insieme! Mi ricordo!

L'altro/a: Ma sei fissato/a! Credi sempre _____ (tu/avere)

ragione! Senti, bisogna _____ (tu/leggere) il riassunto

della trama, perché mi sembra _____ (tu/avere) troppa

fiducia nella tua memoria.

Un/un'amico/a: Comunque, mi pare _____ (la

musica/essere) bellissima!

L'altro/a: Sì, questo è vero!

✢ Il passato congiuntivo ✢

Completate con il passato congiuntivo.

Un/un'amico/a: Pronto, sono (nome).

L'altro/a: Ciao.

Un/un'amico/a: Senti, come credi che _____ (reagire) a

quest'opera il pubblico del diciannovesimo secolo?

L'altro/a: Boh? Pensi che gli uomini _____ (approvare)

il comportamento di Germont, e che le donne _____

(identificarsi) con Violetta?

Un/un'amico/a: Non lo so! Comunque, immagino che il pubblico

_____ (trovare) normale che una ragazza *"di facili

costumi"* non potesse sposare un giovane di famiglia borghese.

L'altro/a: E credi che l'opera _____ (avere) successo

immediatamente?

Un/un'amico/a: Non so se il pubblico italiano _____

(trovare) la trama troppo scandalosa, ma immagino che a tutti

_____ (piacere) la musica. Personalmente, trovo che sia

una delle opere più belle che un compositore _____

mai _____ (scrivere)!

di facili costumi   of loose morals

⟐ L'imperfetto congiuntivo ⟐

Completate con l'imperfetto congiuntivo.

Un / un'amico/a: Pronto, sono (nome).

L'altro/a: Ciao.

Un / un'amico/a: Allora, come è finita l'opera?

L'altro/a: Una tragedia!

Un / un'amico/a: Ma come? Io speravo che _____ (finire)

bene, che Violetta _____ (perdonare) Germont, che

Germont _____ (pentirsi) di quello che aveva fatto, e che

Alfredo e Violetta _____ (vivere) felici e contenti....

L'altro/a: Beh, forse in una favola, ma non in un'opera! Germont si è pentito, ma per il

resto.... Alfredo ha insultato Violetta, gli ha buttato dei soldi in faccia a una festa a

casa di Flora, davanti a tutti i loro amici....

Un / un'amico/a: Oh, no! Io credevo che Alfredo _____ (essere)

un gentiluomo e che _____ (amare) veramente Violetta!

L'altro/a: Ma sì, l'amava. Solo che aveva perso la testa! Anch'io speravo che Violetta e

Alfredo _____ (fare) la pace e

_____ (rimanere) insieme, e invece....

Un / un'amico/a: Non dirmelo, non dirmelo!

L'altro/a: Ma come? Non volevi che ti _____ (io / dire) come va

a finire?

Un / un'amico/a: Ho cambiato idea!

⇨ Il trapassato congiuntivo ⇦

Completate con il trapassato congiuntivo.

Finalmente i due amici / le due amiche parlano di com'è andata a finire la storia della *Traviata*.

Un / un'amico/a: Pronto, sono (nome).

L'altro/a: Ciao.

Un / un'amico/a: Dimmelo: com'è andata a finire?

L'altro/a: Ah, pensavo che a questo punto _____

(tu / leggere) il riassunto!

Un / un'amico/a: No, no, sono troppo pigro/a! Allora, cos'è successo?

L'altro/a: È andata a finire che, dopo la scenataccia della festa, Germont ha chiesto

perdono a Violetta....

Un / un'amico/a: Germont? Ma io credevo che Germont

_____ (arrabbiarsi) perché pensava che Alfredo

_____ (spendere) tutti i suoi soldi per Violetta! E la festa

di Flora? C'è andata Violetta? Cosa è successo?

L'altro/a: Un drammone! Violetta era pallida come una morta quando è arrivata. Alfredo

l'ha vista e ha pensato che Violetta lo _____ (lasciare) per

il barone. Così l'ha insultata *pesantemente*.

Un / un'amico/a: E che cosa ha fatto?

L'altro/a: Le ha buttato dei soldi in faccia.

Un / un'amico/a: Oddio, che cosa di cattivo gusto!

L'altro/a: Eh, sì. A quel punto sembrava proprio che Alfredo

_____ (perdere) completamente la testa. Perfino suo

padre ci è rimasto male!

Un / un'amico/a: Germont?

L'altro/a: Eh, sì, caro! Benché Germont all'inizio _____

(cercare) di convincere Violetta a lasciare Alfredo, a un certo punto si è pentito e le

ha chiesto perdono. Anche Alfredo è tornato, ma Violetta è morta di tubercolosi.

Un / un'amico/a: Ahi, ahi, ahi! Che storia tragica!

L'altro/a: Puoi ben dirlo!

pesantemente   heavily

⇦ Il passato congiuntivo ⇨

ESERCIZIO SCRITTO

A coppie, scrivete quali emozioni pensate che abbiano provato i vari personaggi, e in quale situazione, usando il passato congiuntivo. Poi discutete le vostre idee con il resto della classe.

Esempio: essere contenta

Pensiamo che <u>Violetta sia stata contenta</u> quando <u>Alfredo le ha detto che la amava da un anno.</u>

innamorarsi

Pensiamo che _____ quando

_____.

ingelosirsi

Crediamo che _____ quando

_____.

soffrire

Immaginiamo che _____ quando

_____.

provare gioia

Pensiamo che _____ quando

_____.

provare rimorso

Ci sembra che _____ quando

_____.

pentirsi

È probabile che _____ quando

_____.

vergognarsi

Speriamo che _____ quando

_____.

perdere la testa

Crediamo che _____ quando

_____.

♫ L'imperfetto congiuntivo ♫

ESERCIZIO ORALE

Lavorate in coppie. Piegate il foglio a metà. Lo studente A guarda solo la sua parte e lo studente B guarda solo la sua. Lo studente A fa le prime quattro domande, e lo studente B ascolta e risponde usando l'indicativo imperfetto seguito dal congiuntivo imperfetto. Lo studente A lo corregge, se necessario, usando le risposte fra parentesi quadra. Poi gli studenti si scambiano i ruoli; lo studente B fa le domande 5–8, e lo studente A risponde.

Esempio:

Studente A	Studente B
Perché Violetta ha dato una camelia a Alfredo? [Perché voleva che lui tornasse il giorno dopo.]	Perché <u>voleva</u> (volere) che lui <u>tornasse</u> (tornare) il giorno dopo.

Studente A

1. Perché Violetta voleva passare di piacere in piacere?
   [Perché aveva paura che il vero amore non fosse possibile per lei.]

2. Perché Germont inizialmente sospettava di Violetta?
   [Perché temeva che suo figlio spendesse tutti i soldi per lei.]

3. Perché Violetta ha accettato?
   [Perché non voleva che la sorella di Alfredo venisse lasciata dal suo fidanzato.]

Studente B

Perché _____ (avere) paura che il vero amore non _____ (essere) possibile per lei.

Perché _____ (temere) che suo figlio _____ (spendere) tutti i soldi per lei.

Perché non _____ (volere) che la sorella di Alfredo _____ (venire) lasciata dal suo fidanzato.

4. Perché Alfredo ha perso la testa alla festa?

[Perché credeva che Violetta amasse il barone.]

    Scambiatevi i ruoli.

Perché _____ (credere) che

Violetta _____ (amare) il barone.

Studente B

5. Perché Violetta non ha detto la verità ad Alfredo?

[Perché non voleva che Alfredo sapesse che si sacrificava per lui.]

6. Perché Violetta non voleva che Alfredo sapesse la verità?

[Perché aveva paura che Alfredo si ribellasse a suo padre.]

7. Perché Violetta non ha detto ad Alfredo la gravità della sua malattia?

[Perché non voleva che Alfredo perdesse la speranza.]

8. Perché Alfredo ha detto a Violetta che sarebbero partiti insieme?

[Perché sperava che Violetta guarisse.]

Studente A

Perché non _____ (volere) che

Alfredo _____ (sapere) che si sacrificava per lui.

Perché _____ (avere) paura che

Alfredo _____ (ribellarsi) a suo padre.

Perché non _____ (volere) che

Alfredo _____ (perdere) la speranza.

Perché _____ (sperare) che

Violetta _____ (guarire).

ꙮ Il periodo ipotetico con il congiuntivo ꙮ e il condizionale

A. Immaginate di avere appena visto il secondo atto, e di fare delle ipotesi su quello che potrebbe succedere nel terzo. Completate con "se" e l'imperfetto congiuntivo e il presente del condizionale.

1. Se Alfredo _____ (sapere) che suo padre ha parlato a

Violetta, _____, (capire) perché lei lo lascia.

2. Se Violetta _____ (dire) a Alfredo quello che le ha detto suo padre, Alfredo forse non _____ (accettare) il suo sacrificio.

3. Se Germont _____ (essere) meno conformista, forse non _____ (preoccuparsi) del fatto che suo figlio vive con una ex-cortigiana.

4. Se Alfredo non _____ (essere) un giovane di famiglia borghese, forse _____ (potere) chiedere a Violetta di sposarlo.

5. Se Violetta non _____ (avere) dei sensi di colpa, forse non _____ (accettare) di lasciare Alfredo.

B. Immaginate di avere visto tutta l'opera, e di fare delle ipotesi su quello che sarebbe potuto succedere. Usate il trapassato congiuntivo e il passato del condizionale.

1. Che peccato! Forse, se Violetta _____ (dire) di no al padre di Alfredo, Alfredo non _____ (arrabbiarsi) con lei.

2. Che tragedia! Se _____ (esserci) gli antibiotici, Violetta probabilmente _____ (guarire).

3. Magari! Se Violetta _____ (guarire), forse Alfredo _____ (sposarla).

4. Che sbaglio! Se Violetta _____ (immaginare) che Alfredo sarebbe andato alla festa, forse non _____ (andarci).

5. Che caratteraccio! Se Alfredo _____ (essere) meno passionale, forse non _____ (buttare) i soldi in faccia a Violetta.

6. Che storia! Se Alfredo non _____ (fare) una scenata, il barone non _____ (sfidarlo) a duello.

7. Che destino! Se Alfredo non _____ (fare) il duello, forse suo padre non _____ (dirgli) la verità su Violetta.

ꙅ Il passato del condizionale come "futuro nel passato"

Che cosa pensavano che sarebbe successo i protagonisti? Usate il passato del condizionale per esprimere il futuro nel passato.

1. Prima di conoscere Alfredo, Violetta pensava che _____ (passare) tutta la vita divertendosi senza fermarsi mai.

2. Tutti credevano che Violetta ed Alfredo _____ (vivere) felici e contenti per tutta la vita.

3. Germont aveva paura che Violetta _____ (spendere) tutti i soldi di suo figlio.

4. Alfredo non sapeva che Violetta _____ (morire).

5. Germont non immaginava che Violetta lo _____ (perdonare).

6. Violetta aveva paura che Alfredo, dopo la sua morte, la _____ (dimenticare).

5. I personaggi in carne ed ossa

ꙅ Intervistate i personaggi ꙅ

A. In classe, dividetevi in "personaggi" e "intervistatori".

Personaggi: A casa, preparate un monologo di un minuto o due su di voi. Dite come siete fisicamente, che cosa fate, qual è la vostra condizione sociale ed economica, quali sono i vostri problemi sentimentali e psicologici, i vostri desideri, i vostri ideali, le vostre ambizioni, e le vostre speranze.

Intervistatori: A casa, preparate due o tre domande da fare ai vari personaggi sulla loro vita, sui loro rapporti con gli altri e sulle loro motivazioni. Per esempio, potete chiedere alla sorella di Alfredo: "Pensi che il tuo fidanzato ti avrebbe lasciato davvero?" E ad Alfredo: "Hai mai sospettato che tuo padre avesse chiesto a Violetta di lasciarti?"

B. Il giorno dell'intervista, i personaggi si siedono a semicerchio davanti agli intervistatori e recitano i loro monologhi. Gli intervistatori fanno le domande, e i personaggi rispondono improvvisando.

⇋ Scrittura breve ⇋

Nello spazio apposito nella pagina che segue scrivete uno o due paragrafi su uno dei seguenti argomenti.

1. Scrivete una pagina del diario di Violetta usando alcune informazioni che avete sentito nell'intervista.

2. Scrivete la lettera in cui Violetta dice ad Alfredo che lo lascia.

3. Immaginate un dialogo in cui Violetta ed Alfredo rivelano l'uno all'altra i motivi delle loro azioni.

6. Famose arie e duetti

Parigi, oh cara (Terzo atto)

"Parigi, oh cara" è uno dei duetti più famosi della Traviata. *Alfredo promette a Violetta che lasceranno Parigi e che passeranno il resto della loro vita insieme.*

Figura 6.6 Violetta (Kiri Te Kanawa) e Alfredo (Cornell MacNeil) cantano "Parigi, oh cara"

🎵 Ascoltate le parole 🎧 🎥 🎬

Lavorate in coppie. Leggete il testo del duetto e riempite gli spazi vuoti con il futuro indicativo dei verbi dati fra parentesi. Se necessario, leggete la traduzione nell'Appendice. Poi, con un/una compagno/a correggete quello che avete scritto. Infine ascoltate l'aria e correggete di nuovo.

Parigi, oh cara/o, noi _____ (lasciare),

la vita uniti _____ (noi/trascorrere)!

Dei corsi affanni compenso _____ (tu/avere),

la tua/mia salute _____ (rifiorire)!

Sospiro e luce tu mi _____ (essere),

tutto il futuro ne _____ (arridere)!

⇥ **Parlate del duetto** ⇤

Leggete di nuovo le parole del duetto. Poi, a coppie, leggete le domande che seguono, e rispondete oralmente. Poi discutete le vostre scelte con il resto della classe.

1. Che cosa promette Alfredo a Violetta?
2. Che cosa rappresenta Parigi per Violetta?
3. Che cosa sperano Violetta e Alfredo?

7. Attività di esplorazione

⇥ Discussione ⇤

L'OPERA

Lavorate in piccoli gruppi. Oralmente, rispondete alle domande. Poi discutete le vostre idee con il resto della classe.

1. Qual è il significato del "sacrificio" di Violetta? Perché pensate che Violetta accetti di sacrificare il suo amore per Alfredo, provocandone la disperazione? Spiegate il contrasto tra la morale della *borghesia* del XIX° secolo, e il desiderio d'amore di Violetta.
2. Violetta e la sorella di Alfredo hanno qualcosa in comune? Pensate alla loro posizione sociale, ai loro sogni e alle loro aspettative. Perché è importante per Violetta "salvare" la sorella di Alfredo dall'abbandono del fidanzato?
3. Il dramma di Alexandre Dumas figlio da cui è tratta *La traviata* si intitola *La dame aux camélias (La signora delle camelie),* e Violetta, la protagonista dell'opera di Verdi, porta il nome di un fiore. Che cosa rappresentano i fiori simbolicamente nella storia?
4. Analizzate i vari momenti in cui si parla di denaro, e i modi in cui i soldi determinano le situazioni e le azioni dei personaggi nell'opera. Pensate alla posizione economica di Alfredo e a quella di Violetta, alle preoccupazioni di Germont, e all'episodio alla festa di Flora.
5. Che cosa vi ha *colpito* di più nella storia? Pensate alla morale del tempo e ai comportamenti dei personaggi.

borghesia bourgeoisie *colpire* to strike, to hit

L'UMORISMO E L'OPERA

Leggete l'aneddoto di Patricia Daniels, "An Aria in Time Saves Nine" (*New York Times*, 24 April 1983). Poi, a coppie, oralmente discutete le domande che seguono. Infine discutete con il resto della classe.

Una turista americana un giorno fu arrestata in un museo di Firenze per aver fotografato illegalmente una statua. Al *commissariato di polizia* nessuno parlava inglese, e la turista non aveva mai studiato l'italiano. Le cose stavano cominciando a mettersi male quando la turista, ormai disperata, si ricordò improvvisamente delle parole di alcune arie (le sole parole di italiano che conosceva), e cominciò a recitare frasi come "Andrò sul Ponte Vecchio.... per buttarmi in Arno" dal *Gianni Schicchi* di Puccini e "Il *supplizio* è [co]sì *spietato* che morir preferirò!" dalla *Traviata* di Verdi. Sorpresi e un po' imbarazzati, i poliziotti la lasciarono andare scusandosi moltissimo.

commissariato di polizia	police station
supplizio	torture
spietato	merciless

1. Vi siete mai trovati in una situazione difficile da cui siete usciti grazie alla vostra memoria, alla vostra creatività o alla vostra abilità di improvvisazione?
2. Cercate nella sezione "Frasi del libretto" delle frasi che potreste usare o citare scherzosamente in alcune situazioni, e dite al resto della classe in quali situazioni lo fareste.

GLI APPASSIONATI D'OPERA

Guardate la foto (figura 6.7). A coppie, leggete il dialogo a voce alta. Poi rispondete alle domande, scrivendo le risposte negli spazi appositi. Infine discutete con il resto della classe.

Intervistatrice: Che cosa L'ha spinta ad aprire questo negozio?
Roger Smyth: L'opera e i fumetti sono le mie due grandi passioni, perciò ho deciso di aprire un negozio che trattasse tutti e due i generi. Io faccio lo psicoterapista di professione; vedo i pazienti la mattina, e poi dall'una alle quattro sto in negozio.
Intervistatrice: Lei sa l'italiano?
Roger Smyth: Certo!

Figura 6.7 Roger Smyth, proprietario del "Live Opera Heaven and Funny Business Comics", New York

Intervistatricc: Comc l'ha imparato?

Roger Smyth: Con l'opera! Dopo aver finito la scuola, ho fatto la comparsa al Metropolitan Opera per parecchi anni. A forza di ascoltarlo, mi è entrato nell'orecchio.

1. Secondo voi, hanno qualcosa in comune il mondo dell'opera e quello dei fumetti? Se sì, che cosa?

_____

_____

_____

2. Qual è la vostra passione? Ne avete una? Se sì, vi piacerebbe che questa passione diventasse la vostra occupazione principale? Vi sembra un progetto realizzabile? Spiegate.

_____

_____

_____

⇝ Composizione ⇜

A casa scegliete uno dei seguenti temi. Usate le idee, il lessico, e la grammatica che avete imparato. Scrivete la composizione su un foglio a parte.

1. Scrivete una lettera allo/a psicologo/a di una rivista chiedendo un consiglio su un problema familiare. Poi scambiate la lettera con quella di un altro studente; leggete la sua lettera e scrivete una risposta, fingendo di essere lo/la psicologo/a. Infine leggete la risposta alla vostra lettera, e discutete i consigli che avete ricevuto con il resto della classe.

   Nella lettera potete usare alcune delle seguenti espressioni:

   Gentile Dottore/essa,... sono....

   Le scrivo perché....

   C'è un'altra complicazione....

   Sebbene....

   Io ho paura che/credo che/immagino che....

   Cosa pensa che....

   　Risposta:

   Cara/o....

   Io penso che....

   Benché....

   Le consiglio di....

2. Descrivete il rapporto fra due personaggi (per esempio, fra Alfredo e suo padre, o fra Violetta e Alfredo, o fra Violetta e Germont) e analizzate gli elementi che lo influenzano.

3. Potete immaginare una storia simile a quella della *Traviata* in un contesto attuale? Quali elementi potrebbero rimanere uguali, e quali dovrebbero essere diversi?

⇝ Ricerca ⇜

Lavorate in coppie. Scegliete uno dei seguenti progetti. Fate ricerca fuori dalla classe e poi preparate una presentazione orale per la classe. Potete fare la ricerca in italiano o in inglese, ma la presentazione deve essere fatta in italiano.

PROGETTO UNO: LETTURA

Scegliete una delle seguenti domande oppure formulate voi una domanda che vi sembra interessante. Fate ricerca sull'internet. Potete consultare un'indirizzo (www.operabase. com o www.lascala.milano.it), usando una parola chiave (opera, *La traviata*, Verdi, ecc.), oppure fare ricerca in biblioteca. Usate fonti in lingua italiana quando è possibile.

1. Le opere di Verdi diventarono il simbolo della lotta dei patrioti italiani contro la dominazione austriaca nel XIX° secolo. Quale opera in particolare? Che cosa simbolizzavano le lettere del nome Verdi per i patrioti italiani?
2. Quali opere di Verdi sono rappresentate al Metropolitan di New York, alla Scala di Milano, alla Opera House di Sidney, ed in altri teatri del mondo, quest'anno? Ci sono delle opere più rappresentate di altre? Quali?
3. Cercate informazioni su Verdi; per esempio, scoprite se Verdi ebbe rapporti con altri musicisti europei, che cosa pensava di Wagner, ecc.

PROGETTO DUE: INTERVISTA

Intervistate due o tre appassionati di opera. Scrivete le loro risposte su un foglio a parte. Presentate i risultati alla classe.

1. Che cosa pensa/i dell'opera in generale?
2. Quale è la Sua/tua opera preferita?
3. Che cosa pensa/i della *Traviata?*
4. Formulate voi una o due domande che vi sembrano interessanti.

PROGETTO TRE: AL CINEMA O A TEATRO

Scegliete uno dei progetti che seguono. Presentate i risultati alla classe.

1. Guardate un'altra produzione della *Traviata* a teatro o in video. Descrivetela e commentate le differenze fra le due versioni. Dite quale vi è piaciuta di più, e perché.
2. Il film *Camille* (1937) di George Cukor, con Greta Garbo e Robert Taylor, è basato sulla storia della *Traviata.* Guardatelo e descrivete le somiglianze e le differenze fra il film e l'opera.
3. Durante il film *Pretty Woman* (1990), con Julia Roberts e Richard Gere, del regista Gary Marshall, il protagonista porta la protagonista, una prostituta, al teatro dell'opera di San Francisco, a vedere *La traviata.* Guardate il film e scrivetene una recensione paragonandolo alla *Traviata.*

PARTE

III

Gran Finale

Costruite la vostra opera

Scrivete un'opera in tre atti di vostra invenzione. Potete usare alcuni dei personaggi tipici, delle frasi di repertorio e dei "luoghi comuni" che troverete qui sotto. Usate lo spazio alla fine dell'unità. Poi recitatela (o cantatela!) davanti alla classe.

Alcuni personaggi tipici

- Marco — Il cattivo. Marco ha fatto il lavoro del mercenario per molti anni, ma adesso è costretto a lavorare come spia.

- Marcello e Marcella — Gli innamorati. Cercano continuamente un posto dove poter stare un po' insieme da soli.

- Mirella — Una ragazza di diciotto anni. Segretamente innamorata di Marcello, sarebbe pronta ad uccidere Marcella, se fosse l'unico modo di avvicinarsi a Marcello.

- Lorenzo — Un albergatore simpatico, ma piuttosto insincero, e capace di tradire.

- Alessandro — Un miliardario, vecchio ma vivace, disposto a sacrificare tutti i suoi beni materiali per una notte di vero amore prima di morire.

- Scarafaggio — Un poliziotto corrotto. Vuole imprigionare Marcello.

- Mimì — Fioraia. Povera, ma felice, canta fino all'ultimo istante di vita.

- Roberto — Poeta romantico. Sempre senza un soldo, vive in una squallida soffitta con altri artisti.

- Domenico — Il barbiere più conosciuto ed influente della città; conosce i segreti di tutti.

- Teresa   La primadonna. Ha un caratteraccio ed è gelosissima.
- Carlo   Un mimo. È sposato con una bellissima donna corteggiata da molti.

Alcune frasi di repertorio

È il mio destino, a meno che....

Studente son, e povero, sebbene....

Tutti mi chiamano, tutti mi vogliono!

Una vipera sarò!

Ti amo, ti adoro!

Uffa, che noia!

Tu non sai quanto ho sofferto....

Che gelida manina, se la lasci riscaldare!

Per fortuna è una notte di luna!

Spero che mille serpi mi divorino il petto prima che....

Senza di te esistere più non potrei....

Dove l'ho lasciata?

Che tosse!

Senza rancore!

Queste mie mani riscaldare non si potranno mai....

Un bacio, ancora un bacio.

Non bevo più.

Ho il cuore di gelo.

Il mio sol pensier sei tu!

L'ora è fuggita!

Vittoria, vittoria!

Quanto?... Il prezzo!

La tua salute rifiorirà!

O, mio rimorso!

Alcuni "luoghi comuni"

Un castello	Una prigione sotterranea
Un albergo	Il salotto di un palazzo signorile
Una piazza	Una povera soffitta
Una camera segreta	Un attico di lusso
Una torre isolata	Una chiesa

Scrivete il vostro libretto

PERSONAGGI

ATTO I   ATTO II   ATTO III

Scena I   Scena I   Scena I
Luogo   Luogo   Luogo

Scena II   Scena II   Scena II
Luogo   Luogo   Luogo

Scena III   Scena III   Scena III
Luogo   Luogo   Luogo

IL GRAN FINALE

ATTO I

IL GRAN FINALE

ATTO II

IL GRAN FINALE

ATTO III

Appendice: Le parole delle arie e dei duetti

Unità 1: *Il barbiere di Siviglia*

UNA VOCE POCO FA (Primo atto)

Una voce poco fa
qui nel cor mi risuonò!
Il mio cor ferito è già,
e Lindor fu che il piagò.
Sì, Lindoro mio sarà!
La giurai, la vincerò!
Il tutor ricuserà,
Io l'ingegno aguzzerò.
Alla fin s'accheterà,
e contenta io resterò.
Sì, Lindoro mio sarà!
Lo giurai, la vincerò!
Io sono docile,
son rispettosa,
son ubbidiente,
dolce, amorosa.
Mi lascio reggere,
mi fo guidar.
ma se mi toccano
dov'è il mio debole,
sarò una vipera,
sarò,
e cento trappole,
prima di cedere,
farò giocar,
e cento trappole
farò giocar,
e cento trappole,
prima di cedere,
farò giocar,
e cento trappole
farò giocar,
farò giocar,
farò giocar,
farò giocar!

A VOICE, A LITTLE WHILE AGO

A voice, a little while ago
echoed here in my heart!
My heart is already stricken,
and it was Lindoro who wounded it.
Yes, Lindoro will be mine!
I swore I shall win out.
My guardian will refuse,
I will sharpen my wits.
In the end he will calm down,
and I will be satisfied.
Yes, Lindoro will be mine!
I swore I shall win out!
I am docile,
I am respectful,
I am obedient,
sweet, loving.
I let myself be ruled,
I allow myself to be guided.
But if they touch me
where my soft spot is,
I shall be a viper,
I shall be,
and a hundred snares
before giving in
I will devise.
And a hundred snares
I will devise.
And a hundred snares
before giving in
I will devise.
And a hundred snares
I will devise,
I will devise,
I will devise,
I will devise!

Unità 2: *La bohème*

CHE GELIDA MANINA (Primo atto)

Che gelida manina,
Se la lasci riscaldar!
Cercar che giova?
Al buio non si trova.
Ma per fortuna
è una notte di luna,
e qui la luna
l'abbiamo vicina.
Aspetti, signorina,
e intanto Le dirò
con due parole
chi son, chi son e che faccio,
e come vivo. Vuole?
Chi son, chi son? Sono un poeta.
Che cosa faccio?
Scrivo.
E come vivo?
Vivo.
In povertà mia lieta
scialo da gran signore
rime ed inni d'amore.
Per sogni, e per chimere
e per castelli in aria,
l'anima ho milionaria.
Talor dal mio forziere
ruban tutti i gioielli
due ladri: gli occhi belli.
V'entrar con Voi pur ora,
ed i miei sogni usati,
ed i bei sogni miei
tosto si dileguar!
Ma il furto non m'accora,
poiché Vi ha preso stanza
la dolce speranza!
Or che mi conoscete,
parlate Voi.

WHAT AN ICE-COLD LITTLE HAND

What an ice-cold little hand;
please let me warm it!
What's the use of searching?
We will not find it in the dark.
But luckily
it's a moonlit night,
and up here we have
the moon near us.
Wait, Miss,
and in the meantime I'll tell you
in a couple of words
who I am; who I am, and what I do,
And how I live. Would you like that?
Who am I, who am I? I am a poet
What do I do?
I write.
And how do I live?
I live.
In my merry poverty
I squander like a great lord
poems and hymns of love.
As far as dreams and fantasies
and castles in the air go,
I have the soul of a millionaire.
Occasionally from my strongbox
all the gems are stolen
by two thieves: beautiful eyes.
Just now they came in with you;
and my worn-out dreams,
and my beautiful dreams,
quickly faded.
But the theft does not distress me,
since in their place
there is sweet hope!
Now that you know me,
speak!

Deh! Parlate!	I beg you, speak!
Chi siete?	Who are you?
Vi piaccia dir!	Please tell me!

Unità 3: *Pagliacci*

VESTI LA GIUBBA (Primo atto)	PUT ON YOUR JACKET
Recitar!	To perform!
Mentre, preso dal delirio,	While, a prey to anguished folly,
non so più	I no longer know
quel che dico	what I am saying
e quel che faccio!	and what I am doing!
Eppur è d'uopo, sforzati!	And yet one must; force yourself!
Bah! Sei tu forse un uomo?	Bah! Are you a man, anyway?
Tu sei Pagliaccio!	You are Pagliaccio [the clown]!
Vesti la giubba!	Put on your jacket!
E la faccia infarina!	Smear flour on your face!
La gente paga	People are paying,
e rider vuole qua.	and they want to laugh here.
E se Arlecchin	And if Harlequin
t'invola Colombina.	steals Columbine from you,
ridi, Pagliaccio,	laugh, Pagliaccio,
e ognun t'applaudirà!	and everyone will applaud!
Tramuta in lazzi	Turn into jokes
lo spasmo e il pianto,	your pain and tears,
in una smorfia	into a funny grimace
il singhiozzo e il dolor!	your sobs and sorrow!
Ridi, Pagliaccio,	Laugh, Pagliaccio,
sul tuo amore infranto!	on your shattered love!
Ridi del duol	Laugh at the pain
che t'avvelena il cor!	that is poisoning your heart!

Unità 4: *Otello*

NIUN MI TEMA (Quarto atto)	LET NONE FEAR ME
Niun mi tema	Let none fear me
s'ancor armato mi vede.	if he sees me still armed.
Ecco la fine	Here is the end
del mio cammin.	of my journey.
Oh! Gloria!	O Glory!

Otello fu.

E tu, come sei pallida,

e stanca, e muta, e bella,

pia creatura

nata sotto maligna stella.

Fredda come la casta tua vita,

e in cielo assorta.

Desdemona, Desdemona!

Ah! Morta!... Morta!... Morta!

Ho un'arma ancor!

[Cassio: Ah! Ferma!

Tutti: Sciagurato!]

Pria di ucciderti,

sposa, ti baciai.

Or morendo,

nell'ombra.... in cui mi giaccio,

un bacio, un bacio ancora.

un altro bacio.

Othello is no more.

And you, how pale you are,

and weary, and mute, and beautiful,

pious creature

born under an evil star.

Cold as your chaste life,

And risen to Heaven.

Desdemona, Desdemona!

Ah! Dead! . . . Dead! . . . Dead!

I still have a weapon!

[Cassio: Ah! Stop!

Everybody: Wretched!]

Before I killed you,

wife, I kissed you.

Now in dying,

in the shadow . . . in which I lie,

a kiss, again a kiss . . .

another kiss . . .

Unità 5: *Tosca*

RECONDITA ARMONIA (Primo atto)

Recondita armonia

di bellezze diverse!

È bruna Floria,

l'ardente amante mia,

e te, beltade ignota,

cinta di chiome bionde,

tu azzurro hai l'occhio,

Tosca ha l'occhio nero!

L'arte nel suo mistero

le diverse bellezze insiem confonde:

ma nel ritrarre costei,

il mio solo pensiero,

il mio sol pensier sei tu, Tosca, sei tu!

HIDDEN HARMONY

Hidden harmony

of different beauties!

Floria is dark,

my fiery lover,

and you, unknown beauty,

crowned by blonde locks,

you have blue eyes,

Tosca has black eyes!

Art in its mystery

mixes together different beauties:

but while painting this one

I think only,

I think only of you, Tosca, of you!

Unità 6: *La traviata*

PARIGI, OH CARA (Terzo atto)

Parigi, o cara/o, noi lasceremo,

PARIS, OH MY DEAR

Paris, oh my dear, we shall leave.

la vita uniti trascorreremo!   We shall spend our lives together!
Dei corsi affanni   Of past sorrows,
compenso avrai,   you will get your reward,
la tua / mia salute rifiorirà!   your / my health will be restored!
Sospiro e luce tu mi sarai,   You will be my air and my light;
tutto il futuro ne arriderà!   our entire future will smile upon us!

Glossario

Unità 1: *Il barbiere di Siviglia*

NOMI

aiuto help
battaglione battalion
biglietto note
botanico botanist
bottega small artisans' store
bucato laundry
bugiardo liar
cacio cheese (archaic)
calunnia slander
cera wax; appearance
chirugo surgeon
confetto traditional wedding candy
debole weak spot
dote dowry
età age
factotum Jack of all trades
fiducia trust
formica ant
furbizia shrewdness
guardia policeman
imbroglione swindler
imprenditore entrepreneur
inganno ruse, deception
intermediario go-between
medico medical doctor
notaio notary public; justice of the peace
oro gold
padrone master, owner
parrucchiere hairdresser
pupilla person under someone's tutelage
ricchezza riches
rumore noise
scala ladder
sciocco fool

soldato soldier
sostituto substitute
titolo nobiliare noble rank
travestimento disguise
tutore guardian
vergogna shame
vipera viper, snake
volpe fox
vulcano volcano

AGGETTIVI

accomodante accommodating
avaro stingy
brontolone nagging
docile docile
finto fake
fortunato lucky
furbo cunning
indecifrabile inscrutable
indiscusso undisputed
innamorato di in love with
intitolato entitled
intraprendente enterprising, entrepreneurial
intrigante scheming
minaccioso threatening
privo lacking in
rispettoso respectful
sciocco foolish
seccato annoyed
senza un soldo penniless
sopraffino exquisite
sospettoso suspicious
ubbidiente obedient (archaic)
ubriaco drunk
zitto quiet

VERBI

aggiungere to add
aiutare to help
arrabbiarsi to become angry
azzuffarsi to brawl
bussare to knock
calunniare to slander
cascare to fall
cercare di to try to
conquistare to conquer
consigliare to advise
convincere to convince
costringere to force
distrarre to distract
fare cadere to drop
fare finta di to pretend
fare la barba to shave
fare una serenata to serenade
fare vedere to show
fuggire to elope
guadagnare to earn
ingannare to deceive
insospettirsi to become suspicious
litigare to quarrel
mandare via to send away
mettersi d'accordo to make a plan, to
   come to an agreement

mettersi in testa to get into one's head
murare to wall up
ottenere to obtain
portare via to carry away
raccontare to tell
reagire to react
rendersi conto to realize
riconoscersi to recognize one another
riuscire a to succeed in
rivelare to reveal
rovinare to ruin
salutarsi to say hello or goodbye to each other
sorvegliare to watch
sposare to marry
sposarsi to get married
stare per to be about to
toccare to touch
travestirsi to disguise oneself
venire a sapere to find out
vergognarsi to be ashamed

ESPRESSIONI AVVERBIALI E
   CONGIUNZIONI
cioè that is, i.e.
in cambio di in exchange for
scherzosamente playfully

Unità 2: *La bohème*

NOMI

affitto rent
alba dawn
allegria merriment
ammiratore admirer
aringa herring
aurora dawn
borsa di studio scholarship
buio pesto the pitch black
candela candle

cappotto winter coat
caramella candy
chiave key
civetta little owl, fig. for flirt, coquette
compositore composer
conformismo conformity
cuffietta bonnet
dattero date (fruit)
freddo cane bitter cold
fuoco fire

gelosia jealousy
legna wood
lumaca snail; slow person
manicotto muff
manina little hand
marrone chestnut
milionario millionaire
notte di luna moonlit night
orecchino earring
padrone di casa landlord
panna montata whipped cream
pentola pot
poetucolo worthless poet
quartiere neighborhood
rancore grudge
rospo toad
rumore noise
serra hothouse
seta silk
soffitta attic
solidarietà solidarity
strega witch
tetto roof
torrone candy
tosse cough
tristezza sadness
tramonto sunset
tubercolosi (TB) tuberculosis (TB)
valore value
vicino neighbor
vigilia di Natale Christmas Eve

AGGETTIVI
adatto suitable
allegro cheerful
condannato condemned
gaio merry
gelido ice cold
pallido pale

proibito forbidden
rumoroso noisy
sanguinario bloodthirsty
sfacciato bold
squallido drab
stretto tight
timido timid

VERBI
accendere to light
accorgersi di to realize
andarsene to leave
baciare to kiss
bruciare to burn
bussare to knock
chiacchierare to chat
coprire to cover
dividere to share
fare finta di to pretend
fare la civetta to flirt shamelessly
fare la pace to make up
fingere di to pretend
gelare to freeze
guadagnare to earn
guarire to be cured
improvvisare to improvise
innamorarsi to fall in love
lamentarsi to complain
litigare to quarrel
mandare via to send away
morire di fame to starve
nascondere to hide
nevicare to snow
reagire to react
ricamare to embroider
riscaldare to warm up
riscaldarsi to warm oneself up
riscuotere to collect
scherzare to joke

sdraiarsi to lie down
separarsi to separate (from each other)
sfiorire to wither
spegnersi to blow out
succedere to happen
tenere il posto to hold a place (seat)
tossire to cough

AVVERBI E ESPRESSIONI AVVERBIALI
all'aperto outdoors
allegramente cheerfully
alle sue spalle behind his back
gravemente seriously
inaspettatamente unexpectedly
scherzosamente playfully

Unità 3: *Pagliacci*

NOMI
battuta di spirito funny line
canovaccio dishrag; story line
capo head
coltello knife
commediante player
giovanotto young man
gobbo hunchback
intrigo convoluted plot
maschera mask
odio hate
orfano orphan
osteria country pub
palcoscenico stage
parlata way of speaking; accent
pezza patch
pubblico audience
rabbia rage
recita performance
requisito requirement
ribrezzo disgust
scarafaggio cockroach
scemo fool
scherzo joke
sonnifero sleeping pill
spettacolo show
squarcio di vita slice of life
urlo (plurals: urli, m./urla, f.) scream

AGGETTIVI
accecato blinded
fisso fixed
girovago traveling, wandering
sciocco foolish
sconvolto deeply upset
tal(e) such

VERBI
accorgersi to realize
affrettarsi to hasten
allevare to rear, to bring up
andarsene to leave
arrabbiarsi to become angry
colpire to hit
fare finta di to pretend
fare la corte a to court
fare la parte di to play the role of
fare per davvero to act in earnest
fare schifo to be repulsive
fare sul serio to act in earnest
ferire to hurt
fingere to pretend
improvvisare to improvise
inseguire to run after
mascherarsi to dress in costume
minacciare to threaten
pagarla cara to pay dearly for

pattuire to stipulate
prendere in giro to make fun of
recitare to act, to perform
respingere to reject
ridere di to make fun of
riuscire a to succeed in
scappare to flee
scatenare to unleash
scherzare to joke
seccare to bother
smettere di to quit
sorprendere to catch in the act
tradire to cheat on, to betray

uccidere to kill
vendicarsi to avenge oneself

CONGIUNZIONI E ESPRESSIONI
    AVVERBIALI
bis encore
cioè that is, i.e.
da un lato.... dall'altro on one hand . . .
    on the other
in carne ed ossa in the flesh
invano in vain
purtroppo unfortunately
realisticamente realistically
scherzosamente playfully

Unità 4: *Otello*

NOMI
alfiere ensign
ambasciatore ambassador
ammiratrice female admirer
anima soul
avvenire future
battaglia battle
braccio destro right-hand man
capitano captain
castello castle
certezza certainty
corda rope
cortigiana courtesan; kept woman
    (archaic)
dubbio doubt
duol(o) archaic for "dolore," pain
eroe hero
fango mud
fazzoletto handkerchief
folla crowd
gentiluomo gentleman
grado rank

ignoto unknown
impresa militare military feat
indagine inquiry
indizio clue
infedeltà infidelity
insinuazione insinuation
lealtà loyalty
leone lion
malvagità evil
moro Moor
nozze wedding
palcoscenico stage
peccato sin
pegno token
pelle skin
pietà compassion
preavviso notice
prova proof
rabbia rage
schiavo slave
seduttore seducer
sonno sleep

sospetto suspicion
sudore sweat
sventura woe
tradimento betrayal
turco Turk
veleno poison
vendetta revenge
vittoria victory

AGGETTIVI

casto chaste
diabolico diabolic
fedele faithful
fidato trusted
leale loyal
malvagio evil
ricamato embroidered
scellerato wicked
sconvolto deeply upset
scuro dark
subdolo deceitful
ubriaco drunk
ubriaco fradicio dead drunk
vile (obs.) vile; cowardly

VERBI

abbassare to lower
accusare to accuse
asciugare to dry off
azzuffarsi to brawl
buttare to throw
calare to come down
chiedersi to ask oneself, to wonder
concedere to grant, to allow
consigliare to advise
donare to give as a present
festeggiare to celebrate
fingere di to pretend
giurare to swear

incitare to egg on
inorridire to be horrified
insinuare to insinuate
insospettirsi to become suspicious
intuire to intuit
meritare to deserve
nascondere to hide
nominare to appoint
odiare to hate
ondeggiare to swing
peccare to sin
prestarsi to lend oneself
promuovere to promote
provare to feel, to try, to prove
raccogliere to pick up
reagire to react
sconfiggere to defeat
smarrire to lose
soffocare to suffocate
sognare to dream
spingere to push
stancarsi to become tired
stimare to esteem
svenire to faint
tradire to cheat on somebody, to betray
ubriacarsi to get drunk
uccidere to kill
uccidersi to kill oneself
vendicarsi to avenge oneself
volerci to be necessary

AVVERBI E ESPRESSIONI AVVERBIALI
appassionatamente passionately
cecamente blindly
di nascosto surreptitiously
falsamente falsely
fuori di sé beside himself/herself/oneself
in attivo in the black
inconsapevolmente unconsciously

in mano a in the hands of
innocentemente innocently
magistralmente masterfully
per terra on the ground

pria archaic for "prima," before
sarcasticamente sarcastically
scherzosamente playfully
subdolamente deceitfully

Unità 5: *Tosca*

NOMI

aiutante di scena stagehand
cannone cannon
capestro gallows
cappella chapel
carceriere jailer
cestino basket
chiave key
civetta little owl, fig. for flirt, coquette
coltello knife
dolore pain
dongiovanni Don Juan
esecuzione execution
fazzoletto handkerchief
fuga flight
fuggiasco fugitive
grazia pardon
grido (plurals: gridi, m./grida, f.) scream
indizio clue
materasso mattress
nascondiglio hiding place
notizia piece of news
pozzo well
prigioniero prisoner
quadro painting
ritratto portrait
salvacondotto travel permit (archaic)
sconfitta defeat
sconosciuto unknown person
sforzo effort
sipario curtain
stemma family crest

tetto roof
uccisione a killing
ventaglio fan

AGGETTIVI

affermato established
fissato fixated
impareggiabile unparalleled
mansueto meek
prevedibile predictable

VERBI

accorgersi to realize
asciugare to dry off
atterrare to land
avvicinarsi to get near
cadere to fall
calare to come down
catturare to capture
colpire to strike, to hit
concedersi to give oneself
diffidare di to mistrust
dipingere to paint
fare finta di to pretend
fare ingelosire to make someone jealous
fare seguire to have someone followed
fare vedere to show
gettarsi to throw oneself
graziare to pardon
ingelosirsi to become jealous
insinuare to insinuate
insospettirsi to become suspicious
litigare to quarrel

mentire to lie
negare to deny
nascondersi to hide
odiare to hate
rassicurare to reassure
riconoscere to recognize
rimbalzare to bounce
scappare to flee
sconfiggere to defeat
scoprire to discover
sfruttare to exploit
somigliare to look like
sopportare to put up with
sorprendere to catch in the act

sparare to shoot
star di paro archaic for "stare alla pari," to
    be equal
tradire to cheat on, to betray
uccidere to kill

AVVERBI E ESPRESSIONI AVVERBIALI
anzi on the contrary
a sua insaputa without his/her knowing it
di vista by sight
freneticamente frantically
intanto in the meanwhile
or poetic for "ora," now
scherzosamente playfully

Unità 6: *La traviata*

NOMI
argomento argument, topic
biglietto note, brief letter
borghesia bourgeoisie
calice wine glass
colpa fault
commissariato di polizia police station
cortigiana courtesan; kept woman (archaic)
croce cross
decisione decision
delizia delight
divertimento fun
godimento enjoyment
lacrima tear
malattia illness
piacere pleasure
ritratto portrait
sacrificio sacrifice
supplizio torture
tisi; tubercolosi tuberculosis

AGGETTIVI
affettuoso affectionate
benedetto blessed
borghese bourgeois
colpevole guilty
di facili costumi of loose morals
divorato devoured, consumed
egoista selfish
frivolo frivolous
infelice unhappy
innamorato di in love with
malato ill, sick
mondano social
pentito repentant
protettivo protective
sano healthy
sensibile sensitive
spietato merciless

VERBI

accettare to accept

appassire to wither

brindare to toast

cedere to give way; to give in

colpire to strike, to hit

conoscersi to meet someone for the first time

convincere to convince

divertirsi to have fun

fare una scenata to make a scene

fare un brindisi to make a toast

ferire to wound

gettare to throw

giocare d'azzardo to gamble

guarire to heal

ingelosirsi to become jealous

innamorarsi to fall in love

piangere to cry

prendersi cura di to take care of

regalare to give as a present

rendersi conto to realize

rifiutare to refuse

sacrificarsi to sacrifice oneself

sfidare to challenge

soffrire to suffer

svanire to vanish

trasferirsi to change place of residence

venire a sapere to find out

vincere to win

AVVERBI E ESPRESSIONI AVVERBIALI

appassionatamente passionately

gravemente seriously

improvvisamente suddenly

neanche not even

pesantemente heavily

scherzosamente playfully

Answer Key

OUVERTURE

Quello che sapete già

Vero o falso (pp. 3–4)

1. *V;* 2. *F;* 3. *F;* 4. *V;* 5. *F;* 6. *V;* 7. *V*

Quali sono le domande? (p. 5)

2. Come si chiama un famoso/il più famoso teatro dell'opera italiano/di Milano?

3. Chi è/Come si chiama una famosa soprano (di origine greca)?

4. Come si chiama una famosa opera di Verdi?

5. Chi sono due famosi tenori?

6. Di chi è *Il barbiere di Siviglia?* (or other opera by Rossini)

7. Dove si trovano/sono/è possibile trovare i nomi di famosi compositori/musicisti italiani?

Per gli esperti (p. 5)

1. libretto; 2. direttore d'orchestra; 3. Ernani;

4. Verdi; 5. Pagliacci; 6. Don Giovanni;

7. duetto; 8. Amletto; 9. Il barbiere di Siviglia

UNITÀ 1: *IL BARBIERE DI SIVIGLIA*

1. PRESENTAZIONE DELL'OPERA

Il contesto

Domande di comprensione (pp. 17–18)

1. *c;* 2. *b;* 3. *b;* 4. *c;* 5. a; 6. *a;* 7. *c;* 8. *c*

2. LA TRAMA

Guardate e rispondete

Vero o falso (pp. 20–21)

1. *V;* 2. *F;* 3. *V;* 4. *F;* 5. *F;* 6. *F;* 7. *F;* 8. *V*

Chi è? (p. 21)

1. Don Bartolo; 2. Il conte di Almaviva;

3. Rosina; 4. Figaro; 5. Rosina; 6. Figaro;

7. Il conte di Almaviva

Ripassate la trama (pp. 22–25)

1. *c;* 2. *c;* 3. *b;* 4. *b;* 5. *b;* 6. *b;* 7. *b;* 8. *c;* 9. *c;*
10. *c;* 11. *b;* 12. *b*

Guardate e rispondete

Vero o falso (pp. 27–28)

1. *F;* 2. *F;* 3. *V;* 4. *V;* 5. *V;* 6. *V*

Chi è? (p. 28)

1. Rosina; 2. Don Bartolo; 3. Figaro;

4. Lindoro; 5. Figaro; 6. Rosina

Ripassate la trama (pp. 29–30)

1. *b;* 2. *b;* 3. *c;* 4. *b;* 5. *c;* 6. *b;* 7. *c*

Guardate e rispondete

Vero o falso (p. 31)

1. *V;* 2 *F;* 3. *F;* 4. *F;* 5. *V;* 6. *V*

Chi è? (pp. 31–32)

1. Il conte di Almaviva/Lindoro; 2. Rosina;
3. Don Bartolo; 4. Rosina; 5. Don Bartolo;
6. Rosina; 7. Il soldato/Lindoro/Il conte di
Almaviva

Ripassate la trama (pp. 32–33)

1. *c;* 2. *b;* 3. *c;* 4. *b*

Leggete e rispondete (pp. 35–36)

1. *b;* 2. *b;* 3. *b;* 4. *c;* 5. *b;* 6. *c;* 7. *c;* 8. *b*

Guardate e rispondete

Vero o falso (p. 37)

1. *F;* 2. *V;* 3. *F;* 4. *V;* 5. *F;* 6. *F;* 7. *V*

Leggete e rispondete (pp. 38–39)

1. *b;* 2. *b;* 3. *b;* 4. *c;* 5. *c*

Guardate e rispondete

Vero o falso (pp. 39–40)

1. *V;* 2. *V;* 3. *V;* 4. *F;* 5. *F;* 6. *F;* 7. *F*

3. PAROLE, PAROLE, PAROLE

Parole utili

A. Riempite gli spazi vuoti (pp. 41–42)
1. factotum; 2. brontolone; 3. avaro;
4. sospettoso; 5. imbroglione; 6. promette;
7. aiuto, oro; 8. biglietto; 9. fa cadere;
10. furbo; 11. si traveste; 12. consiglia, fare
finta di; 13. riesce a; 14. ingannare;
15. fiducia; 16. si mettono d'accordo;
17. dispiace
B. Riassunto (pp. 42–43)
rivelare; fa finta di; abita; sospettoso; fa
cadere; factotum; aiuta; aiuto; promette; oro;
consiglia; travestirsi; biglietto; furba; riesce;
si mette d'accordo; mezzanotte; ingannare;
sposarsi

Esplorazione linguistica

Variazioni sul tema (pp. 44–45)

1. fidarsi, fidarsi; 2. fidati; 3. fiducia;
4. fiduciosi; 5. Fido; 6. sospettoso; 7. sospetti;
8. sospette; 9. sospettare; 10. mi sono
insospettito/a 11. andiamo d'accordo;
12. metterci d'accordo; 13. accordo;
14. sono d'accordo; 15. D'accordo

Frasi del libretto (p. 48)

1. *c;* 2. *f;* 3. *a;* 4. *e;* 5. *d;* 6. *b*

4. GRAMMATICA

"Conoscere" e "sapere" (pp. 49–50)

1. sa; 2. conosce; 3. conosce; 4. conoscere;
5. sa; 6. conosce; 7. sa; 8. sapere; 9. sa; 10. sa;
11. sa; 12. conoscono, Sanno

Il presente indicativo (pp. 50–51)

vuole; fa; abita; sorveglia; riesce a; incontra;
chiamano; vogliono; può; promette; consiglia;
sa; ingannano; va; mettono; sanno; sono;
rivela; cercano di; è; arriva; si sposano

Il presente indicativo dei verbi riflessivi (pp. 51–52)

1. si piacciono, si amano, si sposano; 2. si chiama; 3. si conoscono, si riconoscono, si salutano; 4. si traveste; 5. si insospettisce, si arrabbia

I pronomi diretti ("lo", "la") e indiretti ("gli", "le")

Esercizio scritto (pp. 52–53)

le; le; la/l'; gli; gli; la; la; lo; gli; lo; gli; gli; gli; lo; lo; le

"Piacere"

Con la preposizione "a" (p. 55)

1. A Figaro piace; 2. Al conte piace;

3. A Rosina piacciono; 4. Al tutore piace;

5. Al conte piacciono; 6. A Rosina piace;

7. A Figaro piace; 8. Al tutore piacciono

Con i pronomi indiretti (pp. 55–56)

1. gli piace sentirsi importante; 2. gli piace Rosina; 3. gli piace tenere Rosina chiusa in casa; 4. le piace fare quello che vuole; 5. gli piacciono i soldi; 6. gli piacciono gli imbrogli

Il passato prossimo e l'imperfetto (pp. 56–57)

Era; sono arrivati; era; ha rivelato; hanno deciso; era; è entrato; ha detto; era; è entrato; ha obbligato; ha celebrato; è arrivato; era; ha dovuto

Riconoscimento del passato remoto (pp. 57–58)

nacque; compose/scrisse; cantò; scrisse/compose; fu; scrisse/compose; si trasferì; compose/scrisse; smise; visse; morì

1. A dodici anni; 2. A ventiquattro anni;

3. Trentasette; 4. Settantasei

Il presente congiuntivo (pp. 58–59)

1. sia; 2. sia; 3. sposi; 4. faccia; 5. aiuti;

6. canti; 7. deva/debba; 8. ami; 9. esca, lasci;

10. scappi

Il presente indicativo e il presente congiuntivo (pp. 59–60)

1. è; 2. abbia; 3. capisca; 4. dica; 5. abbia;

6. ama; 7. ha; 8. è; 9. ascolti; 10. stia

Il presente congiuntivo con "che" e l'infinito presente con o senza "di" (p. 60)

1. si chiami; 2. essere; 3. essere; 4. sia;

5. sposi; 6. stia; 7. uscire; 8. essere; 9. sia;

10. essere

Il presente congiuntivo, il presente indicativo e l'infinito presente (pp. 61–62)

1. di esssere; 2. che Rosina è; 3. di essere;

4. che il conte sia; 5. che Don Basilio è;

6. che Lindoro è; 7. che Rosina faccia; 8. che Lindoro abbia; 9. che Don Bartolo sia;

10. che *Il barbiere di Siviglia* è

6. FAMOSE ARIE E DUETTI: "UNA VOCE POCO FA"

Ascoltate le parole (pp. 64–66)

sarà; vincerò; ricuserà, aguzzerò; si/s'accheterà; resterò; sarà; vincerò; sarò; sarò; farò; farò; farò; farò; farò; farò; farò

Parlate dell'aria (p. 66)

1. *c;* 2. *b;* 3. *b;* 4. *c*

UNITÀ 2: *LA BOHÈME*

1. PRESENTAZIONE DELL'OPERA

Il contesto

Domande di comprensione (pp. 72–73)

1. *c*; 2. *c*; 3. *b*; 4. *a*

2. LA TRAMA

Guardate e rispondete

La cronologia (pp. 74–75)

_____6_____ Rodolfo rimane solo in casa per finire di scrivere un articolo, quando la sua graziosa vicina, Mimì, bussa alla porta per chiedere di accendere una candela.

_____2_____ Per riscaldarsi, gli amici bruciano il dramma di Rodolfo.

_____1_____ Fa freddo nella soffitta dove abitano i quattro amici.

_____9_____ Rodolfo e Mimì si dichiarano il loro amore ed escono insieme.

_____5_____ Quando il padrone di casa esce, tre degli amici vanno al caffè Momus.

_____4_____ Arriva il padrone di casa per riscuotere i soldi dell'affitto, ma gli amici lo mandano via.

_____7_____ Mimì è molto pallida e tossisce. Rodolfo riscalda la sua manina e le racconta di sé.

_____8_____ In risposta, Mimì parla di sé, del suo lavoro e della primavera.

_____3_____ Schaunard convince gli amici ad andare a mangiare nel Quartiere latino.

Ripassate la trama (pp. 76–79)

1. *b*; 2. *c*; 3. *c*; 4. *a*; 5. *b*; 6. *b*; 7. *b*; 8. *c*; 9. *b*; 10. *b*; 11. *c*; 12. *b*; 13. *a*; 14. *b*; 15. *c*

Leggete e rispondete (pp. 81–82)

1. *c*; 2. *b*; 3. *b*

Guardate e rispondete

La cronologia (p. 83)

_____4_____ Arriva Musetta con un accompagnatore.

_____6_____ Marcello è agitato.

_____8_____ Gli amici non hanno i soldi per pagare il conto.

_____3_____ Arriva Rodolfo e presenta Mimì ai suoi amici.

_____5_____ Musetta insiste per sedersi all'aperto.

_____1_____ Gli amici sono seduti al caffè all'aperto.

_____9_____ Gli amici lasciano il loro conto da pagare ad Alcinoro.

_____2_____ Rodolfo compra un cappellino a Mimì.

_____7_____ Musetta e Marcello fanno la pace.

Leggete e rispondete (pp. 84–85)

1. *b*; 2. *c*; 3. *b*; 4. *c*; 5. *b*

Guardate e rispondete

Vero o falso (p. 87)

1. *F*; 2. *V*; 3. *V*; 4. *V*; 5. *F*; 6. *F*; 7. *F*

Leggete e rispondete (pp. 89–90)

1. *b*; 2. *b*; 3. *b*; 4. *a*; 5. *c*

Guardate e rispondete

Vero o falso (p. 91)

1. *F*; 2. *F*; 3. *F*; 4. *V*; 5. *V*; 6. *F*; 7. *F*

3. PAROLE, PAROLE, PAROLE

Parole utili

A. Riempite gli spazi vuoti (pp. 92–93)

1. soffitta; 2. scherzare; 3. riscalda;
4. gelano; 5. riscaldarsi; 6. affitto; 7. vigilia
di Natale; 8. fuoco; 9. padrone di casa;
10. si spegne; 11. accendere; 12. succedono;
13. chiacchierano; 14. presenta; 15. litigano;
16. fanno la pace; 17. conto; 18. separarsi;
19. tossisce; 20. orecchini; 21. cappotto;
22. muore

B. Riassunto (pp. 93–95)

gela; riscaldare; brucia; riscuotere; escono;
bussa; vicina; accendere; tossisce; manina;
poeta; seta; primavera; chiacchierano;
scherzano; presenta; pace; conto; alba; geloso;
civetta; separarsi; malata; tosse; litigano; soffitta;
ricchi; orecchini, cappotto; muore

Esplorazione linguistica

Variazioni sul tema (pp. 95–96)

1. gela; 2. surgelata; 3. gelo; 4. gelato;
5. gelato; 6. gelida; 7. caldo; 8. calore;
9. riscaldamento; 10. calorosamente;
11. riscaldare; 12. riscaldarmi; 13. affitto;
14. affittare; 15. in affitto

Frasi del libretto (p. 99)

1. *d*; 2. *f*; 3. *a*; 4. *b*; 5. *c*; 6. *e*

4. GRAMMATICA

Espressioni idiomatiche con "avere" (pp. 101–2)

1. avevano freddo; 2. avevano.... fame;
3. aveva.... paura; 4. aveva.... torto; 5. aveva....
ragione

"Piacere" (p. 102)

1. Al poeta piace; 2. Al musicista piace; 3. Al
filosofo piace; 4. Alla cantante piace; 5. Alla
fioraia piacciono; 6. Al pittore piace; 7. Agli
amici piace

I verbi riflessivi

Nell'infinito presente (pp. 102–3)

1. riscaldarsi; 2. divertirsi; 3. lasciarsi;
4. sdraiarsi. 5. amarsi

Nel presente indicativo (p. 103)

1. si conoscono; 2. si innamorano; 3. si
lamentano; 4. si svolge; 5. si arrabbia

Nel passato prossimo (pp. 103–4)

1. si è ispirato; 2. si è spenta; 3. si è accorta;
4. si sono baciati; 5. si è stancato

I pronomi diretti ("lo", "la", "li", "le") e il passato prossimo con "avere"

Esercizio scritto (pp. 104–5)

1. lo/l'ha bruciato; 2. le hanno mangiate;
3. la/l'hanno cercata; 4. la/l'ha data;
5. la/l'ha riscaldata; 6. la/l'ha comprata;
7. la/l'ha presentata; 8. li ha salutati;
9. lo/l'hanno pagato; 10. lo/l'ha lasciato;
11. li ha dati; 12. lo/l'ha venduto; 13. li hanno lasciati

Il passato prossimo e l'imperfetto (pp. 106–7)

1. stavano facendo, è entrato. Stavano scherzando.
2. sono andati, cercava. Sono andati al caffè.
3. è successo, scriveva. Ha bussato Mimì.
4. ha riscaldato. Perché era gelata.
5. ha presentato, erano. Gli ha presentato Mimì.
6. è successo, dicevano, era. Mimì li ha sentiti.
7. hanno fatto, litigavano. Hanno fatto la pace.
8. è arrivato, pensavano. Sono arrivati Schaunard e Colline.
9. hanno fatto, si dicevano. Sono usciti.
10. è successo, sperava. Mimì è morta.

Riconoscimento del passato remoto (pp. 108–9)

nacque; si trasferì; visse; divise; compose
1. A Milano; 2. Con Pietro Mascagni;
3. Cucinare

6. FAMOSE ARIE E DUETTI: "CHE GELIDA MANINA"

Ascoltate le parole (pp. 111–13)

trova; è; abbiamo; sono; sono; faccio; vivo; vuole; sono; faccio; scrivo; vivo; vivo; scialo; ho; rubano; conoscete; siete

Parlate dell'aria (p. 113)

1. *a*; 2. *c*; 3. *a*; 4. *b*; 5. *a*; 6. *c*

UNITÀ 3: *PAGLIACCI*

1. PRESENTAZIONE DELL'OPERA

Il contesto

Domande di comprensione (pp. 120–21)

1. *b*; 2. *b*; 3. *a*; 4. *a*; 5. *c*

2. LA TRAMA

Guardate e rispondete

Vero o falso (pp. 122–23)

1. *F*; 2. *V*; 3. *F*; 4. *F*; 5. *V*; 6. *F*; 7. *V*; 8. *V*;
9. *F*; 10. *V*; 11. *V*; 12. *F*; 13. *V*; 14. *V*

Chi è? (p. 123)

1. Silvio; 2. Nedda; 3. Tonio; 4. Canio;
5. Canio; 6. Tonio; 7. Canio; 8. Nedda

Ripassate la trama (pp. 124–27)

1. *a;* 2. *b;* 3. *c;* 4. *b;* 5. *b;* 6. *c;* 7. *c;* 8. *b;* 9. *b*

Leggete e rispondete (pp. 130–32)

Sono; sta; si affretta; fa; recita; tradisce; fa; dà; sorprende; scappa; sente; dice

1. *b;* 2. *a*

scatena; smette; capisce; fa; chiede; fa; si accorge; recita; capisce; ha; dice; prende; corre; uccide

3. *b;* 4. *b;* 5. *c*

Guardate e rispondete

Vero o falso (p. 132)

1. *F;* 2. *V;* 3. *F;* 4. *F;* 5. *V*

3. PAROLE, PAROLE, PAROLE

Parole utili

B. Sinonimi (pp. 135–36)

1. *a;* 2. *d;* 3. *b;* 4. *e;* 5. *c;* 6. *j;* 7. *f;* 8. *g;* 9. *h;* 10. *i*

C. Riassunto (pp. 136–37)

recita; si affrettano; fa la parte; seccare; scappare; tradito; smette; orfana; fa finta; fa sul serio/fa per davvero; chiede; amante; rivelare; si accorge; fanno per davvero/fanno sul serio; uccide; è finita

Esplorazione linguistica

Variazioni sul tema (pp. 137–39)

1. seccare; 2. seccato; 3. a secco; 4. secco; 5. seccante; 6. ridere; 7. sorridente; 8. sorridono; 9. ridono di; 10. riso; 11. sorriso; 12. si affretta; 13. in fretta; 14. fretta; 15. frettoloso; 16. odia; 17. odio; 18. odioso; 19. recitare; 20. recite; 21. recitazione; 22. recitativo

Frasi del libretto (p. 140)

1. *c;* 2. *g;* 3. *a;* 4. *b;* 5. *f;* 6. *d;* 7. *e;* 8. *h*

4. GRAMMATICA

Il pronome "ci" (p. 141)

1. ci sono... stati; 2. Ci/C'è arrivata; 3. Ci doveva andare/Doveva andarci; 4. ci/c'ha creduto, 5. non ci/c'è riuscita

Il passato prossimo con "essere" e "avere" (pp. 142–44)

è arrivata; ha mandato; hanno preso; ha cercato; ha trattato; ha attaccata; ha insultato; è andato; è andato; ha chiesto; ha sentiti; ha chiamato; ha cercato; è riuscito; ha chiesto; ha detto; sono successe; ha detto; è arrivato; ha chiesto; ha detto; ha sentite; ha smesso; è scappato; si è infuriato; ha chiesto; ha preso; ha ucciso; si è fatto; ha ucciso; è finita

Il passato prossimo con i pronomi combinati (pp. 145–46)

1. Sì, glielo/l' ha chiesto; 2. Sì, glielo/l' ha detto; 3. Sì, gliene ha fatte; 4. Sì, gliela/l' ha dedicata; 5. Sì, glielo/l' ha promesso; 6. No, non gliene ha date; 7. No, non glielo/l' ha detto; 8. Sì, glielo/l' ha chiesto; 9. No, non glielo/l' ha detto

L'imperfetto (pp. 146–47)

era; assumeva; raccontavano; finivano; dovevano; erano; minacciavano; usavano; si chiamavano; viaggiavano; recitavano; avevano; approvavano; erano

Il passato prossimo e l'imperfetto

Esercizio scritto (p. 148)

1. apparecchiava, rideva
2. parlava, è arrivato
3. ha dato, ha preso
4. ha messo
5. si sono baciati, ha lasciati
6. mangiava, ha dato
7. cantava, si è accorto, erano
8. era, ha preso, ha ucciso
9. moriva, ha capito, stava, era
10. è finita

Esercizio scritto (p. 149)

1. è arrivato, passeggiavano; Sono arrivati gli attori ambulanti.
2. pensava, guardava, volavano; Alla libertà.
3. ha reagito; ha dichiarato; L'ha preso in giro.
4. ha visto, cantava; Tonio li ha visti.

5. Era, ha deciso; No, era preoccupata.
6. è successo, decidevano; Canio li ha sentiti.
7. ha chiesto; Il nome del suo amante.

Esercizio scritto e orale

Prima conversazione (p. 150)

Hai visto; ho visti; sono piaciuti; è piaciuta; ha fatto; cercava / ha cercato; è riuscito; era; ha deciso; è riuscita; ha uccisi

Seconda conversazione (p. 150)

Ho letto; hai letto; erano; passavano; stavano

Terza conversazione (pp. 150–51)

portavavano; portavano; facevano; era; erano; erano; esistevano; dovevano; ho capito

Riconoscimento del passato remoto (pp. 151–52)

nacque; ricevette; studiò; visse; ebbe; fu; ebbero; morì

1. A Napoli; 2. All'estero; 3. No; 4. No

6. FAMOSE ARIE E DUETTI: "VESTI LA GIUBBA"

Ascoltate le parole (pp. 154–55)

so; dico; faccio; sei; sei; paga; vuole; invola; avvelena

Parlate dell'aria (pp. 155–56)

1. *c*; 2. *b*; 3. *a*; 4. *b*; 5. *c*

UNITÀ 4: *OTELLO*

1. PRESENTAZIONE DELL'OPERA

Il contesto

Domande di comprensione (pp. 162–64)

1. *b*; 2. *a*; 3. *a*; 4. *b*; 5. *a*; 6. *b*; 7. *b*; 8. *c*; 9. *b*; 10. *b*

2. LA TRAMA

Guardate e rispondete

La cronologia (p. 166)

_____4_____ Iago incita Cassio ad ubriacarsi per celebrare la vittoria di Otello nella battaglia contra i turchi e le nozze di Otello e Desdemona.

_____2_____ Iago è geloso perché Otello ha promosso Cassio al grado di capitano.

_____3_____ Roderigo, un gentiluomo veneziano, dice a Iago di essere innamorato di Desdemona, e Iago lo incita a sperare.

_____6_____ Quando tutto è tranquillo, Desdemona e Otello ricordano i primi tempi del loro amore.

_____5_____ Mentre è ubriaco, Cassio si azzuffa con Roderigo. Iago fa chiamare Otello, che abbassa Cassio di grado.

_____1_____ Durante una terribile tempesta, la nave di Otello entra in porto dopo una vittoria sui turchi, e Otello viene festeggiato come un eroe.

_____7_____ Otello bacia Desdemona appassionatamente.

Ripassate la trama (pp. 167–69)

1. _a;_ 2. _b;_ 3. _c;_ 4. _b;_ 5. _c;_ 6. _b;_ 7. _b_

Leggete e rispondete (pp. 171–73)

1. _b;_ 2. _c;_ 3. _c;_ 4. _c;_ 5. _b;_ 6. _b;_ 7. _b_

Guardate e rispondete

La cronologia (pp. 173–74)

_____5_____ Desdemona asciuga la fronte ad Otello con un fazzoletto ricamato che questo butta per terra.

_____1_____ Iago consiglia a Cassio di chiedere aiuto a Desdemona per ottenere il perdono di Otello. Poi provoca i sospetti e la gelosia di Otello.

_____4_____ Desdemona chiede ad Otello di perdonare Cassio. Otello reagisce con violenza perché Iago ha insinuato falsamente che i due siano amanti.

_____6_____ Emilia (la moglie di Iago) raccoglie il fazzoletto di Desdemona, ma Iago glielo prende.

_____2_____ Otello, di fronte alle insinuazioni di Iago, dice che vuole una prova.

_____3_____ Iago allora consiglia ad Otello di ascoltare attentamente le parole di Desdemona.

_____7_____ Rimasto solo con Iago, Otello, fuori di sé, chiede "una visibil prova" del tradimento di Desdemona.

_____9_____ Otello giura di vendicarsi di Desdemona e di Cassio.

_____8_____ Come prova del tradimento, Iago dice che ha sentito Cassio pronunciare il nome di Desdemona nel sonno; poi aggiunge che ha visto il fazzoletto di Desdemona in mano a Cassio.

Leggete e rispondete (pp. 175–78)

1. _a;_ 2. _c;_ 3. _b;_ 4. _b;_ 5. _b;_ 6. _a;_ 7. _c_

Guardate e rispondete

Vero o falso (p. 178)

1. _F;_ 2. _F;_ 3. _F;_ 4. _F;_ 5. _V_

Leggete e rispondete (pp. 179–80)

1. *b;* 2. *b;* 3. *c;* 4 *b.* 5. *b*

Guardate e rispondete

Vero o falso (p. 181)

1. *V;* 2. *F;* 3. *F*

3. PAROLE, PAROLE, PAROLE

Parole utili

A. Riempite gli spazi vuoti (pp. 183–84)

1. vittoria; 2. braccio destro, fidato; 3. stima;
4. promuove; 5. meritare; 6. vendicarsi;
7. ubriaco fradicio; 8. tradisce; 9. dubbio,
10. sospetti; 11. prova; 12. fazzoletto;
13. vendetta

B. Riassunto (pp. 184–85)

braccio destro; meritare; vendicarsi; ubriaco;
abbassa; subdolamente; sospetto; tradimento;
indizi; fazzoletto; in mano a; gelosia; prove;
accusa; soffoca; si uccide

Esplorazione linguistica

Variazioni sul tema (pp. 185–86)

1. tradire; 2. prove; 3. provarmi; 4. vendicarsi;
5. provare; 6. tradimento; 7. traditore;
8. prove; 9. vendetta; 10. vendicare;
11. vendicativa

Frasi del libretto (p. 186)

1. *e;* 2. *d;* 3. *a;* 4. *c;* 5. *b*

4. GRAMMATICA

**Il pronome "ne" con i pronomi di quantità
(pp. 188–89)**

1. Ne aveva uno / ne aveva molti / pochi / non
ne aveva nessuno. 2. Ne aveva molta. 3. Ne
ha falsificati molti. 4. Non ne ha vista
nessuna. 5. Ne ha vinte molte / ne ha vinta
una. 6. Sì, ne ha compiuti molti. 7. Sì, ne ha
avuto uno / No, non ne ha avuto nessuno.
8. No, non ne ha avuto nessuno. 9. Sì, ne ha
falsificati molti. 10. Sì, ne ha fatti molti.
11. No, non ne ha confessata nessuna. 12. Sì,
ne ha avuti molti. 13. No, non ne ha avuto
nessuno. 14. Sì, ne ha ricevuti molti.

**I pronomi "ci", "ce lo" e "ce ne"
(p. 190)**

1. Ci ha pensato Iago. 2. Ci è andato
Cassio. 3. Ce lo ha insinuato Iago. 4. Ci è
andata Desdemona. 5. Ci ha creduto
Otello. 6. Ce lo ha messo Iago. 7. Ce ne sono
molti. 8. Ce ne sono due.

**Il passato prossimo con i pronomi combinati
(pp. 191–92)**

1. No, non glielo ha / gliel'ha chiesto.
2. Sì, glielo ha / gliel'ha detto.
3. No, non gliene ha fatte.
4. No, non gliene ha fatte.
5. No, non gliene ha date.
6. No, non gliele ha date.
7. No, non glieli ha raccontati.
8. No, non glieli ha raccontati.
9. Sì, gliela ha / gliel'ha detta.
10. Gliene ha dati tre.

6. FAMOSE ARIE E DUETTI: "NIUN MI TEMA"

Ascoltate le parole (pp. 195–96)

armato; pallida; stanca; muta; bella; pia; maligna; fredda; tua; assorta; morta; morta; morta; sciagurato

Parlate dell'aria (pp. 196–97)

1. *b;* 2. *a;* 3. *b;* 4. *c*

UNITÀ 5: *TOSCA*

1. PRESENTAZIONE DELL'OPERA

Il contesto

Domande di comprensione (pp. 202–4)

1. *c;* 2. *b;* 3. *b;* 4. *c;* 5. *a;* 6. *b;* 7. *c*

2. LA TRAMA

Guardate e rispondete

Vero o falso (pp. 206–7)

1. *F;* 2. *V;* 3. *V;* 4. *V;* 5. *F;* 6. *V;* 7. *F;* 8. *V;* 9. *F;* 10. *V;* 11. *F;* 12. *V;* 13. *V;* 14. *V;* 15. *V*

Chi è? (pp. 207–8)

1. Scarpia; 2. Angelotti; 3. Scarpia; 4. Tosca; 5. Mario; 6. La marchesa Attavanti; 7. Scarpia; 8. Tosca; 9. Scarpia; 10. Tosca; 11. Tosca; 12. Tosca

Ripassate la trama (pp. 208–12)

1. *c;* 2. *b;* 3. *a;* 4. *c;* 5. *b;* 6. *c;* 7. *b;* 8. *b;* 9. *c;* 10. *b;* 11. *c;* 12. *c;* 13. *c;* 14. *a*

Leggete e rispondete (pp. 214–16)

1. *b;* 2. *c;* 3. *a;* 4. *b;* 5. *c;* 6. *b;* 7. *c;* 8. *b;* 9. *c;* 10. *c*

Guardate e rispondete

Vero o falso (p. 217)

1. *F;* 2. *V;* 3. *F;* 4. *V;* 5. *F;* 6. *F;* 7. *V;* 8. *V;* 9. *F;* 10. *F*

Leggete e rispondete (pp. 218–20)

1. *c;* 2. *b;* 3. *c*

Guardate e rispondete

Vero o falso (p. 220)

1. *V;* 2. *V;* 3. *F;* 4. *F;* 5. *F*

3. PAROLE, PAROLE, PAROLE

Parole utili

A. Riempite gli spazi vuoti (pp. 221–22)

1. cappella; 2; riconosce; 3. si nasconde; 4. ritratto; 5. dipingendo; 6. somiglia; 7. cerca; 8. indizi; 9. fa vedere; 10. si ingelosisce; 11. seguire; 12. catturano; 13. grida; 14. sconfitta; 15. vittoria; 16. uccidono; 17. si getta

B. Riassunto (pp. 223–24)

chiesa; riconosce; promette; gelosa; somiglia; gelosia; villa; nascondersi; pozzo; indizi; ventaglio; cappella; cestino; tradisca; sorprender(lo); catturano; sopporta; nascondiglio; grida; condanna; fuggire; esecuzione; coltello; sparano; muore; si getta

Esplorazione linguistica

Variazioni sul tema (pp. 224–26)

1. gelosia; 2. fuga; 3. fanno finta di; 4. gelosa;
5. faccio finta di; 6. si è ingelosita;
7. fuggiasco; 8. nascondo; 9. finzione;
10. nascondermi; 11. nascondiglio;
12. di nascosto; 13. ingelosire;
14. fuggevole; 15. è fuggita

Frasi del libretto (pp. 226–27)

1. c; 2. e; 3. a; 4. d; 5. b

4. GRAMMATICA

Il presente congiuntivo (pp. 227–28)

stia; racconti; dica; siano

Il presente congiuntivo e il presente indicativo (p. 228)

racconti; è; si amano; succeda; finisca; tradisca; si ingelosisca; si vendichi; è; sia; aiuti; vada; ti sbagli; sono

Il presente congiuntivo e l'infinito presente (p. 229)

che ti racconti; di saperlo; di avere; che ti sbagli; si amino; che Mario la tradisca; di avere; che tu veda; di stare; di potere; che tu ci vada; che tu abbia; che la musica sia

Il passato congiuntivo (p. 230)

sia successo; abbia fatto; abbiano catturato; abbia ucciso; abbiano cercato; abbiano catturati; si sia suicidato; ti sia sbagliato

Il passato congiuntivo e il passato prossimo indicativo (p. 230–31)

è successo; abbia aiutato; ha tradita; ha trovato; ha spiegato; abbia avuto; ha spiegato; ha fatto; ha resistito; ha rivelato

Il passato congiuntivo e l'infinito passato (p. 231)

1. che io abbia... visto; di essere stato/a; che sia stata; che Tosca abbia ucciso; che Mario sia morto; che abbia fatto; che abbia messo; che lui e Tosca siano fuggiti

L'imperativo informale (p. 234)

Tieni; cadi; ridere; muori; muovere; taci; muovere; andiamo; andiamo

L'imperativo formale (p. 235)

pensi; si aspetti; si fidi; faccia; chieda; sia; perda; ammettiamolo; guardi; stia; continui

6. FAMOSE ARIE E DUETTI: "RECONDITA ARMONIA"

Ascoltate le parole (pp. 238–39)

Recondita; diverse; bruna; ardente; ignota; bionde; azzurro; nero; diverse; solo

UNITÀ 6: *LA TRAVIATA*

1. PRESENTAZIONE DELL'OPERA

Il contesto

Domande di comprensione (pp. 246–47)

1. *b*; 2. *c*; 3. *a*; 4. *b*; 5. *b*

2. LA TRAMA

Guardate e rispondete

Vero o falso (pp. 248–49)

1. *V*; 2. *F*; 3. *V*; 4. *V*; 5. *V*; 6. *V*; 7. *F*; 8. *V*; 9. *V*; 10. *F*

Ripassate la trama (pp. 249–50)

1. *c*; 2. *c*; 3. *b*; 4. *c*

Leggete e rispondete (pp. 251–56)

1. *b*; 2. *a*; 3. *b*; 4. *b*; 5. *c*; 6. *b*; 7. *b*; 8. *b*; 9. *b*; 10. *c*; 11. *b*; 12. *c*

Guardate e rispondete

La cronologia (p. 257)

_____7_____ Alfredo ritorna da Parigi e chiede a Violetta a chi sta scrivendo e perché sta piangendo.

_____6_____ Violetta comincia a scrivere un biglietto di addio ad Alfredo.

_____1_____ Germont va a trovare Violetta e le chiede di lasciare Alfredo.

_____5_____ Violetta accetta l'invito di Flora.

_____4_____ Violetta cede e promette di non vedere più Alfredo.

_____2_____ Violetta prima rifiuta di fare quello che le chiede Germont.

_____8_____ Violetta rassicura Alfredo e gli dice che lo ama.

_____3_____ Germont allora usa due argomenti per convincere Violetta.

Vero o falso (p. 257)

1. *F*; 2. *F*; 3. *F*; 4. *V*; 5. *V*; 6. *V*; 7. *F*

Leggete e rispondete (pp. 259–60)

1. *b*; 2. *c*; 3. *c*; 4. *a*; 5. *c*

Guardate e rispondete

Vero o falso (pp. 260–61)

1. *F*; 2. *F*; 3. *F*; 4. *F*; 5. *V*; 6. *V*; 7. *V*

3. PAROLE, PAROLE, PAROLE

Parole utili

A. Riempite gli spazi vuoti (p. 262–64)

1. si conoscono; 2. brinda; 3. divertirsi;
4. regala; 5. innamorato; 6. decidono; 7. si
rende conto; 8. rifiuta; 9. convincere;
10. colpa; 11. sacrificio; 12. argomenti;
13. promette; 14. biglietto; 15. spiega;
16. giocano d'azzardo; 17. insulta; 18. getta;
19. sfida; 20. ferisce; 21. lasceranno;
22. muore

B. Riassunto (pp. 264–66)

presenta; brinda; innamorato; regala;
appassito; si trasferiscono; convincere; colpa;
rifiuta; svanirà; cede; promette; accetta;
biglietto; si ingelosisce; gioca d'azzardo;
vince; scenata; getta; sfida; malata; guarirà;
Carnevale; lasceranno; muore

Esplorazione linguistica

Variazioni sul tema (pp. 266–67)

1. amante; 2. ama; 3. promettere; 4. mi sono
divertito/a; 5. decisione; 6. decisa;
7. innamorato; 8. promettente;
9. decisamente; 10. divertente;
11. divertimenti; 12. innamorarsi;
13. promesse; 14. si amano; 15. ho deciso;
16. si sono decisi; 17. amore

Frasi del libretto (p. 268)

1. *a;* 2. *b;* 3. *f;* 4. *d;* 5. *e;* 6. *g;* 7. *c*

4. GRAMMATICA

"Andare via", "andarsene", "lasciare", "partire", "uscire", "andare fuori" (pp. 269–70)

1. sono andati via / se ne sono andati; 2. se ne
è andata; 3. lasciare; 4. è partito;
5. uscivano / andavano... fuori; 6. andare
fuori / uscire; 7. sono andato/a via / me ne
sono andato/a; 8. sono partiti; 9. andare
via / andarmene; 10. esco / vado fuori; 11. ha
lasciato; 12. uscire / andare fuori

Il presente congiuntivo (pp. 271–72)

sia; faccia; sia; ami; possa; finisca; sappia; sia;
rinunci; ferisca; sia

Il presente congiuntivo e il presente indicativo (pp. 272–73)

racconti; è; si amano; succeda; finisca;
tradisca; si arrabbi; è; sia; legga; è

Il presente congiuntivo e l'infinito presente (pp. 273–74)

raccontarmi; che ti racconti; di saperlo; di
sapere; che ti sbagli; ami; che il figlio spenda;
che sua figlia non possa; di avere; che tu
legga; che tu abbia; che la musica sia

Il passato congiuntivo (pp. 274–75)

abbia reagito; abbiano approvato; si siano
identificate; abbia trovato; abbia avuto; abbia
trovato; sia piaciuta; abbia... scritto

L'imperfetto congiuntivo (p. 275)

finisse; perdonasse; si pentisse; vivessero;
fosse; amasse; facessero; rimanessero; dicessi

Il trapassato congiuntivo (pp. 276–77)

avessi letto; si fosse arrabbiato; avesse speso;
avesse lasciato; avesse perso / perduto; avesse
cercato

Il periodo ipotetico con il congiuntivo e il condizionale

A. Completate con l'imperfetto congiuntivo e il presente del condizionale (pp. 279–80)
1. sapesse, capirebbe; 2. dicesse, accetterebbe; 3. fosse, si preoccuperebbe; 4. fosse, potrebbe; 5. avesse, accetterebbe
B. Completate con il trapassato congiuntivo e il passato del condizionale (p. 282)
1. avesse detto, si sarebbe arrabbiato; 2. ci fossero stati, sarebbe guarita; 3. fosse guarita, l'avrebbe sposata; 4. avesse immaginato, ci sarebbe andata; 5. fosse stato, avrebbe buttato; 6. avesse fatto, l'avrebbe sfidato; 7. avesse fatto, gli avrebbe detto

Il passato del condizionale come "futuro nel passato" (p. 281)

1. avrebbe passato; 2. sarebbero vissuti; 3. avrebbe speso; 4. sarebbe morta; 5. avrebbe perdonato; 6. avrebbe dimenticata.

6. FAMOSE ARIE E DUETTI: "PARIGI, OH CARA"

Ascoltate le parole (pp. 284–85)

lasceremo; trascorreremo; avrai; rifiorirà; sarai, arriderà

Credits